Descrever o Inapreensível

Coleção Estudos
Dirigida por J. Guinsburg

Equipe de realização – Tradução do francês: André Mubarack; Tradução do espanhol:
Elaine Padilha Guimarães; Coordenação de texto: Luiz Henrique Soares, Elen Durando
Preparação: Lia N. Marques; Revisão: Luiz Henrique Soares; Sobrecapa: Sergio Kon;
Produção: Ricardo W. Neves e Sergio Kon.

Gilberto Icle (org.)

DESCREVER O INAPREENSÍVEL
PERFORMANCE, PESQUISA E PEDAGOGIA

PERSPECTIVA

Dados Internacionais de Catalogação na Publicação (CIP)
(Câmara Brasileira do Livro, SP, Brasil)

Descrever o inapreensível : performance, pesquisa e pedagogia / Gilberto Icle (org.). – São Paulo : Editora Perspectiva, 2019. – (Coleção estudos ; 363 / coordenação J. Guinsburg)
Vários autores.

Bibliografia.
ISBN 978-85-273-1150-2

1. Arte 2. Artes cênicas 3. Performance (Arte) 4. Teatros - Cenografia e cenários I. Icle, Gilberto. II. Guinsburg, J. III. Série.

19-24513   CDD-792.022

Índices para catálogo sistemático:

1. Performance, pesquisa e pedagogia : Arte 792.022
Maria Alice Ferreira - Bibliotecária - CRB-8/7964

1ª edição

Direitos reservados à
EDITORA PERSPECTIVA LTDA.

Av. Brigadeiro Luís Antônio, 3025
01401-000 São Paulo SP Brasil
Telefax: (011) 3885-8388
www.editoraperspectiva.com.br

2019

Sumário

PREFÁCIO
Em Busca de uma Genética do Inapreensível –
Jean-Marie Pradier IX

Como Descrever os Processos de Criação das Práticas
Performativas? –
Gilberto Icle. XXXV

Parte I
OS PROBLEMAS DA DESCRIÇÃO
DO PROCESSO DE CRIAÇÃO

A Liminaridade e a Metáfora na Descrição de Projetos
Criativos Cênicos –
Gabriela Pérez Cubas. 3

O Indizível Que Salta aos Olhos: Improvisação e Descrição
Como Produção de Conhecimento em Dança e Teatro –
Gisela Reis Biancalana, Daniel Reis Plá, Heloisa Gravina 27

Descartes e a Espessura do Impalpável –
Matteo Bonfitto 63

Quando as Pesquisas Sobre Processos Criativos
se Tornam Criações –
Jean-François Dusigne 83

Parte II
AS POSSIBILIDADES DA DESCRIÇÃO
DO PROCESSO DE CRIAÇÃO

Cartografia dos Corpos em "SerEstando Mulheres" –
Ana Cristina Colla, Renato Ferracini. 105

A Presença da Palavra na Descrição dos Processos
de Criação Cênica –
Andréa Lobo, Micael Côrtes 137

Paisagens –
Carminda Mendes André 151

Descrever um Processo Criativo: Contribuições
a Partir de uma Abordagem Etnográfica –
Véronique Muscianisi, Laure Garrabé 175

Propostas de uma Escrita Transcriativa
(ou Como Compartilhar o Gosto de uma Maçã?) –
Carlos Roberto Mödinger, Cibele Sastre,
Marcelo Ádams, Tatiana Cardoso 205

A Emergência da Cultura na Observação
e na Descrição dos Processos de Criação –
Sophie Proust 229

Os Autores 263

PREFÁCIO:
Em Busca de uma Genética do Inapreensível

Jean-Marie Pradier[1]

Este livro responde a uma questão fundamental e manifesta uma urgência. As teorias generalistas sobre a mistura de culturas, o pretenso "choque de civilizações", a globalização – a "mundialização" – declamadas pelos novos impérios econômicos e políticos falam apenas do tangível – o *apreensível* –, o imediato compreensível, os objetos de consumo. Na realidade, do que é superficial, das aparências. Os discursos simplistas oprimem a criatividade humana em sua diversidade, a sutileza das línguas e dos imaginários, a inventividade daqueles considerados *subalternos*. Ao colocar-se a tarefa de descrever o inapreensível, os autores desta obra devolvem ao mundo sua complexidade, sua incerteza, o surpreendente. Eles justificam a caminhada sem fim das ciências, das artes, da filosofia, dos místicos que preferem os questionamentos aos resultados.

Começarei, então, com um testemunho pessoal. O dia no qual Eugenio Barba nos fez ter consciência, por meio de uma experiência simples, de que nenhum método, nenhuma ciência, pode esgotar o inapreensível. Vou, então, contar, escrever, o que aconteceu certo dia no sul da Itália.

---

1 Tradução de André Mubarack.

X DESCREVER O INAPREENSÍVEL

No salto da bota italiana, nas praias ao longo do mar Adriático, a água estava azul-turquesa nesse final de verão de 1987. A quinta sessão da International School of Theatre Anthropology, ISTA, fundada e dirigida por Eugenio Barba em 1979, era realizada na região de Apúlia, ao sul, entre Otranto e seus oitocentos mártires decapitados pelos turcos em 1480, e o estilo barroco típico de Lecce, capital de Salento, 28 quilômetros ao norte. Nosso alojamento ficava diante da areia branca, perto dos lagos Alimini, em um grande edifício que provavelmente havia recebido colônias de férias. Como sempre, o Odin Teatret e o Mediterranea Teatro Laboratorio di Lecce, nosso anfitrião, haviam concebido uma organização surpreendentemente eficaz para um programa, cuja densidade era exuberante. As pesquisas sobre a arte secreta do ator nas diferentes culturas prosseguiam. Nós – denominados "os intelectuais" como de costume – tínhamos nosso espaço específico, um imenso dormitório. No dia em que chegamos, 1º de agosto, Eugenio Barba nos reuniu diante de uma televisão com um videocassete. Ele ligou o aparelho, colocou um filme e saiu para continuar seu trabalho – certamente receber os mestres japoneses, balineses e indianos.

O MISTÉRIO DE PICASSO

Na tela, primeiro em preto e branco, depois a cores e em formato panorâmico, apareceu o primeiro estudo de genética das formas artísticas, precursor de uma área de pesquisa que representa uma das principais inovações críticas dos últimos trinta anos[2]. Realizado em 1955, nos estúdios da Victorine em Nice por Henri-Georges Clouzot (1907-1977), com assistência de Claude Renoir – neto do pintor –, o filme mostra uma obra sendo feita, sem que apareça o seu autor – Pablo Picasso – e sem nenhum comentário audível. Amigos de longa data, Clouzot e Picasso haviam considerado fazer um filme juntos. Vindas dos Estados Unidos, as primeiras canetas hidrográficas de tipo marcador

---

2 Ver os arquivos do colóquio internacional La Génétique des Textes et des Formes: L'Oeuvre Comme Processus, Centre Culturel International de Cerisy, 50210 Cerisy-la-Salle France – 2-9 de setembro de 2010. Direção: Pierre-Marc de Biasi, Anne Herschberg Pierrot, com a participação de Déborah Boltz.

EM BUSCA DE UMA GENÉTICA DO INAPREENSÍVEL   XI

permanente, cuja tinta atravessava o papel sem borrar, permitiram que eles imaginassem uma forma original de filmar. O cineasta teve a ideia de colocar a câmera atrás do suporte sobre o qual o pintor desenhava. Com a transparência, as linhas do desenho apareciam do nada. Elas se organizavam entre elas, agrupando-se, indo para um vazio ou completando uma curva em uma espécie de dança que registrava os vestígios de cada deslocamento. Na segunda parte – pintura a óleo –, a câmera registrava quadro a quadro, permitindo que o pintor se afastasse para deixar apenas a tela no quadro da câmera. Depois de 1h58, nós quase não havíamos trocado impressões sobre o filme, ainda um pouco desamparados para ir além de comentários banais sobre a precisão dos gestos, o ritmo, a autoridade manifesta ao colocar a caneta, o pincel, no lugar certo. Impunha-se a percepção de um todo homogêneo no qual cada um dos elementos da composição, ou um detalhe, perdia-se. Pessoalmente, pensava que a análise das imagens por um computador poderia traçar um belo algoritmo, entre caos e determinismo, e restituir uma assinatura estatística, como uma impressão comportamental que, talvez, permitisse-nos a apreensão das regularidades no próprio processo de criação. Na realidade, *O Mistério de Picasso* – título do filme – continuava intacto, pois só tivemos acesso às aparências – a espetacularidade – e não à performatividade, ou seja, os itinerários mentais, os estados de corpo, o imaginário, as emoções, a motivação, a lógica, enfim, tudo o que constituía a origem da obra e sua realização.

Dois anos antes, na mesma região da Apúlia, o teatro laboratório Mediterranea havia organizado um encontro internacional intitulado La logica della passione – tecniche d'arte tra attore e spettatore. O tema de duas intervenções me interessou, em razão das problemáticas com que lidaram. Ingemar Lindh – cuja prática era alimentada por Decroux e Laban – havia abordado o "processo criativo do ator", que para ele, devia se basear mais em um trabalho pessoal de memória, imagens, ideias, do que na obediência a instruções. Nicola Savarese, historiador de teatro e membro da ISTA, havia abordado *L'immagine dell'attore e la visione dello spettatore* (A Imagem do Ator e a Visão do Espectador). Nos dois casos encontra-se a mesma aporia: a descrição do imaginário por meio de suas obras permite o acesso a esse imaginário, à sua natureza e à sua dinâmica próprias? O resultado não omite suas origens? Penso que se deve retomar o conhecido adágio dos psicofisiologistas, segundo o qual percebemos apenas o que aprendemos a perceber, e completamos com um codicilo que levaria em consideração o imaginário na percepção. Se meus aprendizados sensoriais, cognitivos, operam como um filtro e um amplificador do que eu percebo do mundo, esse material age enquanto estimulador do meu imaginário e cria um metamundo.

AS ENCARNAÇÕES DO IMAGINÁRIO

O *objeto* da pesquisa em etnocenologia é definido pela competência do pesquisador. A denominação *objeto* é particularmente equivocada. Ela designa na realidade um projeto, ou seja, uma tarefa a executar, cuja definição e realização são determinadas pelas qualidades daquele que se ocupa dela. A negligência desse truísmo está na origem da maioria dos desvios que se introduzem no estudo. *O Mistério de Picasso*, enquanto filme, pode fornecer matéria a uma surpreendente variedade de análises que o jargão qualifica de conhecimentos disciplinares. Do historiador do cinema ao filósofo, um esquadrão de comentadores e juízes pode colaborar para o quebra-cabeças, ou melhor, para a teia que só faz sentido se reconstituída integralmente. Essa abordagem, que incita o trabalho na pluridisciplinaridade, consegue tramar relações inéditas e dar uma nova vida àquilo que corre o risco de perdê-la em consequência da abstração. Ela tem o mérito de declarar de forma explícita a subjetividade do pesquisador em sua totalidade, incluindo as ordens acadêmica, cultural e ideológica. É a razão pela qual, apesar da morosidade universitária, eu defendo uma concepção pluridisciplinar da etnocenologia[3] sem exceções, que associe ciências humanas – dentre as quais a antropologia e as ciências da linguagem – e ciências da vida – biologia, etologia, neurociências –, não em um amálgama morno e metafórico, e sim

3 Cf. J.-M. Pradier, La Croyance et le corps, *La Croyance et le corps*, p. 157-172; idem, Ethnoscenology: The Flesh is Spirit, em G. Berghaus (org.), *New Approaches to Theatre Studies and Performance Analysis*, p. 61-81.

EM BUSCA DE UMA GENÉTICA DO INAPREENSÍVEL   XIII

com a esperança de constituir verdadeiros centros de pesquisa crítica. A abordagem científica pluridisciplinar contemporânea associa pontos de vista especializados, não na busca de uma solução comum que seria prematura, um consenso, mas como meio de descoberta de zonas inexploradas, longe de qualquer autocentrismo, atenta à abertura e ao desenvolvimento do conhecimento que favorece o diálogo. Uma postura de humildade do pesquisador, o oposto do integrismo, e revelação da inesgotável e vital abundância de questionamentos.

O morfema *etno* saiu de moda, como se tivesse sido excluído enquanto etapa histórica em direção a uma antropologia considerada por Claude Lévi-Strauss como ciência em devir, sendo que ele se questionava em 1954, a pedido da Unesco, sobre o lugar da antropologia nas ciências sociais e os problemas colocados pelo seu ensino. Filósofo de formação, Lévi-Strauss recebeu etnólogos – pesquisadores de campo – no Laboratoire d'Anthropologie Sociale (LAS) que ele criou em 1960. No entanto, é a síntese de dados e a construção de objetos teóricos que constitui seu objetivo. A situação inicial na origem da criação da etnocenologia – análoga àquela da etnomusicologia, muito antes dela – não era a de um vasto banco de dados sobre as práticas espetaculares humanas, cujos documentos deveriam ser colocados em ordem e documentados para traçar diretrizes transculturais.

Pelo contrário, as sínteses e teorizações eram abundantes para resultados escassos, e nossas problemáticas eram as que Maurice Godelier atribui à antropologia:

continuar desconstruindo a antropologia e as ciências sociais até seus últimos meandros, suas últimas evidências. Mas para cada evidência desconstruída e que tenha perdido sua força e seu status de verdade, é preciso extrair da crítica os meios de reconstruir outra representação dos fatos, outro paradigma que considere as complexidades, as contradições que tinham sido esquecidas ou menosprezadas até então[4].

O *teatro* – subconjunto histórico e cultural das práticas espetaculares humanas – é uma invenção do Ocidente que, assim como a religião[5], tornou-se, em mais de dois mil anos, uma evidência a tal ponto integrada em nosso universo mental,

4   M. Godelier, *Au Fondement des sociétés humaines*, p. 34.
5   Cf. D. Dubuisson, *L'Occident et la religion*.

XIV DESCREVER O INAPREENSÍVEL

estético, emocional, que ele figura entre os conceitos panópticos fundamentais a partir do qual observou-se o mundo em suas aparências. Hierarquizado em gêneros, ele foi adotado para reflexão, edificação, entretenimento, educação, evangelização, terapia. Um *corpus* escrito de obras emblemáticas da civilização, ensinadas na escola, acompanhado por um abundante conjunto teórico, e por palavras-pivô – comédia, teatro, tragédia, drama, melodrama, vaudevile... – que orientaram o olhar europeu para encontrar, no que lhe era distante, analogias em vez de novas invenções, de inédito, de sutilezas desconhecidas do pensamento e da criação. Missionários, mercadores, viajantes, guerreiros que foram ao Japão, à China, à Coreia, à África, identificaram, classificaram, julgaram. Alguns termos normativos comprovam o teatrocentrismo que predominou e que ainda não foi totalmente extinto: "teatro propriamente dito", "paleoteatro", "prototeatro", "pré-teatro". Quando, há meio século, os estudos teatrais ganharam autonomia em relação aos estudos literários, o estudo do fenômeno teatral estimulou a edificação de novas teorias que, às vezes, se reapropriaram do mito evolucionista do processo de civilização, enxergando nos rituais – e na religião – a fonte da teatralidade.

Para nós, o objeto de pesquisa é paradoxal: ele trata de uma capacidade universal desses *oi ethnoi* – οι εθνοι –, toda essa gente, os outros de uma mesma espécie que fabrica algo único, ou melhor, que se fabricam únicos, que pensam, contemplam, celebram os mortos, rezam, imaginam, por meio de ações físicas de uma diversidade surpreendente. Sem ter palavras para denominar essa potencialidade, nós compensamos o vazio lexical com a adoção do morfema *ceno*, do grego *skenos* em suas acepções hipocráticas – o corpo –, agente, material/sujeito e espaço de emergência espetacular do imaginário. O termo encarnação deve ser entendido aqui em seu sentido estrito, como ele aparece atualmente nas ciências cognitivas, essas neurociências que renovam a inteligência da relação corpo/mente. Quanto ao conceito de imaginário, para nós ele se inscreve na corrente contemporânea da antropologia que, ao reavaliar o conceito, restaura seu poder prolífero.

O real não é uma ordem separada do simbólico e do imaginário, como mostra Godelier. Se tudo o que é imaginário é imaginado, nem tudo o que é imaginado é imaginário. Pois ao

EM BUSCA DE UMA GENÉTICA DO INAPREENSÍVEL   XV

imaginar, o homem pode tornar possível o impossível. Nos mitos ou nas religiões, por exemplo, o que é imaginado nunca é pensado ou vivido como imaginário por aqueles que acreditam: "transformado em relações sociais, instituições, obra de arte, razão de ser de grupos sociais com funções e situações diferentes, o imaginário das religiões e regimes de poder simplesmente gera o contexto da vida ordinária das pessoas no seio de sua sociedade."[6]

A PERCEPÇÃO E A AÇÃO

Como realizar a descrição do processo de criação, quando o que é perceptível não é uma coisa – pintura, escultura, texto, partitura – mas o corpo imaginante do sujeito? Essa dificuldade torna necessário distinguir três aspectos constitutivos do evento: a performatividade – a ação, como ela é realizada pelo *performer*; sua espetacularidade – a ação, como ela é percebida por um observador, espectador ou testemunha; e a ação enquanto evento simbiótico que coloca em relação os *performers*, as testemunhas *et alii*[7]. Essas distinções chamam a atenção para os caprichos e limites da percepção humana, que não é um simples registro. Quando necessário, o cérebro preenche as lacunas de informação e, às vezes, acrescenta, otimiza, transforma e atribui sentido. A emoção dá nuances e memoriza, como um juiz arbitrário e, frequentemente, sectário. Mesmo que a neutralidade fosse algo adquirido – por meio de uma cura psicanalítica, como Georges Devereux pedia a seus alunos –, ela não conseguiria denegar a empatia necessária para a relação do pesquisador com seu *objeto*.

Os termos performance e performatividade podem gerar confusão na medida em que eles pertencem a vocabulários distintos. O sentido que é dado aqui se impôs nas ciências humanas e marca a volta da ação[8] enquanto noção fundamental de cuja densidade metafísica e espiritual Maurice Blondel (1861-1949)

---

6   M. Godelier, *L'Imaginé, l'imaginaire & le symbolique*, p. 214.

7   Eu retomarei a noção de ação, que eu compreendo como mais próxima da perspectiva blondeliana do que comportamentalista. *Alii* se refere aos diversos imateriais: por exemplo, o mundo dos espíritos no chamanismo coreano ou a noção de *shen* em chinês.

8   Cf. J.-M. Pradier, La Performance ou la renaissance de l'action, *Communications*, n. 92, p. 284-287.

foi o primeiro explorador[9]. Na virada do século XIX para o XX o filósofo teve alguns contratempos com a universidade, em que era criticado por exaltar o conceito de ação, o que significava desconsiderar a reflexão, a abstração características do pensamento francês – "pensar, em francês, é extrair e abstrair"[10]. Ao reivindicar-se como etnociência, a perspectiva que defendemos reconhece a competência dos que estão na prática e a obrigação de cruzar a pesquisa com as disciplinas acadêmicas e também com o saber pragmático, empírico, com os pés no chão, que possuem os *performers*. A ruptura entre especulação teórica e ação é antiga. Ela é muito bem descrita pelo anatomista mais respeitado da Renascença, André Vésale, na introdução de seu opúsculo *La Fabrique du corps humain*. A repugnância fazia com que os mais famosos médicos da Itália confiassem aos auxiliares a realização das intervenções manuais – e a dissecção dos cadáveres – e se contentassem em "falar como gralhas"[11] diante dos auditórios de estudantes, como escreve o anatomista. No entanto, comentar não é o mesmo que descrever.

PROCESSO E SISTEMA COMPLEXO

Levando em consideração a natureza sistêmica das encarnações do imaginário, e ao mesmo tempo da cultura, a etnocenologia se inscreve no movimento geral de busca de uma solução a um problema local relativo à unidade do corpo/mente. O que combate a aporia clássica de uma herança filosófica, traduzida nas ciências pela expressão *body-mind problem*, ou em medicina pela palavra "psicossomático". A *somaesthetics* (de Richard Shusterman), uma petição lançada recentemente por um grupo internacional de pesquisadores e artistas em favor da criação de uma *science of embodiment*, assim como o reconhecimento da "mente corpórea", a teoria da *embodied mind*, *embodied cognition*, da "enação"[12], o surgimento da neuroestética (de Samir

9 Cf. M. Blondel, *L'Action*.
10 F. Laplantine, *Tokyo ville flottante*, p. 133.
11 No original em francês, "pérorer comme des geais". (N. da T.)
12 J. Stewart; O. Gapenne; E.A. Di Paolo (eds.), *Enaction: Toward a New Paradigm for Cognitive Science*; F. Varela; E. Thompson; E. Rosch, *The Embodied Mind: Cognitive Science and Human Experience*; L.A. Shapiro, *Embodied Cognition*.

EM BUSCA DE UMA GENÉTICA DO INAPREENSÍVEL

Zeki), são sinais de uma profunda transformação das antigas posturas dominantes. Antes da emergência do *neuronal turn*, entre modismo e evolução pluridisciplinar, teólogos, filósofos, psicolinguistas, etólogos, artistas e antropólogos já haviam mostrado a riqueza do conceito de encarnação e a dificuldade de analisá-lo[13].

O processo de criação corresponde a um sistema complexo, instável e dinâmico. As práticas performativas demonstram por excelência o que compreendemos como sistema complexo, e é interessante lembrar, com a especialista de física biomédica Annick Lesne, quais são as características usualmente preservadas. Qualquer sistema é composto de um grande número de elementos. Na maioria dos casos, os elementos são de vários tipos e possuem uma estrutura interna que não pode ser negligenciada. Os elementos estão ligados por interações não lineares, frequentemente, de tipos diferentes. O sistema é sujeito a influências exteriores em diversos graus. Como destaca Annick Lesne:

Todavia, para mim, a principal característica de um sistema complexo é sua causalidade circular, em termos mais explícitos, a existência de retroações dos comportamentos coletivos e das propriedades emergentes (macroscópicas) sobre o comportamento dos elementos (microscópicos). Os elementos modificam coletivamente seu ambiente, que por sua vez vai limitá-los e modificar seus estados ou comportamentos possíveis. Em um sistema complexo, não basta conhecer as propriedades e o comportamento dos elementos isolados para prever o comportamento global do sistema.[14]

A episteme dos sistemas complexos atua, hoje, na revisão de nosso conceito de "*sistema motor*, ao qual antigamente as neurociências – mas não apenas elas! – atribuíram durante muito tempo um papel secundário, reduzindo-o frequentemente ao de simples comparsa"[15]. A observação, a análise e a compreen-

---

13 Cf. F. Laplantine, *Le Social et le sensible*.

14 Modélisation multiéchelle des systèmes vivants et de leur régulation, *COMMISCO 2010 – Resumes Colloque*, p. 13. Ver também, de Annick Lesne: Complexité du vivant, sélection naturelle et évolution, *Natures, Sciences, Sociétés*, n. 16, p. 150-153; n. 17, p. 55-56; Biologie des systèmes: L'Organisation multiéchelle des systèmes vivants, *Médecine Sciences*, n. 25, p. 585-587.

15 G. Rizzolatti; C. Sinigaglia, *Les Neurones miroirs*, p. 8.

são do que ocorre durante processos de modificação, alteração, transformação de materiais não orgânicos durante manipulações de laboratório, podem ser relativamente acessíveis ao observador. Mesmo se pensarmos no nível subatômico. Não há comparação quando o processo diz respeito ao envolvimento de um *performer*, que nunca é independente de uma biografia e de um contexto. Devemos admitir que ainda estamos longe de um inventário total dos elementos do sistema complexo que representa um indivíduo em sua plenitude!

DESCRIÇÃO ERUDITA

Na época das primeiras obras sobre comunicação não verbal, os pesquisadores filmavam situações interativas de forma acelerada e observavam as imagens quadro a quadro. Os resultados surpreendiam ao revelar micromovimentos e expressões efêmeras que não são percebidas no dia a dia. Quando conheceu os filmes experimentais de Daniel N. Stern sobre as interações mãe-bebê, Robert Wilson descobriu que, ao examinar isoladamente as imagens, era possível perceber algumas mães cuja primeira reação aos gritos de seu bebê era de uma expressão de desgosto, invisível a olho nu. A partir disso, Wilson concebeu o projeto de expor em cena esses invisíveis da expressão, por meio de um estiramento do tempo e do jogo dos atores. *Deafman Glance* (O Olhar do Surdo, 1970), sua primeira obra desse tipo, decompunha em sete horas o tumulto de afetos dissimulados pelo tempo ordinário e pela pressa que temos em vivê-los. As máquinas descrevem o inatingível por meio de fragmentos, captam o invisível, interpretam. No século XXI, câmeras associadas a programas de análise do movimento detectam os comportamentos suspeitos dos passantes nas ruas, por meio do cálculo de parâmetros físicos. A imagiologia cerebral, sensores de todos os tipos que penetram no corpo sem entrar nele, fazem-no mostrar seu estado, detectam suas anomalias com uma precisão cada vez maior, a ponto de provocar um devaneio cientificista que lembra o reducionismo otimista do *homem máquina* teorizado pelo doutor Julien Offray de la Mettrie no século XVIII.

EM BUSCA DE UMA GENÉTICA DO INAPREENSÍVEL   XIX

Para o observador, o imaginário do outro se deixa capturar apenas por meio de suas ações. Dessa forma, é natural que a pesquisa científica tenha privilegiado o estudo das estratégias motoras e cognitivas de esportistas e bailarinos. As ciências das atividades físicas se debruçaram, assim, sobre a situação de improvisação permanente intrínseca aos esportes coletivos – futebol, rúgbi, hóquei... – que obrigam os jogadores a encontrar e aplicar uma solução imediata a um problema, de forma coletiva[16].

Muitos trabalhos de psicologia cognitiva foram feitos para estudar a motricidade do bailarino, no entanto menos frequentes no contexto de improvisação[17]. A motricidade do bailarino é uma motricidade expressiva, em oposição à motricidade reativa, posterior à primeira de acordo com Jacqueline Nadel[18], que lembra que para sobreviver, a criança é estimulada a estabelecer um diálogo "tônico-emocional" para comunicar algo a alguém. A abordagem do fator relacional foi incentivada pelos trabalhos sobre empatia, e neurônios espelho. Se na dança solo, a relação parece reduzida, em um processo de improvisação, ela intervém diretamente. A partir do estudo de publicações, Monica M. Ribeiro, atriz e bailarina, e Agar Fonseca, especialista em neuropsicologia, propõem a ideia de *empathic choreography*. Na dança contemporânea, a improvisação seria baseada na percepção empática dos participantes de forma que as intenções do outro seriam processadas em um nível infraverbal e permitiriam a estruturação do movimento e dos deslocamentos.

A exposição de dados recentes, realizada por Marielle Cadopi, destaca a articulação fundamental entre os processos sensório-motores e cognitivos em dança: "as formas corporais produzidas implicam o aprendizado e o controle de coordenações motoras complexas que devem ser lembradas da maneira mais precisa possível, o sistema mnésico é, assim, particularmente solicitado"[19]. Apesar de seus limites, os estu-

---

16 Para uma apresentação geral, ver Robert S. Weinberg; Daniel Gould, *Foundations of Sport and Exercise Psychology*.

17 Cf. C. Vallet, *L'Improvisation dans les pratiques physiques et artistiques*.

18 Apud M. Cadopi, La Motricité du danseur: Approche cognitive, *Bulletin de psychologie*, Paris, t. 58, fasc. 1, n. 475, p. 29-37, disponível em: <www.cairn.info>.

19 M. Cadopi, op. cit.

dos objetivos, no estado atual da pesquisa, têm o mérito de compensar parcialmente as deficiências das verbalizações dos indivíduos e as lacunas da observação. O que é dito sobre o valor da memória – experiência e aprendizados específicos – pode estender-se ao conjunto das atividades humanas, mesmo às mais inovadoras. A questão do processo se renova. De fato, como sugerem os estudos comparativos sobre os aprendizados em sociedades culturalmente distantes, uma técnica – a pirueta em balé clássico, por exemplo – pode ser assimilada pela dança coreana *Hanbaldeuleodolgi*, na qual se encontra a *pirouette en dehors*, mesmo conservando suas especificidades estéticas e cognitivas próprias[20]. O processo de criação é profundamente marcado pelo processo de aquisição, que não se reduz apenas ao domínio de uma técnica. Mais uma vez, o estudo mostra os parâmetros invisíveis, ou tácitos, que se encontram tão, ou mais, subjacentes ao exercício da arte quanto as indicações formais relativas à física da ação. Assim, na base da expressão de certos movimentos dinâmicos, a dança clássica privilegiaria o elã do movimento de *port de bras*, enquanto a dança coreana primaria o ritmo da respiração. No que diz respeito à verbalização das indicações, Kyung-Eun Shim observa que enquanto as professoras francesas valorizam o corpo e o espaço, as professoras coreanas destacam mais os componentes imateriais[21].

AS RACIONALIDADES EM AÇÃO

Qualquer processo de ação é baseado em uma lógica. Durante muito tempo, o Ocidente considerou-se o único detentor da razão e de seu corolário – a racionalidade, mãe putativa da civilização. Os contatos entre sociedades, línguas, culturas, aos quais se juntam as trajetórias contemporâneas da antropologia histórica, assim como a evolução das ciências da matéria e de seus aparelhos matemáticos, contribuíram para perturbar certezas arrogantes ao revelar novas problemáticas e modelos cognitivos ignorados até então. Desde a Renascença, os jesuítas da

---

20 Cf. S. K.-E. Shim, *L'Assimilation du tour-pivot en danse classique la Pirouette en dehors par la danse coréenne Hanbaldeuleodolgi.*
21 Ibidem.

EM BUSCA DE UMA GENÉTICA DO INAPREENSÍVEL XXI

China tiveram consciência das lacunas filosóficas representadas pelos intraduzíveis da língua, inscritos na práxis, materializações de uma cosmografia[22]. Lembremos, no entanto, o quanto foi difícil para eles expor os pilares doutrinários de uma "religião" gerada e veiculada pelo Ocidente[23]. A preocupação de considerar a natureza humana em sua totalidade biopsíquica, o desejo de "entrar na dimensão da mente" *shen* para "aceder à alma do mundo", contrariamente à racionalidade europeia, criaram um espaço central para o invisível, sem adicionar a ele a referência a uma doxa baseada na ideia de verdade[24]: "Não se trata de acreditar no(s) *shen*(s) como se pode acreditar no Espírito Santo ou na existência de uma alma imortal. Trata-se muito mais de meditar sobre as potências numinosas, invisíveis, misteriosas que animam e transformam o real, de se conectar com elas, de 'entrar no *shen*' (*ru shen*)."[25]

Após algumas décadas, seminários[26] e trabalhos discutem o pluralismo das racionalidades em ação, em lugar de considerá--las como antinômicas. Controvérsias desenvolveram-se sobre a racionalidade intracultural, como o caso do Capitão Cook, que opôs dois antropólogos culturalistas: Marshall Sahlins e Gananath Obeyesekere. Diversas vezes, Sahlins havia declarado que os havaianos do século XVIII demonstravam sua irracionalidade ao considerar o Capitão James Cook um de seus deuses, Lono. Ao partir, o antropólogo havia deduzido que os esquemas conceituais dos povos diferiam e geravam diferentes critérios de racionalidade. Obeyesekere respondeu acusando Sahlins de eurocentrismo e destacando que a racionalidade humana tinha por base um sistema cerebral comum e que os havaianos viam em Cook um chefe, não uma divindade. Sahlins contra-atacou considerando Obeyesekere preso a prejulgamentos ocidentais e anacronismos. Depois de Ian C. Jarvie e Joseph Agassi, o filósofo japonês Kei Yoshida opôs relativistas e universalistas ao propor a noção de "níveis de racionalidade". A solução pode ser

22 Ver, particularmente, o número especial da revista *Extrême-Orient Extrême-Occident*, preparado por Romain Graziani e Roel Sterckx, De l'Esprit aux Esprits, Enquête sur la notion de *Shen*, Vincennes, n. 29, 2007.
23 Cf. D. Dubuisson, *L'Occident et la religion: Mythes, science et idéologie*, p. 129.
24 Cf. R. Graziani, *Quand l'esprit demeure tout seul*, p. 7.
25 Idem, p. 13.
26 Cf. J.-P. Vernant et al., *Divination et rationalité*.

XXII DESCREVER O INAPREENSÍVEL

resumida assim: "se admitirmos que existem níveis de racionalidade, os ocidentais e os indígenas podem ser mais racionais
em alguns casos, e menos racionais em outros"[27]. Pesquisador
do programa de estudos sobre a diversidade cultural na Universidade de Tóquio[28], Yoshida deixa suspensa a questão da
racionalidade enquanto lógica gerada por um sistema de pensamento e/ou de crenças. É interessante fazer um paralelo entre
o mito do processo de civilização e o esforço de evangelização,
para compreender o que a antropologia evolucionista deve a
eles. As religiões da revelação se desenvolveram a partir de
um *locus veritatis*, centro de um círculo fechado, fora do qual
existe apenas erro, distorção e perversão. A imagem evangé-
lica da pedra sobre a qual deve construir-se a Igreja (*Mateus*
16,18) é significativa. O vocabulário das ciências humanas ainda
conserva vestígios dessa filiação teocêntrica: divinação, feiti-
çaria, animismo, totemismo, magia, superstição. O estudo das
práticas designadas por esses lexemas, contextualizados e his-
toricizados, deu lugar ao reconhecimento de diferentes tipos
de racionalidade. O helenista Jean-Pierre Vernant havia dirigido, durante os anos 1970, um seminário pioneiro no Centre
de Recherche Comparée Sur les Sociétés Anciennes[29]. Teses
foram defendidas[30], e propostas foram elaboradas[31]. Gilson
já havia observado a permeabilidade relativa dos sistemas:
"sabemos que o pensamento cristão, o pensamento judaico e
o pensamento muçulmano interferiram uns nos outros, seria
um método errado estudá-los como sistemas fechados e isolados"[32]. Os historiadores participam do coro lembrando que é
de acordo com a visão que eles tinham da razão que os filósofos
da Antiguidade – Aristóteles e Platão – e seus epígonos justifi-
caram a escravidão, cuja aberração horrenda apareceu apenas

27 Y. Kei, Comparing and Explaining Different Cultures, em Y. Kei et al., *Utopia:
    Here and There*.
28 Sessional Instructor, Integrated Human Sciences Program for Cultural Diver-
    sity (IHS), University of Tokyo.
29 Cf. J.-P. Vernant et al., op. cit. Para a China, ver o número especial da revista
    Extrême-Orient Extrême-Occident, Divination et rationalité dans la Chine
    ancienne, Vincennes, n. 21, 1999.
30 Cf. P. Sanchez, *La Rationalité des croyances magiques*.
31 Cf. H. Parret, *On Believing: Epistemological and Semiotic Approaches/De la
    croyance: Approches épistémologiques et sémiotiques*.
32 É. Gilson, *Esprit de la philosophie médiévale*.

EM BUSCA DE UMA GENÉTICA DO INAPREENSÍVEL   XXIII

com a evolução do pensamento e dos costumes[33]. A astrologia divinatória é um bom exemplo da combinação inextricável de suposições que não podem ser verificadas sobre o poder dos astros na organização do destino da astrologia matemática. As polêmicas antiastrológicas durante a Renascença, a filosofia e mesmo a teologia filosófica de Tomás de Aquino, que menciona a marca da alma celeste – *anima cœlestis* – em nossas almas, que transforma nosso corpo, baseiam seus argumentos nas ciências da época[34]. Sociologia e psicologia estatísticas forneceram resultados distorcidos, com um acúmulo de cálculos rigorosos sobre informações errôneas[35]. Na antropologia, a postura missionária do pastor e etnológo autodidata Maurice Leenhardt[36] não podia deixar de levar a uma teoria do animismo canaque enquanto pré-religiosidade, da mesma forma que nas artes falou-se em pré-teatro, ou em prototeatro.

As ciências da matéria participam da evolução do conceito plural de racionalidade. O físico dinamarquês Niels Bohr, prêmio Nobel, compôs seu brasão com o símbolo chinês do *tao*, acompanhado da expressão latina *contraria sunt complementa* – os contrários são complementares –, que desenvolve a noção de enantiodromia – εναντιοδρομια – de Heráclito de Éfeso, ou a força dos contrários. Bohr havia sido surpreendido, durante sua viagem à China em 1937, por um modo de pensamento que lhe parecia estar mais de acordo com a episteme da física quântica e sua teoria da complementaridade do que a lógica aristotélica dominante na Europa. Depois disso, em várias conferências e publicações, ele mostrou a riqueza epistemológica dessa noção em outras áreas além da física[37]. Ele não foi o único, Carl Gustav Jung, Paul Watzlavick e muitos outros em diferentes interpretações. Evidentemente, o pensamento chinês não se reduz a um modelo uniforme "que nos faz perceber

33 Cf. J.-P. Doguet, *Les Philosophes et l'esclavage*.
34 Cf. T. d'Aquin apud E. Garin, *Le Zodiaque de la vie*, p. 147.
35 Exemplo notável: as pesquisas sobre o QI dos afro-americanos que usam testes tendenciosos.
36 Ver, particularmente, M. Leenhardt, *Do Kamo: La Personne et le mythe dans le monde mélanésien*. Sobre a análise crítica da atitude de Leenhardt, ver A. Bensa, *Chroniques Kanak: L'Ethnologie en marche*, p. 261.
37 Sobre a arte e a religião, ver Niels Bohr, The Unity of Knowledge (1955). Ed. franc.: Unité de la connaisssance, *Physique atomique et connaissance humaine*, p. 270-273.

XXIV DESCREVER O INAPREENSÍVEL

a China como uma floresta monocromática, sendo que somos tão rápidos para identificar as mínimas nuances da mínima folha de árvore quando se trata de uma cultura que nos é mais familiar"[38]. Na sua monumental *História do Pensamento Chinês*, Anne Cheng apresenta as diversas escolas de lógicos que não podemos mencionar aqui sem diminuir sua riqueza.[39]

CRIATIVIDADE

Criatividade é uma dessas palavras guarda-chuva que também causam problema, após terem enriquecido os vastos campos da ingenuidade e aqueles que se aproveitam disso. Segundo Todd Lubart, o estudo da criatividade, palavra vinda do inglês *creativity* e que entrou no uso corrente nos anos 1970, inscreve-se atualmente em uma abordagem integrativa da psicologia[40]. Proveniente, na mitologia comum, da criação *ex nihilo* do mundo, de inspiração teológica, sua história particularmente fértil foi renovada nas ciências, nas artes e na pedagogia[41]. Foi assim que a crença aristotélica na geração espontânea, derrubada no século XVII, voltou à tona no século XIX até que Pasteur provasse sua inanidade. Antes de ser guilhotinado em 1794, na época da revolução, o químico e filósofo Antoine-Laurent Lavoisier havia derrubado a teoria do flogístico em favor de uma concepção antecipada da biosfera: o mundo vivo é um todo em estado permanente de reciclagem e recombinações. Alguns séculos antes, o filósofo grego Anaxágoras de Clazômenas havia manifestado um ponto de vista semelhante em seu tratado *Sobre a Natureza* (Περι Φυσεως): nada se cria, nada se perde, mas tudo se mistura e se separa a partir do que já existe. O nascimento corresponde a συνκρινεσθαι, associar, combinar elementos existentes, e a morte se resume a desfazê-los, διακρινεσθαι. Simples questão de organização cadenciada entre dois polos, com seus próprios ritmos. As teorias da criatividade oscilam entre

---

38 A. Cheng, *La Chine pense-t-elle?*, p. 26.
39 Idem, *Histoire de la pensée chinoise*, p. 30, 89-90, 132-147, 216.
40 Cf. T. Lubart, *Psychologie de la créativité*.
41 Para uma revista atualizada sobre a questão, ver: M.H. Hanson, *Worldmaking: Psychology and the Ideology of Creativity*.

EM BUSCA DE UMA GENÉTICA DO INAPREENSÍVEL · XXV

a ideologia do *ex nihilo* – o gênio criativo –, e a capacidade de combinar "elementos" preexistentes dos quais o indivíduo não tem necessariamente conhecimento. O modelo de competência/performance desenvolvido na linguística por Noam Chomsky, nos anos 1960, para analisar a criatividade do locutor, seja qual for seu nível de educação, retoma a teoria combinatória[42]. Desde a mais tenra idade, a criança adquire uma *competência* linguística por inculturação, aprendizado passivo, imersão, interação. O capital adormecido é colocado em ação – *performance* – nas situações de comunicação e no que chamamos de linguagem interior. Evidentemente, o modelo competência/performance sofreu críticas, adaptações e se desenvolveu. De minha parte, eu o considero particularmente estimulante na medida em que ele propõe pistas para a pesquisa sobre o processo de criação, sua análise e descrição. Não que os linguistas e psicolinguistas consigam fazer isso em seus campos. Contudo, a competência, para o artista, artesão, cientista e qualquer criador potencial, é composta tanto pelo conjunto da experiência quanto pelos aprendizados específicos e pelo exercício. Como descrever o surgimento da invenção da linguagem na performance, ou seja, o momento no qual sem se preocupar da correção do enunciado, conseguimos construir algo novo que às vezes nos surpreende? Essa questão ainda continua em aberto.

As relações de exclusão das entidades se baseiam em sua asseidade, ou seja, em uma pré-concepção que lhes exclui de qualquer partilha com outras entidades. Assim, opor espontaneidade e virtuosidade é o mesmo que adotar uma postura criacionista e fechar neles mesmos, em espaços restritos, os aspectos complementares de um comportamento complexo. Em 1981, em um texto intitulado "La Course des contraires", para uma obra do Centre National de la Recherche Scientifique (CNRS) sobre a formação do ator, Barba discorreu sobre a espontaneidade, palavra guarda-chuva por vezes reivindicada em nome da criatividade/liberdade sem limites. Ele empregou uma bela expressão:

A espontaneidade não se opõe à "virtuosidade", pois ela é posterior. É apenas quando um pianista ultrapassa a virtuosidade que ele pode, por

---

42 Cf. N. Chomsky, *Aspect of the Theory of Syntax*, p. 3.

XXVI DESCREVER O INAPREENSÍVEL

meio de sua forma de tocar, transmitir algo pessoal. Ele pode se exprimir – *fazer sair* – por meio da resistência imposta pelo campo musical limitado de seu instrumento e pelas leis da música.[43]

NÍVEL DE ORGANIZAÇÃO E PROCESSO

A noção fundamental de nível de organização, útil para Eugenio Barba em sua antropologia teatral[44], apareceu inicialmente na biologia, subsequente à teoria celular do naturalista alemão Theodor Schwann (1810-1882), que publicou em 1839, em Berlim, suas pesquisas microscópicas sobre a concordância na estrutura e no crescimento dos animais e das plantas. Para os biólogos, os seres vivos são constituídos por unidades organizadas em sistemas dinâmicos interdependentes: moléculas, células, órgãos, indivíduo, biótopo e assim por diante, até um nível macroscópico que ignoramos completamente. Concebida na interdisciplinaridade, indissociável da perspectiva sistêmica, a noção de nível de organização gerou uma sucessão de disciplinas especializadas, algumas efêmeras, outras se abrindo a vastos campos de pesquisa. O destaque de cada um dos níveis de organização provocou atitudes, métodos, hipóteses heurísticas, proporcionalmente a elementos de menor complexidade. A segmentação erudita apoiou assim "disciplinas" teoricamente interdependentes, na medida em que nenhuma delas pode fugir à limitação de suas ambições. Além disso, a dinâmica das interações não ocorre no interior das fronteiras disciplinares. A plenitude ideal poderia ser atingida apenas à condição – quimérica – de conhecer cada um dos elementos do sistema *in toto*, e suas dinâmicas.

A palavra processo não elucida nada sobre o nível de organização que o observador é capaz de apreender. Ao longo dos anos, Barba alçou ao primeiro plano de sua atividade de diretor o que ele chamou de dramaturgia do ator: "como provocar reações pessoais nos atores e orquestrá-las em um espetáculo que não imitaria a vida, mas possuiria a qualidade de vida"[45].

---

43 E. Barba, *L'Archipel du théâtre*, p. 52.
44 Idem, *Le Canoë de papier: Traité d'anthropologie théâtrale*, *Bouffonneries*, Lectoure, n. 28-29, 1993, p. 23s.
45 Idem, *Brûler sa maison*, p. 34.

EM BUSCA DE UMA GENÉTICA DO INAPREENSÍVEL   XXVII

Perplexo diante do emaranhado de tantos elementos para compreender e colocar em prática em seu ofício, ele ouve o doutor Henri Laborit falar de "nível de organização", durante o colóquio de Karpacz em 1979: "Na verdade, foi a maneira de pensar dos biólogos que me ajudou a compreender meu próprio trabalho – ele escreve. Em biologia não se deve diferenciar apenas as partes, os componentes de um organismo [...] mas também os níveis de organização."[46] Qualquer processo de aprendizagem, de criação, também pode ser subdividido em níveis de organização, do mais simples (as qualidades psicofisiológicas) ao mais complexo (o contexto). Considerado em relação ao tempo, o processo se inscreve na ontogênese – no mínimo –, ou seja, na evolução diacrônica do indivíduo, de tal maneira que uma ação presente guarda nela uma memória longínqua, inconsciente, reprimida ou simplesmente esquecida. Desafio real para qualquer descrição da ação, que guarda apenas a parcela mais evidente, a que emerge no momento presente.

A AMBIGUIDADE DO PROCESSO

A importância atribuída ao processo se impôs a partir do momento em que se admitiu que as tentativas de análise do espetáculo, da performance, tratavam na realidade apenas do exame de um objeto terminado cuja simples percepção bastaria para esgotar o sentido. Dessa forma, a análise comportava-se como o cotidiano comum, no qual, por economia, prestamos atenção apenas nas aparências percebidas ao momento do encontro. Ficamos satisfeitos com essas interações breves sem preocupar-nos com suas bases reais, com suas circunstâncias, e passamos de um momento a outro como uma galinha debicando grãos. Um quadro é uma natureza morta que permite a investigação sem limites. Mesmo que o pintor já esteja morto, a obra deixa-se observar, contemplar, anatomizar de tal forma que a pesquisa se mostra interminável e frutuosa de acordo com a evolução das ciências e das técnicas. Não existe, para as práticas performativas, um equivalente do laboratório

46 Ibidem.

C2RMF[47] do museu do Louvre. Esse renomado laboratório de pesquisa dos museus franceses, chamado inicialmente de Institut Mainini, havia sido criado, em 1931, graças à generosidade de dois médicos argentinos, Fernando Perez e Carlos Mainini, para o estudo científico das pinturas e obras de arte que integram as coleções nacionais. Após a criação de uma seção de física, com espectrografia infravermelha, cromatografia em fase gasosa e difração de raios X, foi realizada uma grande exposição em 1980, intitulada "a vida misteriosa das obras-primas". Um ano após o colóquio de fundação da etnocenologia, em janeiro de 1996, o Laboratoire de Recherche des Musées de France associou-se ao CNRS para criar uma unidade mista de pesquisa, UMR-171. A criação da International School of Theatre Anthropology (Ista) – concebida e dirigida por Eugenio Barba em 1979 – parece fazer eco ao projeto do Institut Mainini, na área do espetáculo. Um eco que não carece de utopia temperada com autoironia. Após as primeiras sessões da Ista, quando Barba e Nicola Savarese iniciaram a publicação de uma obra que faria um balanço das pesquisas realizadas, eles deram-lhe o título *Anatomia dell'attore* (1982)[48]. Foi ao ver um cartaz que anunciava uma exposição sobre a história da anatomia que lhes surgiu a ideia desse nome tão eficiente. Eugenio Barba tinha justamente o projeto de explorar os arcanos da presença do homem em uma situação de representação e identificar seus princípios comuns, que ultrapassavam as diferenças culturais. A organização e os programas das sessões da Ista foram amplamente expostos e comentados[49]. O próprio princípio dos trabalhos era regido pela definição da antropologia teatral formulada por Barba: "A antropologia teatral é o estudo do comportamento biológico e cultural do homem em uma situação de representação, ou seja, do homem que utiliza sua presença física e mental de acordo com princípios diferentes dos que regem a vida cotidiana."[50] Tendo em vista que, no mundo acadêmico e artístico, o humor,

---

47   Centre de Recherche et de Restauration des Musées de France. (N. da T.)

48   A obra, fartamente ilustrada, publicada inicialmente em italiano, foi em seguida traduzida em francês (1985, 1995, 2008) inglês, espanhol, português, japonês, turco, tcheco, sérvio, russo, chinês, em diversas edições para a mesma língua de acordo com as revisões e complementações.

49   Cf. I. Watson, *Towards a Third Theatre*.

50   E. Barba; N. Savarese, *Anatomie de l'acteur*.

EM BUSCA DE UMA GENÉTICA DO INAPREENSÍVEL   XXIX

a distância e a empatia nem sempre são compartilhados, Barba não tardou a censurar o próprio texto, retirando a referência à biologia e especificando que sua "antropologia" não deveria ser confundida com a dos universitários. Na edição francesa de 2008, ele esclarece:

Que não haja equívoco: a antropologia teatral não trata desses níveis de organização que permitem aplicar ao teatro e à dança os critérios da antropologia cultural. A antropologia teatral não é o estudo dos fenômenos espetaculares nessas culturas que os antropólogos estudam tradicionalmente. A antropologia teatral também não deve ser confundida com a antropologia do espetáculo.[51]

No entanto, a menção à "biologia" era evidente. Teatro e dança não são artes da vida – *bios* – por excelência? As lições da herança teriam sido esquecidas a tal ponto?[52] Naquela época, retomando um artigo no qual eu comentava o caráter enigmático de sua escolha editorial[53], Barba me explicou: "Eu uso a palavra 'escola' em *international school*, como uma piada com os teóricos que se levam muito a sério, da mesma forma que *anthropology*. Além disso, era preciso dar um nome ao que eu fazia, e um dia, no Japão, antes da primeira sessão de Bonn, eu perguntei a Ugo Volli[54] se *antropologia teatrale* não parecia muito insensato. Ele me tranquilizou". Hoje, três décadas mais tarde, ao reler o que Nicola Savarese havia escrito sobre a anatomia para justificar o título da primeira versão, eu reencontro ali uma atualidade lúcida para *descrever* o *inapreensível*, cujo projeto se inscreve na mesma linha que o meu, na qual se explora não um mineral raro, mas o impossível de encontrar. Ele cita Giorgio Celli (1935-2011), professor da universidade de Bolonha, escritor, entomologista, etologista e dramaturgo:

A anatomia é a descrição da vida através de sua ausência. A anatomia celebra nos cadáveres os fastos e as geometrias superiores da vida; assim, então, a vida não pode tornar-se objeto de conhecimento e de observação, senão quando cessa de existir. Viver a vida ou descrevê-la, nas

---

51 Idem, *L'Énergie qui danse*, p. 13.
52 Cf. J.-M. Pradier, *La Scène et la fabrique des corps*.
53 Idem, Anatomie de l'acteur, *Théâtre/Public*, n. 76-77, p. 35-44.
54 Professor de semiótica do texto e da publicidade na universidade de Turim.

XXX DESCREVER O INAPREENSÍVEL

matemáticas existe o raciocínio pelo absurdo; na anatomia seu homó-
logo seria o raciocínio pela ausência.[55]

Lamento que a citação de Celli tenha sido retirada das edições posteriores. O paradoxo que ele levanta é, sem dúvida,
o mesmo que se encontra na origem da alternativa que nos é
imposta na pesquisa contemporânea: o reducionismo científico e a imprecisão metafórica, a alusão, a evocação poética.
O primeiro abandona o cadáver sobre a mesa de dissecção;
os segundos se perdem em truísmos, estereótipos, generali-
dades, projeções e ilusões *trompe l'œil*. Certamente, recorrer
à noção de enantiodromia e à sua versão contemporânea de
complementaridade, como propõe Niels Bohr, se mostra indispensável na etnocenologia, que se afirma multidisciplinar.

Ao questionar as referências nacionais eurocêntricas na
abordagem das práticas performativas, a etnocenologia considera fundamental, desde o início, o estudo do que eu denominei
etnocentrismo nominal, sabendo que noções e conceitos expres-
sam a língua e a história do pensamento na qual surgiram. No
final dos anos 1960, Jacques Derrida já havia chamado a atenção sobre uma das armadilhas disseminadas no caminho do
antropólogo:

A etnologia – como qualquer outra ciência – se produz no elemento
do discurso. E ela é primeiramente uma ciência europeia, que utiliza,
mesmo a contragosto, os conceitos da tradição. Portanto, quer ele queira
ou não, e isso não depende de uma decisão do etnólogo, ele acolhe em
seu discurso as premissas do etnocentrismo no momento mesmo em
que ele o denuncia.[56]

Espontaneidade e virtuosidade pertencem à família dos
intraduzíveis, senão geram mal-entendidos ou acidentes semân-
ticos. As línguas chinesa, japonesa e coreana compartilham um
lexema semelhante, 道, *do* ou *dao*, traduzido em francês por
chemin ou *voie*, "caminho" ou "via", em português. O termo
foi utilizado pelos primeiros missionários católicos na Coreia
como o equivalente de "religião". No entanto, Lee Hyunjoo
assinala que o *dao* não significa a submissão ao dogma, como

55 G. Celli, *La scienza del comico*.
56 J. Derrida, *L'Écriture et la différence*, p. 414.

EM BUSCA DE UMA GENÉTICA DO INAPREENSÍVEL   XXXI

gostariam os missionários[57]. De fato, observa a sinóloga Anne Cheng: "As correntes de pensamento da China antiga não buscam propor um sistema fechado que correria o risco de sufocar as virtualidades vitais, mas um *dao* (mais comumente escrito *tao*) 道".[58] Ela continua:

A Via nunca está previamente traçada, ela se desenha à medida que percorremos o caminho: é, então, impossível falar dela para quem não está percorrendo pessoalmente o caminho. O pensamento chinês não é da ordem do ser, mas do processo em desenvolvimento que se afirma, se verifica e se aperfeiçoa ao longo de seu devir. Para retomar uma dicotomia bem característica do pensamento chinês: é em seu funcionamento que a constituição de qualquer realidade toma corpo.[59]

BIOGRAFIA E CRIAÇÃO

A primeira vez que eu assisti a *Pegadas na Neve*, demonstração de trabalho que revela os segredos técnicos da atriz Roberta Carreri, eu fiquei admirado e fascinado. Ela explicava seu percurso no *Odin Teatret* desde 1974 e mostrava, entre outras coisas, a criação das personagens a partir de exercícios físicos: deformação de diferentes partes do corpo, variação de ritmos, velocidades, amplitudes e tipos de energia. Mais ainda, ela desvelava com precisão a vida de seu imaginário ao mostrar o que a havia estimulado e levado a construir posturas, gestos, movimentos e mímicas: pinturas da Virgem ao pé da cruz; uma foto de jogadores de bocha no sul da França. A demonstração não era uma conferência ilustrada, e sim um verdadeiro espetáculo que também mereceria ser, ele próprio, fragmentado parte por parte. E isso, podemos compreender facilmente, porque Roberta Carreri não havia copiado, ela havia canibalizado.

As autobiografias de artistas ou cientistas, as biografias bem realizadas, são sementeiras de índices que ajudam a compreender a edificação de uma obra, a lógica subjacente, o invisível do implícito, mascarado pelo explícito ao qual temos acesso. Não há nada de padronizado nessas narrativas, com exceção de alguns

57 Cf. H. Lee, *Martyrs et héros.*
58 A. Cheng, *Histoire de la pensée chinoise*, p. 35.
59 Ibidem.

elementares universais como a obsessão, a perseverança, o *do* como se diria no Japão e na China antigos. No entanto, elas são lacunares, incompletas, orientadas sobre a própria impossibilidade de descrever a imensidão dos ingredientes da existência. Dessa forma, após anos dedicados ao culto do esquema e do formalismo metacientífico, podemos compreender o desenvolvimento da preocupação com a escrita em disciplinas que, antes, desconfiavam disso. A historiografia, por exemplo. Evidentemente, o projeto é arriscado, na medida em que a língua é capaz de criar uma realidade e também de retirar a realidade do concreto, a menos que ela se satisfaça em sua própria virtuosidade. Contudo, a escrita é única na apreensão do inapreensível, qualidade que ela compartilha com a contemplação, que, por sua vez, é silenciosa.

BIBLIOGRAFIA

BARBA, Eugenio; SAVARESE, Nicola. *L'Énergie qui danse: Dictionnaire d'anthropologie théâtrale*. Trad. Eliane Deschamps-Pria. Montpellier: L'Entretemps, 2008.

_____. La Course des contraires. *Les Voies de la Création théâtrale, IX: La Formation du comédien*. Paris: CNRS, 1981.

_____. *Anatomie de l'acteur: Un Dictionnaire d'anthropologie théâtrale*. Cazilhac: Bouffoneries-Contrastes, 1985.

BARBA, Eugenio. *L'Archipel du théâtre*. Cazilhac: Bouffoneries-Contrastes, 1982.

BENSA, Alban. *Chroniques Kanak: L'Ethnologie en marche*. Paris: Peuples Autochtones et Développement, 1995.

BOHR, Niels. *Physique atomique et connaissance humaine*. Paris: gallimard, 1991.

BLONDEL, Maurice. *L'Action*. Paris: Presses Universitaires de France, 2013.

CADOPI, Marielle. La Motricité du danseur: Approche cognitive. *Bulletin de psychologie*. Paris, tome 58, fasc. 1, n. 475, 2005.

CELLI, Giorgio. *La scienza del comico*. Bologna: Calderini, 1982.

CHENG, Anne. *La Chine pense-t-elle?* Paris: Collège de France/Fayard, 2009.

_____. *Histoire de la pensée chinoise*. Paris: Seuil, 1997.

CHOMSKY, Noam. *Aspect of the Theory of Syntax*. Cambridge: MIT Press, 1965.

DESCOLA, Philippe. *Par-delà nature et culture*. Paris: Gallimard, 2005.

DOGUET, Jean-Paul Doguet. *Les Philosophes et l'esclavage*. Paris: Kimé, 2016.

DUBUISSON, Daniel. *L'Occident et la religion: Mythes, science et idéologie*. Bruxelles: Complexe, 1998.

GARIN, Eugenio. *Le Zodiaque de la vie: Polémiques antiastrologiques à la Renaissance*. Paris: Les Belles Lettres, 1991.

GILSON, Étienne Gilson. *Esprit de la philosophie médiévale*. Paris: Vrin, 1931.

GODELIER, Maurice. *Au Fondement des sociétés humaines: Ce que nous apprend l'anthropologie*. Paris: Albin Michel, 2008.

EM BUSCA DE UMA GENÉTICA DO INAPREENSÍVEL   XXXIII

____. *L'Imaginé, l'imaginaire et le symbolique.* Paris: CNRS, 2015.

GRAZIANI, Romain; STERCKX, Roel (eds.). *Extrême-Orient Extrême-Occident,* n. 29, 2007. De l'Esprit aux Esprits, Enquête sur la notion de *Shen.*

GUILLAUME, Fabrice; TIBERGHIEN, Guy; BADOUIN, Jean-Yves. *Le Cerveau n'est pas ce que vous pensez: Images et mirages du cerveau.* Grenoble: Presses Universitaires de Grenoble, 2013.

HANSON, Michael Hanchett. *Worldmaking: Psychology and the Ideology of Creativity.* London: Palgrave MacMillan, 2015.

KEI, Yoshida. Comparing and Explaining Different Cultures. In: KEI, Yoshida et al. *Utopia: Here and There.* Tokyo: University of Tokyo Center for Philosophy, 2008.

KILANI, Mondher. *Pour un universalisme critique.* Paris: La Découverte, 2014.

LAPLANTINE, François. *Quand le moi devient autre: Connaître, partager, transformer.* Paris: CNRS, 2012.

____. *Tokyo ville flottante: Scène urbaine, mises en scène.* Paris: Stock, 2010.

____. *Le Social et le sensible: Introduction à une anthropologie modale.* Paris: Téraèdre, 2005.

LEE, Hyunjoo. *Martyrs et héros: Le Théâtre édifiant des missions catholiques françaises en Corée dans les premières années du XXe siècle.* Tese (Doutorado em Estética, Ciências e Tecnologias das Artes), Université Paris 8, Paris, 2014.

LEENHARDT, M. *Do Kamo: La Personne et le mythe dans le monde mélanésien.* Paris:NRF/Gallimard, 1947.

LESNE, Annick. Biologie des systèmes: L'Organisation multiéchelle des systèmes vivants. *Med Sci.* Paris, v. 25, n. 6-7, 2009. Disponível em: <https://doi. org>. Acesso em: 18 dez. 2018.

____. Dossier Évolution et créationnisme: Complexité du vivant, sélection naturelle et évolution. *Natures Sciences Sociétés.* Paris, v. 16, n. 2, 2008. Disponível em: <https://doi.org>. Acesso em: 18 dez. 2018.

LUBART, Todd. *Psychologie de la créativité.* Paris: Armand Colin, 2003.

PARRET, Herman. *On Believing: Epistemological and Semiotic Approaches/De la croyance: Appproches épistémologiques et sémiotiques.* Berlin: Walter de Gruyter, 1983.

PRADIER, Jean-Marie (éd.). La Croyance et le corps: Esthétique, corporéité des croyances et identités. *Actes du 7ème colloque international d'ethnoscénologie,* Paris 21-23, mai 2013. Bordeaux: Presses Universitaires de Bordeaux, 2016.

____. Theatre and Therapy: 'Care', 'Cure', or Illusion? In: FALLETTI, Clelia; SOFIA, Gabriele; JACONO, Victor (eds.). *Theatre and Cognitive Neuroscience.* London/New York: Bloomsbury, 2016.

____. Etnocenologia: As Encarnações do Imaginário. Unidade da Espécie. Diversidade dos Olhares. *Revista de Antropologia,* v. 56, n. 2, 2013. Disponível em: <https://www.revistas.usp.br>. Acesso em: 18 dez. 2018.

____. Etnoscenologia, etologia e biologia moleculare. In: FALLETTI, Clelia; SOFIA, Gabriele (eds.). *Nuovi dialoghi tra teatro e neuroscienze.* Roma: Editoria & Spettacolo, 2011.

____. *La Scène et la fabrique des corps: Ethnoscénologie du spectacle vivant en Occident (Ve siècle av. J.-C- XVIIIe siècle).* Bordeaux: Presses Universitaires de Bordeaux, 1997.

____. Anatomie de l'acteur. *Théâtre/Public,* n. 76-77, jui.-oct. 1987.

RIZZOLATTI, Giacomo; SINIGAGLIA, Corrado. *Les Neurones miroirs*. Paris: Odile Jacob, 2011.

SANCHEZ, Pascal. *La Rationalité des croyances magiques*. Genève/Paris: Librairie Droz, 2007.

SHIM, Kyung-Eun. *L'Assimilation du tour-pivot en danse classique la Pirouette en dehors par la danse coréenne Hanbaldeuleodolgi: Une Étude comparative de la manière dont la danse classique et la danse coréenne maîtrisent les principes fonctionnels du tour-pivot à partir d'une analyse de leur apprentissage*. Tese (Doutorado en Sciences Sociales), École des Hautes Études, Paris, 2016.

VALLET, Cécile. *L'Improvisation dans les pratiques physiques et artistiques: Contribution à la compréhension des processus attentionnels et mnésiques en jeu dans la génération d' actions*. Tese (Doutorado em Sciences et Techniques des Activités Physiques et Sportives), Université de Bordeaux 2, Bordeaux, 2001.

VERNANT, Jean-Pierre et al. *Divination et rationalité*. Paris: Seuil, 1974.

WATSON, Ian. *Towards a Third Theatre: Eugenio Barba and the Odin Teatret*. London/New York: Routledge, 1993.

WEINBERG, Robert S.; GOULD, Daniel. *Foundations of Sport and Exercise Psychology*. 6. ed. Windsor: Human Kinetics, 2015.

Como Descrever os Processos de Criação das Práticas Performativas?

Gilberto Icle

Este trabalho é fruto de três anos (2013-2015) de pesquisas em rede, envolvendo onze grupos de pesquisa, de dez universidades e centros de estudos, em três países: Brasil, França e Argentina. O acordo coletivo entre esses grupos forma a Rede Internacional de Estudos da Presença.

Este livro relata as conclusões e avanços do trabalho empreendido pelos grupos envolvidos. A pesquisa teve financiamento do CNPq – Conselho Nacional de Desenvolvimento Científico e Tecnológico (*National Counsel of Technological and Scientific Development*), do Ministério da Ciência e Tecnologia do Brasil, e da Capes – Coordenação de Aperfeiçoamento de Pessoal de Nível Superior.

Grosso modo, nosso objetivo é alargar as bases epistemológicas da descrição dos processos criativos, visto a expansão dessa prática entre artistas e estudiosos da cena nos últimos anos.

Essa tarefa, por vezes, tem se chocado com as concepções de ciência proferidas no âmbito universitário, em especial, aquelas mais tradicionais. Dessa forma, nosso objetivo é repensar tais concepções, assim como realizar um esforço para construir uma ética das relações artísticas na universidade contra as políticas hegemônicas e dominantes. Não apenas trabalhamos para admitir os processos de criação nas artes da cena como objeto válido para a pesquisa universitária, como também para o fortalecimento do espaço da arte nesse contexto.

A QUESTÃO

O oximoro que dá título a este livro expressa uma preocupação crescente no campo das Artes Cênicas: como descrever os processos de criação em práticas performativas? A tarefa de descrever tem sido basilar na pesquisa sobre os processos de criação naquilo que aqui convencionamos chamar de *práticas performativas*. A pesquisa conduzida pelos grupos aqui envolvidos representa uma prática que tem crescido nas últimas décadas: aquela de descrever o processo criativo, seja ele do próprio artista-pesquisador, seja ele de outros artistas e grupos observados pelo pesquisador.

Essa tarefa de descrever o processo criativo é comum em um sem número de pesquisas de mestrado e doutorado, mas também em cursos de graduação e nas pesquisas conduzidas pelos professores nas universidades no campo de artes cênicas. Nossos alunos, especialmente de pós-graduação, descrevem, como tarefa importante para a pesquisa nesse campo, muitos e diversificados processos de criação. Nós mesmos, como pesquisadores da área, narramos, descrevemos e analisamos o que chamamos de processos de criação.

Então, tornou-se urgente problematizar os limites, os desafios e as possibilidades do ato de descrever como ferramenta da pesquisa, quando esse está empenhado em apreender os aspectos efêmeros das práticas performativas. Não é sem dificuldades que a área de artes cênicas tem se empenhado em criar metodologias para sustentar epistemologicamente as formas de descrever o ato de criação coletivo que dá origem às práticas em tela.

Este livro, portanto, relata a pesquisa que se ocupou em discutir os problemas sobre como descrever o processo de criação em práticas performativas. Desde algumas décadas, a pesquisa universitária sobre as práticas performativas tem se ocupado do processo, para além de se preocupar com uma teorização sobre o espetáculo. Como arte efêmera, tomamos as práticas performativas como processo, como devir. Portanto, trata-se de descrever esse movimento, entre um estado no qual os artistas não estão aptos a realizar uma performance e outro, diametralmente longe no tempo desse primeiro, no qual podem realizar a performance programada. O que acontece no *entre*, no espaço-tempo entre não conhecer e conhecer, entre não possuir no corpo a possibilidade de performar e o espetáculo propriamente dito?

É isso que a descrição procura apreender. É aí que nos deparamos com um conjunto significativo de questões difíceis de serem circunscritas. Antes de nos perguntarmos o que é o processo criativo, pergunta deveras estranha e impossível de responder, perguntamos: como descrever o processo criativo?

A partir dessa questão inicial emerge toda sorte de impasses, dúvidas e limitações que a própria linguagem oferece à tarefa de descrever o indescritível, de descrever algo que é efêmero, descrever o movimento, o processo, o devir.

Assim, esta pesquisa em rede parte da premissa de que a linguagem não pode dar conta da tarefa a que nos propomos – descrever o processo criativo –, pois ela própria não abarca a presença, a intensidade da vida. Ela torna linear e simplificada a complexidade do vivo. Além disso, o processo é, ele mesmo, estranho à limitação do tempo e do espaço. Observamos ensaios, no entanto o processo de criação se dá para além do ensaio, para além da sala de trabalho. Os artistas, praticantes, brincantes, atores e diretores criam ou estão em estado de criação, em tempos e espaços que não podem ser apreendidos pelo observador, sequer pelo próprio artista.

Não obstante essas limitações, o processo de criação não é afeito ao efeito fotográfico, ao registro, ele é demasiadamente vivo e, ainda, por demais coletivo. Não se trata de descrever o percurso de uma pessoa, tampouco de uma ideia, de um momento, mas de uma rede complexa de relações, impossíveis de serem definitivamente apreendidas.

Podemos usar a descrição do processo criativo como um registro que objetiva a remontagem do espetáculo. Porém, nossa preocupação maior é conectada com a pesquisa e com a noção de que talvez possamos imaginar a descrição como um texto que recupera os efeitos performativos da performance. Assim, o que precisamos para descrever? Como podemos descrever um processo criativo, recuperando seu poder de ato? Pode o texto ser performativo como a prática performativa? Pode o texto causar no leitor efeitos semelhantes aos efeitos de presença das práticas performativas?

Com efeito, partimos de uma pergunta negativa: o que não é possível descrever quando se descreve o processo criativo? Pela sua negatividade, retórica é certo, e também paradoxal, o caminho da pesquisa em rede teve curso e as produções aqui apresentadas emergiram do trabalho ora coletivo, ora individual de cada grupo. Assim, essa pergunta serviu como um guia em que nos prendemos para empreender diferentes etapas coletivas de pesquisa. Sua impossibilidade lógica de resposta serviu como um elemento instigante para o trabalho. Não pretendíamos (nem podíamos) respondê-la, mas usá-la como alavanca, como catapulta para nos lançarmos no caldo espesso da problemática do pesquisar.

PRÁTICAS PERFORMATIVAS

O conceito mesmo de práticas performativas é usado para permitir um alargamento das noções de teatro, dança, espetáculo, tomando de inspiração a etnocenologia. Trata-se de conceber as práticas como processos (e compreendendo o que se chamaria de produto como um momento ou uma experiência do processo), segundo os quais determinados sujeitos empregam seus corpos na experiência de compartilhar uma ação com o outro.

Além de considerar o processo – e mesmo tentar burlar as fronteiras entre processo e espetáculo –, o termo *práticas performativas* visa alargar o que, historicamente, tomamos como teatro, dança, performance, espetáculo etc. Práticas performativas, aqui, envolvem tanto espetáculos reconhecidos pelo sistema das artes, quanto folguedos populares ou exercícios em sala de aula, por exemplo. O que torna possível colocar todas essas práticas juntas para se visualizar e analisar um mesmo objeto de pesquisa não é o contexto do qual emergem, tampouco as temáticas a que fazem referência ou a categoria socialmente

COMO DESCREVER OS PROCESSOS DE CRIAÇÃO DAS PRÁTICAS... XXXIX

aceita de arte, mas o fato de que todas elas podem ser conside-radas no seu processo de feitura; são coletivas, envolvem grupos de pessoas, colocando seus próprios corpos como local da prá-tica e, por fim, fazem alguma coisa, dão forma, (per)formam, transformam seus praticantes, o que nos permite designá-las como performativas[1].

Com efeito, trata-se, entrementes, de conceber "perfor-mativa" como a qualidade da performance, como aquilo que produz no interior de uma performance uma potência em ato. Para isso, foi necessário evitar um uso perigoso da pesquisa: dar visibilidade àquilo que é já o conhecido. Por esse motivo, a escolha dos objetos de pesquisa foi livre para cada um dos grupos que elegeu conforme seus interesses o objeto a ser des-crito como passo inicial.

Esse deslocamento – a designação *práticas performati-vas,* substituindo termos mais comuns nos Estudos Teatrais e Coreográficos (teatro, dança, performance, ópera, brincadeiras, manifestações populares, brincadeiras, jogos etc.) –, ou seja, designar os objetos aqui escolhidos como práticas performa-tivas, não é inocente. Ele responde a uma urgência de superar o logocentrismo que circunscreve o que consideramos como teatro, dança, performance a partir de modelos que são tomados hegemonicamente por determinados sistemas, sustentados por tramas que envolvem diferentes agentes, e que quase sempre estão implicados na dimensão econômica das práticas.

Assim, aqui, aparece uma operação política da pesquisa, na tentativa de uso do termo práticas performativas para alargar aquilo que hegemonicamente é tomado como arte. Trata-se de evitar, entre outras coisas, a legitimação do sistema das artes, no qual alguns espetáculos, alguns diretores, alguns grupos, são

---

1   A noção de performativo vem do trabalho de John Austin, que primeiro des-creveu as sentenças constatativas como aquelas que descrevem o mundo, ao passo que as performativas fazem alguma coisa. Em seu célebre livro *Quando Dizer É Fazer,* ele mostra que tais sentenças, uma vez que o sujeito falante está imbuído de autoridade, não apenas descrevem, mas transformam o mundo. Um exemplo clássico são as palavras do padre: "Eu vos declaro marido e mulher". Elas não descrevem a cerimônia do casamento, mas tornam o casal casado. No seu trabalho ulterior, Austin dirá que toda a linguagem é per-formativa. A partir de seu trabalho, autores como Richard Schechner, em *Performance Studies,* vão desenvolver teorias que mostram a performatividade no centro da realização do que chamamos performance.

tomados como realizadores que valem a pena ser investigados e outros classificados como menores, amadores, periféricos. Evitar esses adjetivos não apenas amplia o espectro de possibilidades do trabalho, como permite uma não hierarquia entre as diferentes criações.

Por isso, o que se toma como prática performativa a ser descrita é também muito distinto: um espetáculo de teatro profissional em cartaz em um grande teatro; um espetáculo de rua apresentado em uma pequena cidade; uma manifestação cultural de dança do interior da Amazônia; o trabalho de encenação de alunos de teatro em um curso de graduação que forma atores; o trabalho de teatro na formação de professores da educação básica; o trabalho de performance de um grupo de artistas que praticam intervenções urbanas etc.

É importante compreender, com efeito, que essas práticas performativas não foram o objeto da pesquisa aqui apresentada. A descrição do processo criativo dessas práticas é que constituíram o *corpus* inicial de análise que é relatado neste livro.

OS ONZE GRUPOS ENVOLVIDOS

Os grupos provêm de três países, como já dissemos: Brasil (7), Argentina (1) e França (3). Alguns são organizados como grupo e outros funcionam como tal apenas para esta pesquisa. Alguns trabalham em grandes centros urbanos como Paris e São Paulo, outros em pequenas cidades como Montenegro, Tandil e Rio Branco.

Há grupos pequenos, organizados apenas com um professor-coordenador e um ou dois alunos e outros muito grandes com diversos professores e muitos estudantes. Os estudantes possuem diferentes níveis de escolaridade no nível superior: graduação, mestrado e doutorado. Além disso, alguns grupos contam com a participação de artistas convidados, atores e *performers* na sua maioria.

Os contextos universitários dos países são bem distintos. Enquanto no Brasil e na Argentina, a maioria dos professores universitários de teatro e de dança é, ao mesmo tempo, pesquisador e artista da cena, na França, os pesquisadores, *grosso modo*, não trabalham regularmente como artistas.

COMO DESCREVER OS PROCESSOS DE CRIAÇÃO DAS PRÁTICAS... XLI

Eles têm uma diversidade de proveniências, tipo de trabalho, qualificação dos membros, formas de organização, contexto geográfico, contexto cultural. Todos, entretanto, são ligados a universidades ou instituições similares de pesquisa.

A pesquisa foi coordenada pelo Getepe (Grupo de Estudos em Educação, Teatro e Performance), da Universidade Federal do Rio Grande do Sul[2], com sede em Porto Alegre, Brasil. Outros dez grupos atenderam o convite e participaram ativamente desta pesquisa, são eles:

- Grupo de Pesquisa Performances: Arte e Cultura (Universidade Federal de Santa Maria, Santa Maria, RS, Brasil). Coordenação: Gisela Reis Biancalana, Daniel Plá e Heloísa Gravina.
- ProArteUergs – Núcleo Professor Artista (Universidade Estadual do Rio Grande do Sul, Montenegro, RS, Brasil). Coordenação: Tatiana Cardoso.
- GITCE: Grupo de investigación en técnicas de la corporeidade para a escena (Universidade Nacional del Centro de la Provincia de Buenos Aires, Tandil, Argentina). Coordenação: Gabriela Pérez Cubas.
- Revue Cultures-Kairós (Maison des Sciences de l'Homme Paris Nord, Paris, França). Coordenação: Laure Garrabé e Véronique Muscianisi.
- GRUPA: Grupo de Pesquisa e Artes da Amazônia (Universidade Federal do Acre, Rio Branco, AC, Brasil). Coordenação: Andréa Maria Favilla Lobo e Micael Cortês.
- Processos de Atuação na Contemporaneidade (Universidade Estadual de Campinas, Campinas, SP, Brasil). Coordenação: Matteo Bonfitto.
- LUME: Núcleo Interdisciplinar de Pesquisas Teatrais (Universidade Estadual de Campinas, Campinas, SP, Brasil). Coordenação: Renato Ferracini e Ana Cristina Colla.

---

2   Durante o processo de pesquisa, participaram, além do coordenador, Gilberto Icle, os seguintes pesquisadores: Ana Cecília de Carvalho Reckziegel; Flávia Pilla do Vale; Gisela Habeyche; Maria Falkembach; Milena Beltrão; Sergio Andres Lulkin; Shirley Rosário. Além desses, estiveram envolvidos com a Rede, os seguintes bolsistas de iniciação científica: Isadora Pillar Vieira e Matheus Schaefer.

XLII DESCREVER O INAPREENSÍVEL

- Grupo de Pesquisa Performatividades e Pedagogias (Universidade Estadual Paulista Júlio Mesquita, São Paulo, SP, Brasil). Coordenação: Carminda Mendes André.
- Laboratoire d'Ethnoscénologie (Université Paris 8 Vincennes Saint Denis, Saint Denis, França). Coordenação: Jean-François Dusigne.
- CEAC: Centre d'Étude des Arts Contemporains (Université Lille 3, Lille, França). Coordenação: Sophie Proust.

AS ETAPAS DA PESQUISA

Nós começamos propondo a esses grupos a produção de um texto que descrevesse um processo de criação, envolvendo práticas performativas, intencionalmente distintas, pois o objetivo não seria estudar o processo de criação, e sim, os distintos processos de criação, na intenção de que os diferentes contextos pudessem enriquecer os dados da pesquisa sobre a forma e as dificuldades de descrevê-los.

Por ordem de chegada, esses textos foram agrupados num dossiê com 143 páginas. Nós o chamamos de dossiê número 1. Alguns grupos enviaram à coordenação mais de uma descrição, assim o dossiê 1 é composto de doze descrições de processos de criação.

Essas descrições não descrevem apenas, pois embora a proposta inicial tenha sido realizar a descrição de um processo de criação, cada grupo compreendeu essa proposição de modo particular e singular. Assim, os textos produzidos pelos grupos também, narram, refletem, poetizam, dão informações e transcrevem diálogos dos pesquisadores e dos artistas envolvidos.

A forma de abordar o processo criativo é múltipla, uma vez que a noção de processo criativo é diversificada, não há um conceito uno de processo de criação compartilhado entre todos os pesquisadores de modo unificado. Como veremos nos textos que se seguem, essa falta de unidade, ao contrário de ser um empecilho para o trabalho coletivo, foi uma artimanha potente para fazer divergir as análises e as questões produzidas.

Para facilitar a comunicação em cada uma das etapas o material produzido foi traduzido. Os textos recebidos em português e espanhol foram vertidos para o francês e os textos recebidos em francês foram vertidos para o português. Isso objetivava que todos os participantes tivessem pleno acesso ao conteúdo dos materiais, uma vez que nem todos dominam as três línguas.

O dossiê número 1 foi distribuído entre os grupos para uma primeira leitura e, então, cada um deles realizou uma análise preliminar que visava destacar os pontos mais relevantes do dossiê. Essa análise tinha como guia a pergunta: o que não é possível descrever quando descrevemos o processo criativo? A resposta foi expressa em um texto de até três páginas que cada grupo enviou à coordenação e que com os quais formou um segundo dossiê com 79 páginas. Nós o chamamos de dossiê número 2.

Depois de distribuir o dossiê número 2 para todos os grupos, foram realizadas reuniões presenciais em Porto Alegre e Paris, nas quais traçamos os passos seguintes do trabalho. Formaram-se três equipes: duas com a participação de quatro grupos e uma com a participação de três grupos.

Com o uso das tecnologias de comunicação à distância, as equipes debateram, a partir dos dois dossiês, as questões que seriam pertinente desdobrar da questão guia. Além disso, as equipes definiram temáticas concernentes à descrição do processo de criação, como forma de distribuição das tarefas finais da pesquisa.

A partir desses acordos, cada grupo retornou ao seu próprio trabalho e produziu um texto preliminar com análises, segundo a perspectiva teórica que lhe era familiar.

Em setembro de 2015, em reunião presencial em Porto Alegre, os grupos apresentaram suas análises e debateram de forma coletiva os detalhes teóricos das propostas de cada um. Os capítulos deste livro são o resultado dessas análises, acordadas e debatidas de forma coletiva com toda a Rede.

O DOSSIÊ NÚMERO 1

O primeiro dossiê é composto de doze descrições de processos assinadas por diferentes pesquisadores na ordem em que foram recebidos pela coordenação da Rede.

A primeira delas não tem título e é assinada por Gabriela Perez Cubas. Procura apresentar o processo de criação de um espetáculo de teatro, produzido a partir de movimentos corporais dos atores e não a partir de um texto escrito. A narrativa do processo de criação foi produzida pela diretora, autora do texto, que mesclou descrição com as suas próprias impressões e a dos atores. As descrições foram realizadas, ainda, com base em registros dos atores, escritos e filmográficos. A narrativa/descrição, portanto, inclui transcrições e mostra diferentes etapas do processo e conta com reflexões, nas quais a autora mostra as preocupações e os problemas enfrentados durante o processo de criação.

A segunda descrição de processo, intitulada Sacra Folia, assinada por Daniel Plá, mostra a produção de um espetáculo realizado com alunos de graduação em teatro, baseado no texto dramatúrgico de mesmo título, de Luis Alberto de Abreu, criado ao longo de alguns meses. O autor da narrativa do processo de criação é o professor-diretor e há uma ênfase grande em mostrar como a improvisação foi tomada como dispositivo de criação do espetáculo. Descrevem-se os exercícios realizados pelos atores e as propostas da direção.

O terceiro processo de criação apresentado aqui foi escrito por Véronique Muscianisi e se chama "Si on n'avait pas la mer". Refere-se a uma experimentação cênica criada como esboço de uma futura criação. Trata-se da descrição do processo de criação de uma peça curta baseada em texto não dramático. Ele descreve cronologicamente os ensaios um a um, mostrando as etapas e os procedimentos que foram realizados pelo grupo de atores e pela diretora para a consecução da obra. Depois, descreve percursos individuais de alguns atores, também de modo cronológico.

O quarto processo de criação descrito narra e reflete sobre a construção e execução de uma performance arte na qual um grupo de quatro pessoas realiza atos performáticos num evento maior intitulado Arte#OcupasM. O título é "Performance Existir Juntos" e a descrição foi realizada por Gisela Reis Biancalana. Ela é uma das artistas e mescla a descrição da preparação, a relação com o evento de que participaram e o momento da performance com o público. Ambas as etapas são tratadas como processo de

COMO DESCREVER OS PROCESSOS DE CRIAÇÃO DAS PRÁTICAS... XLV

criação, deixando de fora os limites entre uma coisa e outra. A descrição procura evidenciar como as ideias foram se transformando da proposta inicial até a performance em público.

O quinto processo de criação intitula-se "Quadrilha" e se refere aos momentos de preparação e apresentação de uma quadrilha em Rio Branco, no Acre (trata-se de encenação de casamento na região rural do Brasil e dança folclórica que constituem parte de uma festa popular). A narrativa é assinada por Andréa Maria Favilla Lobo que observou todo o processo e dá ênfase às preocupações dos participantes em cumprir os requisitos do festival competitivo do qual participaram. A descrição do processo foi realizada ao modo de uma etnografia, redigida em primeira pessoa, na qual a autora conta o que aconteceu nos encontros do grupo de que ela participou como observadora.

O sexto processo descrito é *Descartes*, performance construída a partir de uma das "Meditações" de René Descartes, realizada por Matteo Bonfitto em colaboração com a diretora de teatro Beth Lopes. A descrição do processo é redigida pelo próprio *performer* quase sempre se referindo ao processo no passado e contando sobre os diferentes encontros com outros artistas que possibilitaram o processo de criação da performance. É a única das descrições que usa imagens para ajudar a narrar o processo.

"*O Jardim das Cerejeiras*: Uma Experiência Artístico-Pedagógica" é o sétimo processo de criação. Ele tem como autores Tatiana Cardoso da Silva e Carlos Mödinger e narra o processo de um espetáculo, sob direção deles, realizado por seus alunos de graduação. A montagem trabalha com o texto de Tchékhov e parte de exercícios inspirados no método das ações físicas de Stanislávski. O trabalho de criação é apresentado com um duplo objetivo: montar o espetáculo e aprender sobre o "sistema" de Stanislávski. O texto é escrito na primeira pessoa do plural e não apenas conta sobre os exercícios como analisa um pouco a sua execução.

A oitava descrição de processo de criação se concentra na narração de uma atriz, Ana Cristina Colla, sobre seu encontro com seis "personagens da vida real" que serviram de inspiração para seis personagens que ela jogou em espetáculos diferentes. A narração é assinada por ela e Renato Ferracini e tem como título "Cartografia dos Corpos em SerEstando Mulheres". Escrita em primeira pessoa, com frases curtas, às vezes telegráficas, resulta em um efeito um tanto poético e um tanto literário. As informações curtas são ora descritas, ora transcritas e deixam lacunas nas quais o leitor deve se inserir.

A nona descrição chama-se "Cacarecos no Fio" e tem como autores Carminda Mendes André; Milene Valentir; Marose Leila e Silva; Elder Sereni Ildefonso; Jorge Schutze; Diga Rios e Daniela Hernandez. Trata-se da descrição de um processo de criação realizado por um coletivo de artistas-*performers*. Uma das autoras coordena o trabalho. O trabalho performático foi realizado em colaboração com outros dois grupos de cidades diferentes. Isso envolveu contatos via Internet. Assim, o coletivo de artistas gravou e transcreveu suas conversas nos momentos de encontro durante o processo de criação e a descrição do processo apresentada contém essas transcrições na forma de diálogos, além de *links* para vídeos da performance.

Sergio Andres Lulkin assina a décima descrição intitulada "Superposições: Do Jogo Dramático ao Jogo Teatral". Trata-se da descrição de um processo de um professor de teatro, o próprio autor, que trabalhou com professores de Escola Básica em uma oficina de formação. Ele narra de modo etnográfico os exercícios, as preocupações, os pensamentos e outros aspectos que lhe vêm à mente durante o trabalho com o grupo de alunos. Os professores da escola trabalham com exercícios simples de teatro, mas não compõem um espetáculo a ser apresentado, e sim pequenas improvisações que são mostradas durante o próprio trabalho.

A décima primeira descrição de processo de criação se concentra em relatar um protocolo de trabalho para atores que trabalham com texto não dramático, se valendo do fato de ter um grupo heterogêneo de pessoas com diferentes línguas maternas. O texto chama-se *Jouer, étranger à sa propre langue*, de Claire Dusigne e Jean-François Dusigne. O texto é organizado em diferentes tópicos que descrevem o processo e analisam suas implicações.

A décima segunda e última descrição trata de um grupo de estudantes de mestrado que observaram ensaios de um espetáculo de teatro na França. O texto, "Processus de création" de *A Vida é Sonho,* de Calderón de la Barca, é assinado por Sophie

Proust. A descrição transcreve partes dessas observações, analisa suas implicações, fala dos problemas e limites da escritura sobre o processo de criação e se pergunta se tais observações podem dar conta do processo do diretor em questão. A autora faz uma observação dupla: observa o ensaio do espetáculo e, também, os estudantes observando o ensaio do espetáculo.

O DOSSIÊ NÚMERO 2

Trata-se de um conjunto de onze textos provenientes da elaboração de cada grupo com base no dossiê número 1, respondendo a pergunta guia da pesquisa – o que não podemos descrever quando descrevemos o processo de criação. Em vez de listas de impossibilidades, esses textos abriram as principais questões da pesquisa que, mais tarde, foram desenvolvidas nos capítulos deste livro.

O primeiro desses textos, intitulado "O Indizível Que Salta aos Olhos", foi escrito por Gisela Reis Biancalana e Daniel Reis Plá. Os autores dão ênfase à problemática do corpo na tarefa de descrever o processo de criação. O segundo, "Notas a Partir dos Textos Descritivos dos Processos de Criação da Rede", elaborado por Laure Garrabé e Véronique Muscianisi, problematiza o conceito mesmo de processos de criação, verificando na análise do Dossiê 1 a expressiva diversidade de acepções. Da mesma forma, destacam a posição de quem descreve, o nível de detalhe do que é descrito, o contexto da recepção do texto, para finalizar colocando a questão da própria descrição como processo de criação.

O terceiro texto de análise assinado por Tatiana Cardoso da Silva, Ângelo Marcelo dos Passos Adams e Carlos Roberto Mödinger não tem título. Ele se ocupa em elencar as dificuldades do ato de descrever o processo. O quarto texto chama-se "O Que Não é Possível Descrever Quando Descrevemos os Processos Criativos", assinado por Andréa Maria Favilla Lobo e Micael Côrtes, e discute a palavra como liame entre o processo criativo e o processo de escrita.

O quinto texto, de Jean-François Dusigne, chama-se "Processos de Direção de Atores, Transmissão e Trocas" e trata sobre um protocolo de formação de diretores teatrais para a direção de atores. O sexto texto é assinado por um coletivo de pesquisadores do nosso grupo (Getepe-UFRGS): Gilberto Icle, Gisela Habeyche, Shirley Rosário, Sérgio Andres Lulkin, Milena Beltrão, Maria Falkenbach e Flavia Pilla do Vale. Ele se chama "Anotações Preliminares" e destaca as lacunas da descrição, bem como a diferença entre o vivo e o escrito.

Sem título e assinado por Ana Cristina Colla, o sétimo texto do Dossiê 2 enumera diversas perguntas, às vezes em linguagem direta, outras, de forma poética, discutindo o estatuto do verdadeiro e da verdade no ato de descrever. O oitavo texto, "O Homem do Esparadrapo na Boca" é de autoria de Carminda Mendes André, Elder Sereni Idelfonso e Jorge Schutze. Ele apresenta três diferentes narrativas, enfatizando de maneira metafórica os limites da palavra.

O nono título também vem assinado por um grupo de pesquisadores, composto por David Beratz, Pablo Discianni, Esteban Argonz, Pedro Sanzano e Gabriela Pérez Cubas. O trabalho, na forma de anotações, problematiza o processo de criação descrito no primeiro dossiê. O décimo texto, também sem título, é assinado por Matteo Bonfitto e destaca a dificuldade como motor da criação, o treinamento como poética e a descrição como experiência.

Por fim, o trabalho de Sophie Proust, "O Que É Impossível Descrever Quando Descrevemos o Processo de Criação?" é o décimo primeiro e último texto do dossiê 2. Nele, a autora sublinha a dificuldade de tudo o que está implícito no processo, o que não é audível ou visível, o que é impossível anotar e a questão ética da pesquisa.

QUANDO A DESCRIÇÃO DOS PROCESSOS DE CRIAÇÃO TEM AUTORIDADE?

O problema a que se refere este livro é notadamente metodológico. Trata-se de problematizar o estatuto daquilo que se descreve. Portanto, se primeiro nos perguntamos o que não era possível descrever, logo após passamos a nos perguntar, de modo muito mais positivo, como seria possível descrever, mantendo na escrita a dimensão performativa do fenômeno que se descreve.

COMO DESCREVER OS PROCESSOS DE CRIAÇÃO DAS PRÁTICAS... XLIX

Com efeito, essa é uma pergunta difícil e mesmo impossível de se responder em sua plenitude. Não porque não possamos elencar diversas formas de descrever, não porque não possamos descrever técnicas de descrição, não porque não tenhamos acumulado conhecimentos suficientes sobre escrita e não possamos lançar mão deles para melhor escrever; mas, porque a dificuldade se centra em saber *quando* a escrita pode ser ou não performativa.

Para tentar delimitar tal questão, nós chamamos de performativa a capacidade que uma descrição pode ou não ter de fazer alguma coisa no leitor para além de apenas comunicar. Nesse sentido, é preciso compreender a descrição não *ipsis litteris*, mas como um modo de escrita sobre os processos de criação que pode tomar diferentes formas. Dito isso, percebemos como performativo o texto que, para além de nos reportar ao ocorrido, a performance, permite-nos recriar na ausência do ocorrido uma sensação que a substitui. Eis a promessa de toda a linguagem: o adiamento do encontro com a presença[3].

Essa presença que a linguagem procura produzir em nós, essa promessa de nos fazer retornar ao passado da performance, se produz com mais ou menos eficácia. Ao sucesso dessa promessa impossível chamamos *autoridade textual*.

O que autoriza um texto? O que o texto autoriza? Como, na condição de leitores, aceitamos como verdade o que está escrito? Por quais meios supomos verdadeira a descrição daquele processo de criação do qual não participamos? Quais as formas pelas quais nós validamos, seja individual (como consumidores de textos), seja coletivamente (como campo de conhecimento acadêmico), as descrições como válidas, aceitáveis, científicas (ou acadêmicas se a palavra "científica" for considerada demasiadamente impregnada de positivismo)?

Assim, a questão deste livro é não apenas metodológica como também epistemológica em um sentido mais amplo. Trata-se de saber como percebemos uma descrição como válida em relação à performance que ela descreve. Como sabemos que aquilo que se descreve aconteceu da forma como é descrito?

---

3   Essa noção de adiamento da presença na linguagem é amplamente descrita por Jacques Derrida em sua obra; *Marges de la philosophie*, ver, particularmente, *Gramatologia* e *A Escritura e a Diferença*.

AUTORIDADE PELA AUTORIA OU AUTORIDADE PELA PRESENÇA?

A análise dos dossiês que constituímos como materialidade desta pesquisa nos mostrou, dentre muitas outras questões, que (1) a autoridade da descrição não se dá pelo nome do autor e que (2) a descrição produz sua autoridade ao produzir-se como presença.

O tema do desaparecimento do autor foi desenvolvido por Michel Foucault de forma contundente. Para ele, a atribuição de autoria é um movimento historicamente constituído, tendo mudado no decorrer da civilização euro-americana e, por isso, a ele interessou "examinar unicamente a relação do texto com o autor, a maneira com que o texto aponta para essa figura que lhe é exterior e anterior, pelo menos aparentemente"[4]. Nessa análise, ele lembra que a escrita contemporânea "se libertou do tema da expressão: ela se basta a si mesma"[5].

Assim, a individualidade do autor é posta em jogo, bem como o próprio conceito de obra. Ele mostra como a noção de obra é uma espécie de *montagem*, uma tentativa de justificação contínua de conjuntos muitas vezes dispersos no tempo e no espaço. Porém, se a "constituição de uma obra completa ou de um *opus* supõe um certo número de escolhas difíceis de serem justificadas ou mesmo formuladas"[6], como a reunião ou não de rascunhos, prefácios, anotações, rasuras etc., é, também, em função de que "o nome do autor não é, pois, exatamente um nome próprio como os outros"[7]. Ele autoriza o discurso, ele lhe dá sustentação.

Portanto, se nos obrigamos a suspender o nome do autor como função de autoridade do texto, o que sobra? Foucault faz semelhante exercício ao propor a função autor como mote de seu pensamento. Para ele, a função autor tem quatro características que na nossa cultura fazem de um texto seu portador.

A primeira diz respeito à questão da propriedade. A segunda, por sua vez, é o fato de que a função autor não é e nunca foi exercida da mesma forma em diferentes tempos e

---

4   *O Que É um Autor?*, p. 267.
5   Ibidem, p. 268.
6   Idem, *A Arqueologia do Saber*, p. 26.
7   Idem, *O Que É um Autor?*, p. 273.

COMO DESCREVER OS PROCESSOS DE CRIAÇÃO DAS PRÁTICAS... LI

espaços. A terceira nos interessa sobremaneira, pois, segundo ele, a função autor "não se forma espontaneamente como a atribuição de um discurso a um indivíduo"[8]. E, por fim, a quarta diz respeito à ideia de que a função autor não é a reconstrução da autoria. Para o filósofo francês um texto contém sempre signos que remetem ao autor (pronomes pessoais, por exemplo). Ele sintetiza essas quatro características, dizendo que

a função autor está ligada ao sistema jurídico e institucional que contém, determina, articula o universo dos discursos; ela não se exerce uniformemente e da mesma maneira sobre todos os discursos, em todas as épocas e em todas as formas de civilização; ela não é definida pela atribuição espontânea de um discurso ao seu produtor, mas por uma série de operações específicas e complexas; ela não remete pura e simplesmente a um indivíduo real, ela pode dar lugar simultaneamente a vários egos, a várias posições-sujeitos que classes diferentes de indivíduos podem vir a ocupar[9].

Se tomarmos essa concepção de autoria, ligamos a autoridade do texto não mais a sua autoria individual, não mais a um indivíduo que fala e que nos permite, com sua assinatura, validar aquilo que se fala. Uma descrição do processo de criação, portanto, se acompanhamos o pensamento de Foucault, não pode ser compreendida apenas na validação que uma assinatura ou o nome de alguém profere.

A abertura a que a descrição nos permite – e isso é claro nas análises dos dossiês produzidos na pesquisa – tem relação direta com a própria criação. Performativa é a descrição que cria em si, como linguagem, uma segunda criação. Mesmo que prometendo remeter à performance a que se refere, ela não reproduz a presença própria da performance, ela produz uma nova presença na própria escrita. Tem-se, então, paradoxalmente, uma espécie de independência em relação à coisa descrita.

Isso nos permite falar de dois tipos de autoridade da descrição: uma autoridade retórica e uma autoridade performativa. A primeira permanece como que descansada sobre a promessa da comunicação. Ela procura manter em destaque a descrição como comunicação do ocorrido, mapa das intenções dos

8 Ibidem, p. 276.
9 Ibidem, p. 279-280.

artistas e espelho da verdade que reside apenas e tão somente na performance descrita. Uma autoridade retórica coincide com a noção de expressão.

Se admitíssemos esse caso, nossa tarefa seria simples, pois bastaria ajustar as lentes que nos permitem ver, por intermédio da descrição, os detalhes da performance. A descrição seria justa quanto mais se aproximasse de um retrato escrito da presença. Ela alcançaria sua autoridade na retórica da descrição de uma suposta verdade testemunhada pelo sujeito que descreve. Há exemplos fartos em nossos dossiês que descrições pormenorizadas, objetivas, não necessariamente sustentam uma autoridade performativa, elas são muito mais retóricas na medida em que procuram nos convencer de seu estatuto verdadeiro pela arte da argumentação.

De outro modo, uma sensação de presença, um efeito performativo na descrição se sobreleva quando a relação com o objeto descrito é reinventada. Nesse tipo de autoridade, a descrição é reinvenção do vivido; ela, embora originária na performance, se performatiza, supondo que o performativo emana também do leitor e não apenas de uma suposta fonte originária, como o artista (da intenção). Longe de querer comunicar, de querer expressar uma verdade perdida na presença da performance passada, essa autoridade encontra lugar na recriação da experiência.

Trata-se de um novo ("novo" não é exatamente a palavra) ato de criação, *paralelo* ao ato a que se refere. Quando a descrição é performativa? Quando ela é um ato criativo por si própria.

A característica dessa descrição com autoridade performativa é que ela produz (novamente) uma presença. É preciso, entrementes, circunscrever o que chamamos aqui de presença a partir de uma relação espacial com as coisas do mundo. Essa noção é, evidentemente, parceira do conceito de presença tal qual oferecido pelo filósofo alemão Hans Ulrich Gumbrecht, em especial, no livro *Production of Presence*. Por presença ele considera aquilo que é tangível, aquilo a que se tem acesso, aquilo que está presente, portanto, tudo aquilo com o que podemos ter uma relação espacial, o que está perto. Ele usa, basicamente e de modo geral (aqui exposto esquematicamente), esse conceito para uma crítica ao predomínio da interpretação

COMO DESCREVER OS PROCESSOS DE CRIAÇÃO DAS PRÁTICAS... LIII

na cultura ocidental, mostrando como a modernidade foi (e em certa medida tem sido) uma longa marcha em direção oposta à experiência da presença, ao assumir o significado – e, por consequência, a interpretação –, como dimensão principal do nosso modo de compreender o mundo. Evidentemente, trata-se do predomínio da linguagem sob outras formas de conhecer o mundo.

Não obstante o caráter altamente crítico, Gumbrecht observa que o conceito de presença se estende a muito mais campos e dimensões. Na tentativa de mostrar que a aparente dualidade do par presença/significado não pode ser tomada senão como marcador para a compreensão de sua teoria, uma vez que a experiência não se plasma nunca nem de um lado, tampouco do outro, ele apresenta a possibilidade de compreender a presença na linguagem. Assim, a primeira oposição entre linguagem e presença torna-se paradoxal e mesmo se desmancha em prol de uma complexa rede de conceitos complementares.

Em um texto posterior, chamado "Presença na Linguagem ou Presença Adquirida Contra a Linguagem?", o filósofo parte da linguagem, "procurando atingir alguma coisa que não seja a linguagem; posteriormente, [ele regressa] à linguagem a partir dessa alguma coisa que não é linguagem"[10]. Isso já denota que a oposição mencionada é apenas operacional.

O texto é composto de três partes, a saber: (1) quatro premissas da linguagem à presença; (2) o caminho de retorno da presença à linguagem (seis modos como a presença pode existir na linguagem); e (3) seis tipos que nos fazem encontrar a noção de "a casa do Ser" de Heidegger. Todavia, nos interessa aqui chamar a atenção especialmente para os seis modos como a presença pode existir na linguagem, pois isso nos ajudará a compreender a presença como performatividade que autoriza a descrição.

O primeiro modo é intitulado pelo autor como "a linguagem, acima de todas as línguas faladas, enquanto realidade física"[11]. A coisidade da linguagem e seu predomínio físico não podem ser esquecidos da dimensão da linguagem. Ele menciona o que Gadamer chama de "volume", a capacidade da linguagem

10 Idem, *Nosso Amplo Presente*, p. 19.
11 Ibidem, p. 24. Grifo do autor.

LIV DESCREVER O INAPREENSÍVEL

falada de tocar, não apenas nosso sentido acústico, como nosso corpo. "Assim que a realidade física da linguagem tem uma forma, que precisa ser adquirida contra o seu estado de ser um objeto do tempo em sentido estrito [...] diremos que tem um 'ritmo' – um ritmo que podemos sentir e identificar, independentemente do sentido que a linguagem 'carrega'"[12].

Nesse sentido, o ritmo da linguagem cumpre algumas funções. A própria linguagem é ritmo, portanto, ela pode "coordenar os movimentos de corpos individuais; pode sustentar o desempenho da nossa memória [...]; e, por supostamente reduzir nosso nível de alerta, pode ter (como afirmou Nietzsche) um efeito 'intoxicante'"[13]. Esse efeito é também conhecido pelo poder encantatório da linguagem em suas diferentes facetas.

"Um segundo tipo de amálgama entre presença e linguagem, muito diferente do anterior, reside nas *práticas básicas de filologia* (na sua função original de editoração ou de curadoria textual)."[14] Ele fala da atividade do filólogo como desejo de presença "total" (que é certamente impossível). Mas, "colecionar fragmentos de textos, nesse sentido, pressuporia um desejo profundamente reprimido de ingerir literalmente restos de papiros ancestrais ou manuscritos medievais"[15].

O terceiro dos seis amálgamas descritos pelo autor é particularmente importante no nosso caso, sendo justamente uma das possibilidades do poder performativo da descrição a qual nos referíamos, já que "qualquer tipo de linguagem" é "capaz de desencadear uma experiência estética"[16]. Ele lembra que a experiência estética, para "Luhmann, é a forma de comunicação na qual a percepção (puramente sensual) não é apenas um pressuposto, mas um conteúdo transportado, juntamente ao significado, pela linguagem"[17], pois as formas poéticas não se subordinam à dimensão do significado, elas oscilam entre sentido e presença.

E ele continua: "*a experiência mística e a linguagem do misticismo* são o meu quarto paradigma"[18]. A linguagem mística

12 Ibidem.
13 Ibidem, p. 25.
14 Ibidem. Grifo do autor.
15 Ibidem.
16 Ibidem, p. 26. Grifo do autor.
17 Ibidem.
18 Ibidem, p. 27. Grifo do autor.

COMO DESCREVER OS PROCESSOS DE CRIAÇÃO DAS PRÁTICAS... LV

estimula a imaginação que procura fazer a presença divina palpável. Ela se traduz como experiência mística que procura produzir "um efeito da linguagem e dos poderes inerentes de autopersuasão"[19]. Assim, conecta-se a um quinto amálgama entre linguagem e presença: "a linguagem sendo aberta ao mundo das coisas"[20].

Por fim, como sexto amálgama, Gumbrecht traz à baila a noção de que

a literatura pode ser o lugar de epifania (uma descrição mais cética abordaria, uma vez mais, a capacidade de a literatura produzir 'efeitos de epifania'). No seu uso teológico, o conceito de epifania refere-se ao aparecimento de uma coisa, uma coisa que requer espaço, uma coisa que está ausente ou está presente[21].

Esses seis amálgamas entre presença e linguagem nos mostram a possibilidade de compreender a performatividade da descrição, sua capacidade de ser outra coisa que não a comunicação de intenções de um autor, como presença.

Essa eficácia da descrição é, portanto, corpo que se faz no ato de leitura. Tal intuição já estava expressa no trabalho de Paul Zumthor, quando ele chama a atenção para a performance implicada na leitura, dizendo da necessidade de considerar o corpo do leitor como mecanismo por intermédio do qual a leitura se efetiva[22].

No mesmo caminho, a descrição produz sua autoridade como presença na medida em que nos faz "adentrar na página", tal qual Gumbrecht descreve como sendo a vontade primordial do filólogo de "comer" as palavras. Com efeito, a descrição pode produzir em nós uma experiência estética justamente porque ela transcende a comunicação da coisa descrita, ela se abre ao mundo como experiência e se autoriza, autoriza a si mesma performativamente na produção de sua autoridade, como nova (renovada) experiência estética. Uma descrição que se autoriza como descrição produz epifania, tal qual a literatura produz em nós momentos epifânicos. Não nos deleitamos com um texto

---

19 Ibidem.
20 Ibidem, p. 28. Grifo do autor.
21 Ibidem, p. 29.
22 Cf. *Performance, Recepção, Leitura.*

literário porque ele nos comunica uma história, mas porque ele se produz como linguagem. E ao se produzir assim, produz efeitos de presença.

RIGOR E PRESENÇA NA LINGUAGEM

Se a descrição é ela própria um ato criativo, o que garante sua legitimação como pesquisa? Se a descrição dos processos criativos é eficaz quando produz epifania, quando performatiza a coisa descrita em uma nova criação, quando se aproxima da literatura, qual a diferença do texto descritivo produzido como resultado da pesquisa e do texto literário? O que descrevemos tem estatuto de literatura? A descrição necessita a dimensão estética para se autorizar como descrição válida?

Ao abandonarmos a ilusão de objetividade da descrição, ou seja, ao estilhaçarmos a crença de que a descrição deve comunicar aquilo que descreve, recriar diante dos olhos do leitor a performance tomada como objeto de pesquisa, não podemos descrever como ato poético *per se*. Há sempre um hiato entre o corpo e a palavra, há sempre um espaço improvável no qual não cabem criação ou objetividade. Diferentemente da literatura, a descrição do processo de criação – é o que nos aponta as análises desta pesquisa – enlaça a coisa descrita em uma nova criação, ela não a abandona, embora ela não possa recriá-la. A coisa descrita pertence sempre em alguma medida à dimensão do real, diferentemente da literatura que não possui um compromisso senão com a própria linguagem.

Esse enlace com o real situa a descrição no campo do rigor e não da objetividade. É o rigor da descrição que caracteriza sua eficácia. Isso independe de sua função.

As funções de descrever o processo criativo no campo da pesquisa podem ser diversas: recuperar o processo (para refazê-lo); arquivar o processo (para conservá-lo); recriar o processo (para aprender com ele); estudar o processo (para refletir sobre ele). Da mesma forma, as modalidades de descrição do processo criativo podem conter textos segundo a pessoa que fala (primeira pessoa, terceira pessoa, pesquisador, ator, observador); segundo a técnica de escrita (nível de detalhamento da descrição e efeitos no leitor); segundo o modo de escrever (descrição, diálogo, narração etc.).

Seja como for, combinadas ou não entre si, funções e modalidades se dispersam na abertura do texto para seu enlace com o real. Entretanto, não um real absoluto, não um real "verdadeiro", e sim a performance do real, uma experiência de presença pela linguagem, no corpo, mas não mais pelo corpo.

Descrever o processo de criação, portanto, é restituir ao texto o corpo perdido no tempo da performance.

FONTES

REDE INTERNACIONAL DE ESTUDOS DA PRESENÇA. Dossiê número 1. Dossiê Descrição de Processos de Criação. Porto Alegre: UFRGS, 2013.

REDE INTERNACIONAL DE ESTUDOS DA PRESENÇA. Dossiê número 2. Dossiê de Análise das Descrições. Porto Alegre: UFRGS, 2014.

BIBLIOGRAFIA

AUSTIN, John L. *How to Do Things with Words*. Cambridge: Harvard University Press, 1975.

DERRIDA, Jacques. *Marges de la philosophie*. Paris: Minuit, 1972.

_____. *Gramatologia*. São Paulo: Perspectiva, 2013.

_____. *A Escritura e a Diferença*. São Paulo: Perspectiva, 2014.

GUMBRECHT, Hans Ulrich. Presença na Linguagem ou Presença Adquirida Contra a Linguagem? In: GUMBRECHT, Hans Ulrich. *Nosso Amplo Presente: O Tempo e a Cultura Contemporânea*. São Paulo: Editora Unesp, 2015.

FOUCAULT, Michel. O Que É um Autor? In: FOUCAULT, Michel. *Estética: Literatura e Pintura, Música e Cinema*. Rio de Janeiro: Forense Universitária, 2006.

_____. *A Arqueologia do Saber*. Rio de Janeiro: Forense Universitária, 2005.

SCHECHNER, Richard. *Performance Studies: An Introduction*. New York: Routledge, 2002.

ZUMTHOR, Paul. *Performance, Recepção, Leitura*. São Paulo: Cosac Naify, 2007.

PARTE I
**OS PROBLEMAS
DA DESCRIÇÃO DO
PROCESSO DE CRIAÇÃO**

A Liminaridade e a Metáfora na Descrição de Projetos Criativos Cênicos

Gabriela Pérez Cubas[1]

Signifique el que pueda.

S. BECKETT

Una obra de teatro no se mira cómo se mira un cuadro, por las emociones estéticas que procura: se la vive en concreto.

TADEUSZ KANTOR

Teatro e universidade: eis a conexão que o presente livro propõe. Essa dupla tem gerado diversos debates a respeito do papel que a academia pode assumir em relação ao estudo do teatro. No que diz respeito ao contexto acadêmico na Argentina, de onde redijo este trabalho, os estudos acadêmicos sobre teatro iniciaram mais como uma extensão de outras áreas (filosofia, história da arte, literatura) do que como uma abordagem da prática e da criação teatrais. Paulatinamente, e graças ao interesse que os estudos teóricos despertaram sobre a arte do teatro no país, foram surgindo espaços curriculares de graduação e pós-graduação centrados especificamente na prática teatral. Esses, no princípio, retomaram as categorias de investigação provenientes dos estudos teóricos preexistentes e, à medida que foram se estabelecendo e desenvolvendo, começaram a pensar e a propor categorias de análise pertinentes ao estudo do teatro entendido como acontecimento, como fenômeno vivo, presente, fugaz. A partir desses novos enfoques, procura-se analisar os procedimentos tanto técnicos como estéticos e, por conseguinte, éticos que constituem o fenômeno teatral como prática humana.

---

1 Tradução de Elaine Padilha Guimarães.

4 DESCREVER O INAPREENSÍVEL: OS PROBLEMAS DA DESCRIÇÃO...

Desse ponto de vista, entendo a contribuição do presente livro como um ato responsável e autocrítico por parte daqueles que se ocupam em estudar teatro nos âmbitos acadêmicos. Considero responsável porque assume a necessidade de pensar sobre a prática teatral, levando em conta o papel que os investigadores do teatro ocupam nesses espaços de saber especializado.

A questão aqui é como delimitar um objeto de estudo em mutação e como nos acercamos, a partir do enfoque que decidimos adotar, de um certo grau de verdade em nossas análises.

No presente capítulo, a problemática proposta por este livro é abordada a partir de uma lógica de problematização, de abertura, de reconhecimento dos pontos de tensão e das contradições que se supõe serem assumidas no estudo dos processos criativos cênicos no âmbito da academia. Para esse fim, e partindo da consideração do fenômeno teatral como um acontecimento vivo, analisa-se o problema da descrição dos processos criativos, entendendo que o processo e o resultado constituem uma unidade.

Sugiro que, para descrever um processo criativo teatral é necessário entendê-lo em sua estrutura interna e também em seu funcionamento com o público, pois é nesse momento que o processo criativo se torna acontecimento e enriquece sua densidade simbólica. Na conjunção entre o ente poético – resultante do processo criativo – e o universo da *expectación* (entendido como ação criativa também) – resultante da relação com o público[2] –, o processo criativo se territorializa, adquire sentido e se constitui como acontecimento. Analisar isoladamente tais eventos – o do processo criativo e o da recepção – resultaria, sob o ponto de vista assumido neste capítulo, em um olhar parcial sobre um corpo poético que vive ao mesmo tempo que está se realizando.

Portanto, as perguntas que iniciam nossa reflexão seriam: o que descrevemos quando descrevemos tais processos? Que aspecto do processo criativo nos interessa descrever ou descobrir?

O enfoque adotado para desenvolver este trabalho se orienta dentro da concepção de liminaridade, definida em princípio no

---

2 O conceito de *expectación* sugere, em espanhol, a ação criativa do público no vínculo com a representação. Refere-se aqui ao ato performativo do público na construção de sentidos possíveis. A noção de *expectación* propõe superar a lógica de recepção como ato passivo.

A LIMINARIDADE E A METÁFORA NA DESCRIÇÃO DE PROJETOS CRIATIVOS 5

campo da antropologia por Victor Turner[3]. Veremos o liminar como o ponto de hibridação de várias perspectivas, que, ao se encontrarem, possibilitam a emergência de outros sentidos e formas. E já que a hibridação, pelo menos no campo artístico, não permite identificar claramente seus componentes, propomos uma aproximação à prática teórica como produção de um olhar metafórico, de estranhamento ante o objeto estudado, que reconhece a complexidade e a indefinição como outros elementos constitutivos da produção teatral.

REFLETIR O ENTE POÉTICO

O que é a criatividade? Dar um novo sentido a algo existente ou propor, do nada, um novo objeto, um novo ente? Mauricio Kartun, dramaturgo, pedagogo e diretor teatral argentino, refere-se à criatividade como o modo de fazer surgir um terceiro sentido a partir da união dos elementos preexistentes que, aparentemente, nada tinham em comum[4]. Esse grande criador sugere um casamento fantástico entre esses elementos, uma associação que possibilita o surgimento, antes impensável, de um sentido próprio a partir dessa conjunção. Ele propõe fazer rebentar o sentido do cotidiano, do bombardeio da rede conceitual, para recompor os fragmentos com intenção inovadora, lúdica.

Criador de uma poética que, ao longo dos anos, identificou-o como um dos dramaturgos e diretores mais dedicados à busca metafórica de sua realidade, Kartun, entrevistado por Jorge Dubatti,

define sua poética como uma metáfora epistemológica da identidade cultural argentina, uma metáfora que cifra uma maneira de estar no mundo e de concebê-lo. Uma poética que não se limita a ser tradicionalmente receptora das poéticas europeias e norte-americanas e reivindica o próprio desejo, a realidade da própria experiência. Um teatro bastardo, afirma. [...] Creio que a estética é o lugar no qual nós, os criadores, exibimos da maneira mais obscena os signos de nossa identidade[5].

---

3 Cf. *El Proceso Ritual*.
4 *Una Conceptiva Ordinaria Para el Dramaturgo Criador*, p. 141.
5 Mauricio Kartun: Poética Teatral y Construcción Relacional con el Mundo y los Outros, *La Revista del CCC*, ano 1, n. 1.

6 DESCREVER O INAPREENSÍVEL: OS PROBLEMAS DA DESCRIÇÃO...

O ato criativo é gerado sempre em referência a algo preexistente, criamos a partir de nossa experiência do mundo; apostamos, nessa criação, na transformação dos sentidos e das formas e na conjugação de uma nova gramática para seu ordenamento. Uma nova lógica se apodera desse ordenamento que se descola da ordem cotidiana e propõe outro olhar sobre o mundo.

Jorge Dubatti analisa a produção do ente poético como sendo a passagem das formas cotidianas à criação de novas formas que in-formam a (dão forma à) matéria. "A nova forma informada, instalada pela ação do corpo aurático do ator, funde todas as matérias em uma unidade: absorve-as e transforma-as no novo ente."[6] Esse ente poético criado concretiza sua existência no acontecimento convival no qual é recebido pelo público; o vínculo criado com o receptor é o que termina de construir o sentido geral do ente poético.

O criador pode orientar o sentido de sua proposta, definir com certeza uma forma estética para transmiti-la, assumir que o ato comunicativo que empreende é claro e, entretanto, não pode assegurar qual sentido cada receptor lhe outorgará. Nada mais lógico do que desejar que aquilo que o criador pretende transmitir tenha encontrado as vias formais para conseguir que a comunicação se desenrole de maneira exitosa, isto é, que aquele que recebe entenda o que o criador propõe. Ainda assim, cada pessoa vivenciará de maneira particular e segundo sua própria experiência a recepção de uma obra. Poderíamos pensar que quanto mais se multipliquem as distintas recepções, quanto mais a proposta cênica estimular a experiência sensível e variada do público, mais estará contribuindo para a vivência de um ente poético provedor de um salto ontológico em relação à realidade cotidiana que abre as portas ao jogo metafórico no qual muitos de nós encontramos o gozo da liberdade. Romper as redes conceituais, proclama Mauricio Kartun, é estender a mão para que aquele que recebe entre no jogo da ruptura e construa suas próprias redes, vivenciando a experiência artística a partir de outra óptica. Eis o objetivo de um processo criativo que procura manter a sua vitalidade.

6 *Filosofía del Teatro II*, p. 79.

A LIMINARIDADE E A METÁFORA NA DESCRIÇÃO DE PROJETOS CRIATIVOS   7

Pois bem, o que acontece quando tentamos dar conta de um processo criativo, expor com critério científico a construção de um ente poético? A primeira pergunta seria: a que público se dirige o relato? A segunda: para quê?

A quem interessa conhecer os meandros pelos quais passam os artistas até chegar ao resultado final e por que motivo? Seria para transmitir uma técnica específica de composição? Seria para decompor, e assim explicitar, as instâncias de elaboração estética? Seria para ampliar a capacidade de recepção de uma determinada poética ou micropoética?

E em qualquer desses casos e em todos os demais que possam ocorrer ao leitor, seria possível abstrair a experiência sensível do relator de sua intenção analítica e descritiva? É possível realizar uma análise objetiva dos procedimentos implicados no processo estudado, outorgar um valor a cada um desses procedimentos dentro da lógica intrínseca da proposta artística. Podemos designar vários modos de documentar um processo criativo e, não obstante, será que podemos assegurar que, na pretendida objetividade da descrição, não estejamos enumerando dados despojados dos aspectos intangíveis e indizíveis que constituem o ente poético?

É possível tentar descrever objetivamente um processo criativo, porém, seria essa descrição fiel ao processo, a seus resultados? O que acontece com a produção do ente poético? Como descrever os labirintos criativos de um processo cuja natureza é ativa, mutante e inconclusa, dado que não se trata apenas de sua criação, mas também de sua transmissão, sua exposição, sua interação com o público? Estamos nos referindo a um processo criativo cênico como a um organismo vivo que representa a si mesmo e varia a cada nova apresentação. O organismo criado na etapa da busca, dos ensaios, é recriado e cocriado com o público a cada nova apresentação. A noção de *poiesis* é a que melhor se aplica a esse processo, dado que articula o ente criado com a ação criadora, segundo Dubatti:

Chamaremos então de *poiesis* a produção artística, a criação produtiva de entes artísticos em si. *Poiesis* implica tanto a ação de criar como o objeto criado, que, em resumo, são inseparáveis (a mesma coisa ocorre em castelhano com os substantivos criação ou produção). *Poiesis* designa o trabalho de produção do ente artístico, o ente em si, o ente tanto no

8 DESCREVER O INAPREENSÍVEL: OS PROBLEMAS DA DESCRIÇÃO...

processo de fazer-se (enquanto o ente artístico possui simultaneamente uma *natura naturata* e *uma natura naturans*): *poiesis* é a suma multiplicadora de trabalho + corpo poético + processos de semiotização. [...] A ação poiética teatral gera um ente, ausente e inexistente antes e depois da ação. Por causa da dupla dimensão de trabalho e ente, a *poiesis* é acontecimento, ação humana e feito, algo que se passa, fato que acontece no tempo e no espaço.[7]

A *poiesis* é entendida como produto da ação humana, o intercâmbio e o convívio reconhecidos como modos de experimentar essa ação no território de cena. Território esse que resulta ser uma metáfora da experiência do mundo que aqueles que participam do acontecimento teatral possuem, entendendo a metáfora (transposição) como uma desterritorialização do cotidiano.

O cotidiano é constituído como o referente real do vivenciado no acontecimento teatral, a metáfora, como procedimento que permite deslocar as referências reais e colocá-las no terreno do jogo teatral. A *poiesis* é entendida como o procedimento mediante o qual o real se transforma em metáfora.

Tomemos o exemplo de uma receita ou procedimento adequado para conseguir algo, pensemos em uma receita de cozinha: uma descrição dos modos de combinar distintos alimentos para obter um alimento composto. Existe nessa receita uma estruturação da linguagem que permite organizar a combinação dos alimentos e, ao mesmo tempo, o fato de mencionar determinados alimentos invoca em nossa sensorialidade o sabor que cada alimento possui e faz supor o resultado final. Se nesse momento lhes proponho pensar na combinação de limão e café, poderiam ter uma ideia aproximada do que resulta dessa combinação. Se a combinação é açúcar e ovos, a ideia seria necessariamente outra. As palavras invocam a sensorialidade, que, por sua vez, provoca emoções. Ambas, sensorialidade e emoções, se constroem e se reelaboram na experiência do mundo e nos damos conta delas por meio das palavras.

De que maneira podemos usar as palavras para nomear um processo criativo? Se entendemos que a criação se inicia na ruptura da rede conceitual cotidiana e se concretiza por meio

---

7 "Mauricio Kartun...", *La Revista del CCC*, ano 1, n. 1, p. 90.

A LIMINARIDADE E A METÁFORA NA DESCRIÇÃO DE PROJETOS CRIATIVOS   9

das ações de um ou vários sujeitos, se aceitamos que a rede conceitual da vida cotidiana se elabora e reelabora na experiência do mundo, que cada sujeito vivencia e *incorpora* ("faz corpo"): qual será a referência sensorial e emocional do leitor, para compreender nossa descrição, se a mesma se refere à reconstrução de tal rede conceitual no *cronotopo*[8] da cena?

A resposta poderia ser buscada na teoria da performatividade dos atos de fala[9], que sustenta que todo o ato ilocutório é um ato performativo, portanto, ao dizer algo, realizamos uma ação em relação ao receptor de nosso ato. Entretanto, será que podemos assegurar as consequências de nosso ato performativo no receptor? Se o teatro é acontecimento vivo, se a *poiesis* é o resultado efêmero de trabalho + corpo poético + processos de semiotização, será então que bastaria uma descrição objetiva, filtrada sempre pela própria subjetividade do investigador para dar conta dos processos criativos? Segundo Hugo Aguilar:

o performativo não reside e nunca pode residir exclusivamente no conteúdo proposicional de um enunciado tampouco pode ser reduzido às determinações pragmáticas da enunciação. Esse estado de coisas nos leva à ideia de que a performatividade pode surgir de indícios conceituais nos quais o sentido é construído a partir daquilo que está implícito. "Para interpretar cabalmente uma expressão não basta decodificar *o conteúdo semântico dos lexemas que constituem o significado oracional*". É necessário também captar a intenção do enunciador para perceber o implícito[10].

Além disso, assim como as palavras, as intenções que podem ser captadas no ato perlocutório (aquele que é constituído pela soma do dizer e a intenção posta no ato de fala) vinculam-se ao

8   Mikhail Bakhtin usa o termo cronotopo da seguinte forma: "Vamos chamar *cronotopo* (cuja tradução literal é tempo-espaço) a conexão essencial de relações temporais e espaciais assimiladas artisticamente na literatura [...]. No cronotopo artístico-literário tem lugar a união dos elementos espaciais e temporais em um todo inteligível e concreto. Aí se condensa o tempo, comprime-se, converte-se em visível desde o ponto de vista artístico; e o espaço, por sua vez, intensifica-se, penetra no movimento do tempo, do argumento, da história." (*Teoría y Estética de la Novela*, p. 237.)

9   Cf. J.L. Austin, *Cómo Hacer Cosas con Palabras*. (Ed. bras.: *Quando Dizer é Fazer*.)

10 H. Aguilar, *La Performatividad o la Técnica de Construcción de la Subjetividad*, p. 3. No trecho, Aguilar cita J. Lyons, *Semántica Lingüística*, p. 97.

contexto no qual tanto o emissor como o receptor constituem o sentido das coisas. Entretanto, há que acrescentar, no caso de nossa descrição, que aludimos a um processo cuja premissa é a ruptura da rede conceitual cotidiana.

Pois então: bastam as palavras para descrever um processo teatral? De acordo com Jorge Dubatti o teatro é acontecimento convivial, ele acontece e produz entes em seu acontecer, ligado à cultura viva, à presença aurática dos corpos e a seu convívio em um mesmo espaço e um mesmo tempo[11]. Esse espaço-tempo gera um cronotopo próprio desse acontecimento, significa esse instante fugaz surgido da presença simultânea de atores, corpo poético e público: aí acontece o teatro.

O teatro como acontecimento é muito mais do que o conjunto das práticas discursivas de um sistema linguístico, excede a estrutura de signos verbais e não verbais, o texto e a cadeia de significantes aos quais se costuma reduzi-lo para uma suposta compreensão semiótica. No teatro, como acontecimento, nem tudo é redutível à linguagem.

Será que os processos prévios à encenação final, que nos interessam aqui, também constituem um acontecimento? A resposta é sim, dado que, toda vez que se produz a recepção desse ente criado, configura-se um acontecimento convivial do qual participam no mínimo dois agentes, o ator e o receptor. Isso implica que foi criada uma instância de comunicação na qual o ator atua para produzir um ente poético e o receptor vivencia esse ente e procura transmitir o estímulo recebido. Voltemos a Dubatti:

Em seu aspecto pragmático, o teatro não comunica estritamente: se considerarmos que a comunicação é "transferência de informação" ou "construção de significados/sentidos compartilhados", o teatro mais bem estimula, incita, provoca (Pradier), implica a doação de um objeto e o gesto de compartilhar, de companhia. Se, além disso, comunica, o teatro nunca se limita de maneira exclusiva a essa comunicação, misturando-se com elementos que favorecem em grande medida "o mal-entendido"[12].

O ente poético criado excede em sua lógica a noção tradicional de comunicação na qual pode identificar o emissor,

---

11   Cf. "Mauricio Kartun…", *La Revista del* CCC, ano 1, n. 1, p. 31.
12   Idem, *Filosofía del Teatro* II, p. 29.

A LIMINARIDADE E A METÁFORA NA DESCRIÇÃO DE PROJETOS CRIATIVOS   11

o canal, a mensagem e o receptor. Pode ser entendido mais bem como um conjunto de estímulos que, ao serem compartilhados, modificam de maneira dialética tanto quem o produz como quem o percebe. Compreender o teatro como acontecimento, como ente que é tempo e espaço possibilita indagar em sua ontologia e formular modos de estudá-lo e descrevê-lo que observem sua natureza material e simbólica.

Se a semiótica é o estudo dos signos teatrais como linguagem de expressão, comunicação e recepção, a ontologia teatral[13] é o estudo tanto do acontecimento como da produção de entes, ou seja, o estudo do acontecimento teatral e dos entes teatrais considerados em sua complexidade ontológica.

Isso nos leva a postular que quem descreve está realizando também um processo criativo, está participando com todo o seu ser em seu próprio processo de descrição. Gera, de alguma maneira, um relato paralelo ao processo criativo que mesmo sendo descritivo não perde seu perfil de criatividade. De fato, é uma reflexão sobre um ente criado. A descrição de um processo criativo é, então, a criação de um ente reflexivo do ente teatral criado. O que, por sua vez, nos leva à seguinte proposição: qual é o modo de descrever ou refletir (penso no reflexo de um espelho, trata-se de realidade ou criação?) aqueles aspectos da criação de um ente poético que não podem ser nomeados?

REFLEXÃO A PARTIR DA PRÓPRIA CRIAÇÃO

Para chegar à redação do presente capítulo, a pessoa que escreve passou por três processos criativos. Em cada um deles, o objetivo foi: que os atores, que estavam experimentando um processo criativo, pudessem dar conta tanto dos procedimentos implicados no momento como dos resultados da aplicação de tais procedimentos e dos modos de organização dos resultados. A intenção foi que os próprios criadores descrevessem seus processos criativos, evitando a intermediação de um observador. Buscou-se indagar a gramática com que foram organizados os resultados de ditos processos, isto é, a dramaturgia entendida

13   Idem.

12   DESCREVER O INAPREENSÍVEL: OS PROBLEMAS DA DESCRIÇÃO...

como a reconstrução de uma rede conceitual própria do ator e em vínculo com a dramaturgia geral do espetáculo.

A hipótese para cada um desses três processos foi que o ator, por sua experiência do mundo, traz em si os conhecimentos necessários para gerar seus próprios procedimentos poéticos e seus modos de organização dramatúrgica. Sustentamos aqui que o conhecimento implícito de sua vivência é a base para a geração de processos criativos, ao passo que o conhecimento explícito, aquele incorporado por meio de diferentes processos institucionalizados, é o que permite acessar campos de conhecimento alternativo que poderiam interagir e enriquecer a experiência do mundo.

No caso do primeiro trabalho, cuja descrição está inserida no dossiê 1 sobre processo criativo produzido pela Rede Internacional de Estudos da Presença, o objetivo foi iniciar processos criativos a partir da memória sensorial e emotiva de cada ator. A partir de instruções comuns às experiências do grupo, tais como uma ceia de Natal em família ou o primeiro dia de aula, cada um dos atores deveria propor sua própria interpretação desse momento construído na memória. A reconstrução não deveria ser literal para que logo em seguida se passasse à análise; os atores deveriam apresentar, por meio da ação, a forma como se sentiram nessa situação, assumir uma postura crítica em relação à situação proposta. Eles deveriam realizar sua própria teatralização daquela memória.

Depois de várias semanas de trabalho, produziu-se o que decidimos chamar de arquivo de gestos básicos. De cada cena trabalhada selecionaram-se gestos e ações, obtendo uma sequência que sintetizava a proposta original. Em meio a esse processo e paralelamente ao trabalho criativo, ocorreu uma permuta de experiências e situações da história pessoal de cada um que foram compartilhadas pelo grupo. Assim, o grupo construiu um modo geral de analisar cada história contada com vistas a utilizar elementos das mesmas como matéria-prima para o processo criativo.

Uma vez que o arquivo de gestos básicos estava suficientemente abastecido, decidimos começar a entrelaçar esses gestos na certeza de que, ao unir dois ou três gestos desvinculados entre si, apareceria um sentido próprio em cada combinação. As pequenas cenas assim geradas foram logo organizadas e

A LIMINARIDADE E A METÁFORA NA DESCRIÇÃO DE PROJETOS CRIATIVOS 13

sequenciadas para a montagem geral, a qual, uma vez concluída, adquiriu coerência na união dos fragmentos. Ao retomar os conceitos de Kartun, podemos nos referir ao procedimento utilizado como uma ruptura da rede conceitual cotidiana, abordada na memória de situações pessoais e uma reconstrução da mesma acrescentando um novo sentido.

Até aqui, o processo foi muito interessante; os atores trabalharam com generosidade, entrega e lucidez para elaborar suas propostas. O grupo consolidou sua criatividade. Não obstante, chegado o momento da reflexão pessoal de cada um dos atores acerca dos procedimentos que utilizaram para compor os gestos e as ações que teatralizavam suas lembranças, os resultados foram escassos. O reflexo com que cada ator conseguia contribuir para seu próprio processo resultava em uma imagem monótona do resultado final. Pouco contribuíram as descrições pessoais a respeito de nossa inquietude inicial de reconhecer cada um dos procedimentos utilizados para compor situações teatrais.

Em meu papel de observadora e coordenadora do grupo, pude fazer uma descrição e uma análise do processo, geral e individual; alguns procedimentos foram elaborados a partir de minha observação dos atores e das propostas, ou seja, como método de trabalho. No entanto, não foi possível obter referências objetivas dos modos de compor que cada um empregou. A pergunta é (passados dois anos desse processo): era de fato necessário que os atores refletissem objetivamente sobre seus próprios processos? Era possível? Quantos outros aspectos escaparam à minha própria observação e reflexão na pretendida objetividade da descrição?

O segundo processo criativo referido aqui retomou o objetivo inicial de nossa pesquisa: conseguir que os atores identificassem seus próprios procedimentos poéticos na composição dramatúrgica. Dessa vez, recorremos a histórias pessoais como gatilho, utilizamos uma série de fotografias pertencentes a um arquivo de prostitutas do município de Tandil, na Argentina, sede de nossa investigação. O arquivo fotográfico foi realizado durante a década de 1920. As fotografias retratam mulheres, aproximadamente quinhentas, sentadas em frente à câmera de uma delegacia. Junto às fotos se observa uma relação de dados pessoais das fotografadas.

14   DESCREVER O INAPREENSÍVEL: OS PROBLEMAS DA DESCRIÇÃO...

Trabalhou-se com três atrizes. A tarefa era que passassem as fotografias em revista, selecionando três dentre elas segundo o critério do maior impacto que causassem nas atrizes. Posteriormente foi proposto a essas que reconstruíssem a postura e o gesto da mulher fotografada e, uma vez feito isso, indagassem as sensações e emoções geradas nessa postura. O segundo passo foi começar a construir a história dessas mulheres a partir do registro inicial das atrizes.

Também nesse projeto o trabalho foi intenso e muito mobilizador. A incorporação do gesto da mulher fotografada desencadeou em cada atriz um universo de imagens, sensações e emoções para conseguirem criar a história de vida daquelas de quem possuíamos somente alguns poucos dados. Cada atriz se comprometeu profundamente com sua tarefa e foram realizadas três montagens de dez minutos que se apresentaram como intervenções em diferentes contextos.

O processo criativo resultou inquietante e enriquecedor. Salvo que aqui, de novo, quando as atrizes foram convidadas a refletir sobre seus próprios procedimentos criativos, a reflexão resultou limitada. Colocou-se especial atenção às pautas orientadoras dessas reflexões, procurando não influenciar a reflexão pessoal. Entretanto, as respostas foram pouco precisas e anedóticas. Apesar disso, cada uma das atrizes havia se autoquestionado para criar uma dramaturgia que outorgasse teatralidade às mulheres dos retratos.

Uma parte objetiva estava cumprida, as atrizes se aprofundaram em suas estruturas expressivas e motrizes para criar uma gramática da corporalidade organizada segundo seus próprios critérios poéticos. Esse fato evidencia a autonomia do ator-criador e reforça o conceito de treinamento como modo para o autoconhecimento das lógicas que habitam sua corporalidade para a criação de segundas colonizações do corpo, novas dramaturgias, tal como afirma Eugenio Barba[14]. Porém, a intenção de descrever e transmitir a maneira pela qual se levaram a cabo as análises, seleções e combinações de elementos expressivos (resultantes da combinação de emoções, sensações e motricidade) permanecia ainda defasada em relação à qualidade do trabalho cênico.

---

14   Cf. *A Canoa de Papel*, p. 48.

A LIMINARIDADE E A METÁFORA NA DESCRIÇÃO DE PROJETOS CRIATIVOS 15

Os registros e descrições realizados pelas atrizes acerca de seu próprio trabalho não refletiram a riqueza poética obtida nem a força emocional vivenciada e transmitida pelas atrizes.

As perguntas que fizemos então foram: o que acontece no fazer que dificulta a reflexão objetiva? Será falta de treinamento na reflexão da própria ação? Será que o modo como se formulam as perguntas não é o correto? Será que existem lugares que não se podem acessar mediante a análise crítica? Será que o ator atua e o investigador pesquisa? Será que ambos os papéis em um mesmo sujeito são incompatíveis?

O que está faltando para descrever processos criativos? Primeiro, o desejo de fazê-lo. Decidi então parar de *torturar* essas jovens e talentosas atrizes; elas haviam conseguido chegar a belíssimos trabalhos e parecia forçado ter que descrever o que já haviam demonstrado na ação.

O terceiro projeto ao qual dei andamento, com as mesmas diretrizes originais, foi o de montar um monólogo eu mesma e realizar minha própria descrição do processo criativo assumindo o papel de artista investigadora. Trabalhei intensamente, durante três meses, com minha diretora. Escolhemos um texto carregado de metáforas e sem referências objetivas. Diferentemente dos dois projetos anteriores, nos quais buscamos construir dramaturgias corporais e textuais a partir de indagações que se desenrolavam por meio de improvisações, aqui o ponto de partida foi um texto previamente escrito, cuja protagonista, uma costureira de subúrbio de meados do século XX na Argentina, existe e relata sua história desde o espaço e o tempo da morte. A protagonista existe na obra em sua nova existência, em sua morte.

Para poder assumir um processo criativo tive que suspender meu papel crítico como investigadora. Era incompatível encarar um processo poético e analisar, simultaneamente, os procedimentos técnicos utilizados. A forte carga poética do texto desencadeou recordações de algumas vivências e estimulou imagens de lugares nunca habitados. Recorri a diferentes mulheres que os habitam, fiz uma síntese delas. Trabalhei outras sensibilidades, outras vozes, outros pensamentos e, como resultado, consegui chegar à construção poética de minha própria leitura do texto que se articulava durante todo o processo com a leitura

16 DESCREVER O INAPREENSÍVEL: OS PROBLEMAS DA DESCRIÇÃO...

de minha diretora. Durante os três meses de ensaios, abriram-se vários mundos sensíveis nos quais pude fazer indagações e minha reflexão ia até esses lugares.

Posso enunciar alguns dos procedimentos técnicos que utilizei para a criação, enquanto que muitos outros resultam ser uma síntese de minhas próprias maneiras de ver o mundo. Misturam-se, nessa síntese, imagens de minha infância, das mulheres de minha família, de mulheres que vi e conheci, de homens, presentes e ausentes nesse percurso, e de minhas próprias emoções e sensações em cada uma das imagens. Eu me propus a elaborar, e creio ter conseguido, um relato sistemático e técnico de como utilizei a voz, os movimentos, os gestos. Baseada na Análise de Movimento de Laban[15], realizei uma análise detalhada da composição corporal, de meus pontos de apoio, modos de respiração, de utilização do espaço e o peso.

Uma vez que a obra estreou e tomou contato com o público, minha própria composição se multiplicou em cada pessoa. Logo depois de atuar, dialoguei com os espectadores que se aproximavam. O vínculo era emocional, as pessoas compartilhavam sensações e memórias de suas próprias vivências, desencadeada por minha atuação. Compreendi que há um mundo potencial que é desencadeado no aqui e agora desde a cena, cuja densidade simbólica acaba sendo muito difícil de abarcar por meio da objetividade. Fez-se necessário habilitar outros campos para transmitir o que estava acontecendo. O processo criativo teve um período de incubação, o período dos ensaios, e um período de existência, o das apresentações. O processo criativo vivia com o público.

Aí estava o resultado de meu trabalho. Toda a minha análise técnica não conseguia refletir o que ocorreu depois, a multiplicação, a potência transmitida, as emoções habitando as pessoas. Aí estava o processo criativo, no vínculo com o

---

15 Sistema para a análise e a descrição do movimento que estuda tanto as dimensões físicas como afetivas do movimento e as articula para a compreensão global e pormenorizada da ação humana. Para maiores referências, ver: Rudolf von Laban, *The Mastery of Movement on Stage* (versão original, 1950). Existem várias edições posteriores, algumas como o título reduzido: *The Mastery of Movement*, ampliadas por Lisa Ullman e traduzidas para diversos idiomas. Ver também: Rudolf von Laban; F.C. Lawrence, *Effort* (versão original, 1947); do qual há várias edições posteriores e traduções.

contexto. Compreendi que, para descrever tudo isso, eu deveria assumir as fronteiras, as encruzilhadas, as implicações de diferentes espaços, de diferentes mundos, de diferentes emoções. Não era possível falar apenas de minha própria experiência porque minha experiência por si só não dizia nada.

LIMINARIDADES

Para descrever um processo que transcende minha pretendida objetividade, sempre matizada de subjetividade, não basta transmitir detalhes de minha própria experiência como artista ou como investigadora. A experiência artística e, principalmente, a experiência convivial do teatro se constituem no entrelaçamento de distintas experiências subjetivas e desse entrelaçamento emerge o ente teatral. É necessário dar conta disso para refletirmos o processo criativo em sua complexidade, pois de outro modo estaríamos fornecendo uma crônica fragmentada do acontecimento vivo.

É certo que o presente livro e cada um dos artigos que nele se apresentam corresponde a uma demanda acadêmica e se desenvolve dentro desse âmbito. Não se trata de eludir a responsabilidade que, como investigadores, temos sobre nosso objeto de estudo, e sim de confiar que, orientando-nos sobre um objeto que é estranho, mutável, contingente, efêmero, nossa primeira necessidade será definir sua natureza e encontrar sua especificidade como objeto de estudo no marco da academia.

Entendo que, para compreender a natureza de um acontecimento teatral, a premissa inicial, o enfoque teórico para abordá-lo, deve posicionar-se na compreensão do contexto social e cultural em que esse ente está acontecendo. Por isso, uma primeira reflexão a respeito de nosso objeto de estudo deveria aludir não apenas aos processos criativos, senão aos sentidos que esses processos adquirem no território em que estão acontecendo. A recepção do monólogo que protagonizei não será a mesma em outros contextos. A obra se refere ao peronismo como movimento político na Argentina, à figura de Eva Perón, à presença de Libertad Lamarque – diva do cinema argentino, inimiga de Eva Perón – à relação entre os poderosos

18   DESCREVER O INAPREENSÍVEL: OS PROBLEMAS DA DESCRIÇÃO...

e os oprimidos em um contexto histórico ainda vigente em que se debatem as liberdades e os direitos dos cidadãos.

Tentar reproduzir a asséptica objetividade da ciência nos estudos teatrais, ainda que em âmbitos acadêmicos, forçar o objeto de estudo para que seja pretensamente neutro ou observá-lo como uma abstração não apenas é um erro, como é manifestação de um desinteresse por compreender as circunstâncias históricas e políticas nas quais esse ente poético emerge e acontece. Nem a ciência nem a arte podem ser assépticas, nem nos demoraremos aqui nas manipulações que a pretendida objetividade científica tem realizado de pessoas, animais e do mundo em geral. É possível definir um objeto de estudo que aluda a suas características formais e a seu comportamento em função do campo de ação, mas isso não tem nada a ver com a descrição ou análise do acontecimento teatral.

O entrelaçamento de distintas esferas ontológicas no acontecimento teatral constitui um novo ente que propõe um salto ontológico[16] em relação à realidade cotidiana, mas sempre se vincula a uma realidade, a um contexto, a uma rede conceitual determinada. Por isso, para dar conta dos entrelaçamentos, a maneira mais adequada não consiste em definir os conceitos e os procedimentos e sim em definir os modos como se geram os pontos de interseção, identificar as margens em que os distintos aspectos se encontram, se misturam e geram sentidos alternativos, novas redes conceituais.

Nesse sentido, o conceito de liminaridade fornece uma perspectiva para a descrição de processos criativos que estimula a elaboração de questões epistemológicas a respeito de nosso objeto e nos facilita a desierarquização de categorias, compreendendo melhor os pontos de encontro e mestiçagem das mesmas. De acordo com Ileana Dieguez Caballero,

desde sua introdução por [Victor] Turner nos estudos teóricos, o liminar aponta para a relação entre o fenômeno – seja ritual ou artístico – e seu entorno social, aspecto que começou a ser particularmente atendido pela estética relacional [...] Estou interessada em insistir na liminaridade como antiestrutura que coloca em crise os stati e as hierarquias, associada a situações intersticiais ou de marginalidade, sempre nas margens

16   Cf. J. Dubatti, *Filosofía del Teatro II*.

A LIMINARIDADE E A METÁFORA NA DESCRIÇÃO DE PROJETOS CRIATIVOS   19

sociais e nunca comungando com as instituições; e daí a necessidade de enfatizar a condição independente, não institucional e o caráter político das práticas liminares[17].

Aqui a liminaridade pode ser pensada também como a nova ordem na qual se organizam os conceitos previamente desorganizados, entendida como a lógica – surgida durante o processo criativo – com que se articulam os procedimentos poéticos e técnicos sobre os quais queremos refletir. Para Dubatti, o conceito de liminaridade

responde também como "prequela" teórica (um conceito formulado posteriormente para designar aquele que estava muito antes). Pareceria que necessitamos produzir "prequelas" teóricas porque o teatro vai adiante do pensamento e sempre pensamos o teatro no passado, não no presente: é preciso tempo para pensar o que se faz no acontecimento teatral[18].

Orientados dentro desse conceito, os processos de análise e descrição das fases criativas e conclusivas de um ente teatral poderão ser entendidas como um constructo, em que cada elemento que o constitui contribui com sua especificidade para dar lugar à alquimia de que nasce o teatral. Por essa ótica podemos pensar o encontro entre atores e público, o convívio em que o que era antes desse evento – o ator, aquele que se mostra e compartilha, e as pessoas que afluem para receber o que o ator compartilha – converte-se em acontecimento vivo que se multiplica em cada uma das pessoas que participam da cronotopia surgida no presente da teatralidade.

Seguindo Dubatti, podemos assinalar, como exemplos contundentes da liminaridade, o convívio e a *poiesis* corporal[19]. No convívio, cada nova apresentação é um novo acontecimento. Não há uma só apresentação igual à outra, podendo haver constantes que se configurem na estrutura dramatúrgica, no espaço em que ocorre o evento, ainda no tipo de público que assiste a esse determinado espetáculo, mas o que acontece a cada novo encontro é irrepetível. No que diz respeito à *poiesis* corporal,

---

17 I. Dieguez Caballero, *Escenarios Liminales*, p. 18.
18 *La Revista del CCC*, Buenos Aires, ano 1, n. 1 , 2007, p. 154.
19 Cf. J. Dubatti, La Liminalidad en el Teatro, em N.L. Fabiani; M.T. Brutocao (orgs.), *Actas de las XVIII Jornadas Nacionales de Estética...*, p. 154.

o pesquisador argentino assinala três dimensões que se evidenciam na corporalidade do ator no momento de atuar: o corpo natural/social, o corpo afetado e o corpo poético. Essas três dimensões interdependentes são o núcleo de todo o processo criativo e o eixo de toda a atuação. No corpo natural/social, o público observa a pessoa atuando; no corpo afetado, o ator trabalhando; e no corpo poético, a teatralidade é gerada pela transformação das duas dimensões anteriores em uma terceira que as inclui e as potencializa por meio da metáfora. No momento em que essas três dimensões são percebidas, ainda inconscientemente, o acontecimento convival transgride os parâmetros de percepção cotidiana e estimula o receptor a visitar também essas três dimensões, sugere que ele se traslade a outros âmbitos – efêmeros e irrepetíveis – de existência.

Essas passagens entre dimensões experimentadas entre os atores, o público e os demais agentes que participam do acontecimento teatral – iluminadores, técnicos etc., são a síntese da liminaridade a que fazemos referência. É possível observar a existência da dimensão natural/social quando nos damos conta de que vemos um ator realizando seu ofício; detectamos seu ofício quando a metáfora se manifesta em sua corporeidade e a metáfora é o modo poético de referir a existência cotidiana do corpo natural/social. É por isso que todo acontecimento poético se manifesta em relação a um contexto e em relação a ele assume uma posição. Como afirma Dieguez Caballero, toda prática teatral é política, levando em conta que:

> O corpo do executante é o de um sujeito inserido em uma coordenada cronotópica, a presença é um etos que assume não apenas sua fisicalidade, como também a eticidade do ato e as derivações de sua intervenção. A condição do *performer*, tal como entendida na arte contemporânea, enfatiza uma política ao acarretar uma participação ética, um risco em suas ações sem o encobrimento das histórias e das personagens dramáticas.[20]

Se consideramos então a liminaridade como princípio construtivo, qual é o modo de referir esses pontos de interseção que percebemos, a tensão entre o poético e sua referência real? Quais

20 I. Dieguez Caballero, op. cit., p. 45.

A LIMINARIDADE E A METÁFORA NA DESCRIÇÃO DE PROJETOS CRIATIVOS 21

são os conceitos para identificar a ruptura da rede conceitual cotidiana e a transformação metafórica? Como podemos nos referir a uma metáfora? Se descrevemos objetiva e analiticamente uma metáfora, tentando transcrever literalmente o que observamos, podemos manter a essência da metáfora? Seria como tentar explicar uma piada: ou a narração não funcionou ou o contador é um fracasso.

Dieguez Caballero propõe assumir o contexto da liminaridade desde a construção de uma teoria como ação metafórica, como um olhar político que se constrói no acontecimento convival:

A metáfora foi explorada como uma maneira singular de conhecer por meio da qual as características de uma coisa entram em uma relação de tensão: elas não se transferem exatamente uma à outra para produzir semelhança ou outra forma do mesmo, e sim sugerindo o que foi denominado "uma refulgência intuitiva" por efeito de tensão, desautomatizando modos de ver as coisas. A dimensão cognitiva e criativa das estruturas metafóricas baseia-se em outra percepção que emerge na diferença, sem pretender revelar essências nem verdades ocultas [...]. Estou interessada em explorar a relação de tensão que surge quando nos aproximamos de obras artísticas e teóricas, não para desenvolver um exercício de comprovações e sim de aproximações metafóricas.[21]

Para que seria necessário comprovar o acontecimento poético mediante uma análise descritiva? A quem pode interessar essa comprovação? Não seria mais relevante afirmar que esse acontecimento ocorreu e então refleti-lo por meio da passagem pela subjetividade de quem reflete? Será menos acadêmico falar de construção teórica como reflexo metafórico que de descrição objetiva de uma metáfora? Será menos eficaz para os fins da comunicação de processos artísticos?

Neste momento, vêm à mente as reflexões teóricas de Antonin Artaud[22] – basta recordar o ator como atleta da alma – ou Tadeusz Kantor[23] e a confrontação com a morte. A metáfora como prática reflexiva nos oferece a possibilidade de abarcar o fenômeno do ente teatral como acontecimento ao vivo e deixa, além disso, aberta a porta a novas interpretações sobre

21 Idem, p. 36.
22 Cf. *El Teatro y su Doble.*
23 Cf. *El Teatro de la Muerte.* Aqui a edição citada será a brasileira: *O Teatro da Morte.*

tal conhecimento. Essa prática permite transformar o texto teórico em ação de maneira que esse texto se converte em um estímulo para quem o lê. A metáfora como procedimento descritivo possibilita a construção de um procedimento poético paralelo ao ente poético que faz uma reflexão; reflete, sobre ele, a recepção da densidade simbólica que ele mesmo procura gerar e, ao mesmo tempo, projeta, como parte de sua reflexão, a possibilidade de potencializar essa densidade em cada uma das pessoas que a ele afluírem. Propor uma análise do processo criador que valide a utilização de metáforas habilita, além do mais, o uso de procedimentos descritivos, tais como as imagens, os sons e outros elementos aleatórios que enriqueçam a reflexão do processo criador.

A título de exemplo, transcrevo aqui um fragmento do livro de Tadeusz Kantor, *O Teatro da Morte*, que constitui o manifesto das poéticas criadas pelo diretor polaco e é composto por descrições, ensaios, gráficos e fotografias, pelos quais é possível ter acesso ao universo criador desse grande referencial do teatro mundial.

A ESCOLHA

A escolha
torna-se um ato
de uma imaginação audaciosa,
consentindo apenas
a eventualidade da "impossibilidade".
A escolha,
nesse caso,
não tem absolutamente traços
de um capricho feliz
em presença
de uma multitude de perspectivas.
Ela é antes parecida
a uma pancada
única
e chegando fundo.
Ela abate os imbecis
por estranhamento,
pelo absurdo
e risco.
Ela atinge sempre

uma realidade
pela forte condensação de conteúdo.[24]

O ARMÁRIO

O armário
tinha no meu teatro
um papel importante.
Como no circo
ou num jogo surrealista,
o armário
era
o catalisador
de grande parte das atividades humanas,
da sorte humana,
de seus mistérios.
A estreiteza ridícula do espaço
no interior do armário
privava facilmente
o ator
de sua dignidade,
de seu prestígio pessoal, de sua vontade,
transformava-o em uma massa geral
de matéria,
quase de vestuário.[25]

Se o teatro é ação e o ator é quem a promove, um texto que se refira ao que acontece por meio de tal agir deveria transmitir, em essência, essa lógica ativa sobre a qual se constrói o teatro. Não estou propondo negar as instâncias analíticas que permitam avançar sobre a investigação dos fenômenos teatrais. Estou, talvez, sugerindo modos de aproximação ao fenômeno que escapem a um academicismo obsoleto que busca somente deleitar-se na acumulação de dados, livros, autores etc., que refletem mais a intenção do pesquisador de mostrar sua própria prosápia acadêmica e colocar a si próprio como conhecedor do fenômeno estudado do que refletir a produção de processos criativos que poderiam ser modos de estimulação de novos processos criativos.

---

24 *O Teatro da Morte*, p. 152-153.
25 Ibidem, p. 149-150.

24 DESCREVER O INAPREENSÍVEL: OS PROBLEMAS DA DESCRIÇÃO...

Definitivamente, a construção e a difusão do conhecimento são premissas básicas da universidade. Nós que amamos o teatro sabemos que o risco de embalsamar essa arte existe, e seria interessante que nos apropriássemos dos espaços e meios de que a academia dispõe para o estudo do teatro para conseguir que ele se mantenha vivo, em constante mutação, e amplie seus horizontes, em vez de se encerrar em redutos em que os "especialistas" compartilham entre si seus próprios conhecimentos, deleitando-se em seus saberes.

A metáfora como instrumento descritivo das liminaridades de um processo criativo permite articular os aspectos intangíveis do ente poético resultante e as reflexões objetivas dos procedimentos implicados em sua construção. Reconhecer a hibridez é o modo de oxigenar categorias e hierarquias perimidas. A prática teatral e seu estudo deve ser entendida como uma prática política.

BIBLIOGRAFIA

AGUILAR, Hugo. La Performatividad o la Técnica de Construcción de la Subjetividad. *Revista Borradores*, Córdoba, Universidad Nacional de Río Cuarto, v. 7, 2007. Disponível em: <https://www.unrc.edu.ar>. Acesso em: 26 nov. 2018.

ARTAUD, Antonin. *El Teatro y su Doble*. Barcelona: Edhasa, 1990. Ed. bras.: *O Teatro e Seu Duplo*. São Paulo: Martins Fontes, 2006.

AUSTIN, John Langshaw. *Cómo Hacer Cosas con Palabras*. Barcelona: Paidos, 1962. Ed. bras.: *Quando Dizer É Fazer: Palavras e Ação*. Porto Alegre: Artes Médicas, 1990

BAJTIN, Mijail. *Teoría y Estética de la Novela*. Madrid: Taurus. 1989.

BARBA, Eugenio. *A Canoa de Papel*. Campinas: Hucitec/Editora Unicamp, 1994.

DIEGUEZ CABALLERO, Ileana. *Escenarios Liminales. Teatralidades, Performances y Política*. Buenos Aires: Atuel, 2007.

DUBATTI, Jorge. Mauricio Kartun: Poética Teatral y Construcción Relacional con el Mundo y los Otros. *La Revista del CCC*. Centro Cultural de la Cooperación. Buenos Aires, ano 1, n. 1, 2007. Disponível em: <http://www.centrocultural.coop>. Acesso em: 27 dez. 2015.

_____. La Liminalidad en el Teatro: Lo Liminal Constitutivo del Acontecimiento Teatral y los Conceptos de Teatro – Matriz y Teatro Liminal. In: FABIANI, Nicolás Luis; BRUTOCAO, María Teresa (orgs.). *Actas de las XVIII Jornadas Nacionales de Estética y de Historia del Teatro Marplatense. Las Venas de América Latina. En Memoria de Eduardo Galeano*. Mar del Plata: Universidad Nacional de Mar del Plata, 2015.

_____. *Filosofía del Teatro II: Cuerpo Poético y Función Ontológica*. Buenos Aires: Atuel, 2010.

A LIMINARIDADE E A METÁFORA NA DESCRIÇÃO DE PROJETOS CRIATIVOS   25

KANTOR, Tadeusz. *El Teatro de la Muerte*. Buenos Aires: La Flor, 1984.
KARTUN, Mauricio. *Una Conceptiva Ordinaria para el Dramaturgo Criador*. Ciudad de México: Paso de Gato, 2012.
LABAN, Rudolf von. *The Mastery of Movement on Stage*. London: Macdonald & Evans, 1950.
LABAN, Rudolf von; LAWRENCE, F.C. *Effort*. London: Macdonald & Evans, 1947.
TURNER, Victor. *Liminalidad y Communitas*. Madrid: Taurus, 1988.
_____. *El Proceso Ritual: Estructura y Antiestructura*. Madrid: Taurus, 1988.

O Indizível Que Salta aos Olhos
improvisação e descrição como produção de conhecimento em dança e teatro

Gisela Reis Biancalana
Daniel Reis Plá
Heloisa Gravina

O autor – ou autores – de uma obra cênica elabora imagens, sons e outros produtores de sensações geradas pelo encontro entre seu corpo autoral e os corpos que testemunham sua performance. O público da obra cênica vivencia essas imagens, sons e outros elementos ativadores de sensações que podem (ou não) se instaurar no seu corpo, suscitando sentidos diversos. Por sua vez, aquele que lê sobre uma obra cênica não testemunhada tem uma experiência diferente das anteriores. No escopo das discussões realizadas ao longo dos encontros da Rede Internacional de Estudos da Presença, constaram descrições de processos criadores, seguidas por percepções individuais e coletivas das leituras umas das outras e que acabaram gerando reflexões sobre esse fazer que retorna com outra perspectiva: a pergunta central que animou este texto diz respeito ao potencial da improvisação e, especialmente, da escrita enquanto ferramentas de reflexão criativas e potencializadoras da arte.

Acreditamos que o paradoxo de falar sobre o indizível se apresenta como um desafio ao artista-pesquisador – ou seria pesquisador-artista? – que tem o objetivo de compartilhar seus processos com outras pessoas. O momento de falar sobre aquilo que transborda o pensamento linear e a própria palavra parece tão desafiador quanto o ato criativo em si. Perguntamo-nos, em suma, quais são as possíveis intencionalidades epistemológicas de se construir um texto descritivo de um processo criador?

Mais especificamente, falamos de processos de criação em dança e teatro. Portanto, processos que têm no corpo em movimento sua centralidade. Corpo com durações próprias, factuais e/ou fictícias que, ao misturarem-se, representam e apresentam um instante, horas, dias, enfim, abrem um arsenal de possibilidades que se condensam na relação entre tempo e espaço mediada pela ação do corpo. Corpo opaco, denso, e ao mesmo tempo transparente, fugaz, sujeito à ação do espaço e do tempo, assim como esculpe e dá vida a esse espaço e tempo. Corpo, objeto concreto, mas também ficcional. Corpo feito da mesma matéria dos sonhos, parodiando Shakespeare. Corpo que também é imagem, imaginação, memória, afetos, subjetividades e identidades, sempre em processo de cristalização e dissolução. Corporeidades que surgem da abertura a territórios sensíveis imbricados em simultaneidades.

De que modo representar – ou seria melhor apresentar? – pela palavra a rede de afetações, interferências, ressonâncias e interdependências? Esse conjunto de intensidades, tensões, percepções, silêncios, sentimentos e afetos, que se atravessam e são atravessados e que vibram no jogo performativo, são agrupamentos de inomináveis corpos que se mostram a outros, em presença com outros.

A questão aqui apresentada se inscreve em um contexto pulsante de discussão que encontra um espaço muito potente na medida em que as artes da cena adentram cada vez com mais força o âmbito acadêmico. Não se trata de dizer que é a universidade que torna esse debate possível. Antes, trata-se de trabalhar a partir do encontro entre modos de fazer e criar conhecimento próprios das tradições – artísticas e acadêmicas – em relação.

No momento desta escrita, reconhecemos a aproximação das questões que levantamos com a abordagem da pesquisa em artes denominada Prática Como Pesquisa (*Practice as Research – PaR*), protagonizada por artistas/autores, tais como Vida Midgelow, Jane Bacon, Susan Foster, Robin Nelson e, no Brasil, Ciane Fernandes. Trata-se, sim, de pensar a prática, seja ela de criação, execução ou observação e crítica ativas como

O INDIZÍVEL QUE SALTA AOS OLHOS

central à pesquisa em artes da cena. Além disso, trata-se, fundamentalmente, de pensar toda a pesquisa como sendo guiada pelas dinâmicas e pelos princípios organizadores dessas artes, envolvendo processo criativo, obra, relação com o público, técnicas, procedimentos etc. Sob essa perspectiva, busca-se o diálogo com teorias e conceitos advindos de outras áreas na medida da necessidade das obras e processos estudados.

Justamente, a própria discussão sobre o papel da escrita na pesquisa em artes da cena ecoa uma discussão mais ampla que perpassa diferentes campos de conhecimento, sobretudo no campo das humanidades. Mais intensamente, esse debate ganha forma nas discussões feministas e pós-estruturalistas e, notadamente, no âmbito da performance enquanto paradigma analítico emergente na intersecção entre campos de conhecimento.

Uma das problemáticas apontadas diz respeito à invisibilização e ao silenciamento do corpo no que Susan Melrose chamou de uma "economia da escrita" corrente no meio acadêmico[1]. Tal economia ditaria uma organização própria, com uma escolha particular de temas, modos retóricos, ritmos, os quais engendrariam mecanismos de valoração e legitimação, tributários de uma sociedade predominantemente fundada na racionalidade – em oposição a uma *corporalidade* – como um valor.

Não se trata aqui de colocar a questão corpo *versus* mente – e seus pares correlatos, tais como razão e emoção, sensação e reflexão etc. – de forma dicotômica. Trata-se, antes, de nos perguntarmos sobre essa própria dicotomia como uma construção social que já vem sendo amplamente criticada tanto nas práticas de dança e teatro contemporâneas e nas teorias que emergem e constituem essas práticas, quanto em outras áreas como a antropologia e a filosofia. Trata-se, portanto, de explorar a problematização dessa passagem da prática de criação para sua descrição como momentos igualmente permeados pela experiência e pela reflexão.

Em meados dos anos 1990, no âmbito dos estudos da performance e da literatura, surgem várias iniciativas no sentido de uma abordagem performativa da escrita, reconhecível na obra de autores como Peggy Phelan, Ric Allsopp, Ronald Pelias,

---

1   Cf. *Words Fail Me: Dancing with the Other's Familiar.*

30 DESCREVER O INAPREENSÍVEL: OS PROBLEMAS DA DESCRIÇÃO...

Della Pollock e culminando no que se convencionou chamar de "escrita performativa" (*performative writing*): "uma abordagem criativa, crítica e implicitamente política, provendo meios para se repensar e compreender uma gama de artes e práticas performáticas que permaneceram silenciosas ou mudas diante de formas mais tradicionais de olhar e de ler"[2].

Em consonância com o paradigma da performance, tal escrita se apoia no pressuposto de que o mundo não é dado, mas construído continuamente por meio das ações dos sujeitos em relação, sendo a escrita compreendida como uma dessas ações. A escrita performativa busca, então, mecanismos para explicitar o caráter de construto do texto como forma de produção de conhecimento. Nesse processo, as incompletudes, as hesitações, as interrupções não são negadas. Antes, funcionam como recursos de desnaturalização da linguagem escrita, um efeito de distanciamento que dilui sua ilusão de linearidade e coerência.

Situando-se na continuidade dessa tradição reflexiva e crítica, este texto apresenta três descrições, feitas cada uma por um dos autores que o compõem, a respeito de dois processos criativos distintos. Ambos os processos recorreram à improvisação em um ou mais momentos de sua realização. Entendendo que grande parte do trabalho com improvisação diz respeito a articular diferentes temporalidades no corpo presente aqui-e-agora, e que isso toma a forma de um jogo, também essa escrita foi pensada a partir de uma proposta de jogo.

Entendendo a escrita como ato performativo, assim, no intuito de subverter a tendência homogeneizante e totalizadora do texto, especialmente do texto acadêmico, cada descrição aqui foi feita por um dos autores sem conhecimento dos demais. Em seguida, trocamos o material e, a partir da leitura desse conjunto, formulamos as questões aqui apresentadas. Na sequência deste texto, então, o leitor encontrará as três descrições, realizadas a partir do ponto de vista e, portanto, das escolhas retóricas, de cada um dos autores. A diferença entre esses modos de descrever é aqui deixada evidente como recurso estilístico deliberadamente experimental, a fim de chamar a atenção para o caráter multifacetado, parcial, posicionado e, ao mesmo tempo, feito

---

2 V. Midgelow, *Sensualities*, p. 7. Tradução nossa.

O INDIZÍVEL QUE SALTA AOS OLHOS

de elipses, vazios, encontros e desencontros mais ou menos fortuitos que compõem o amplo espectro da pesquisa em artes da cena. Ao final, esboçamos uma reflexão a partir de um olhar tríplice sobre esse conjunto de escritas individuais.

EXISTIR JUNTOS, POR GISELA

Um dos processos criadores a ser apresentado é o que gerou a performance artística intitulada *Existir Juntos*, concebida para o Evento Internacional Arte#OcupaSM, organizado por Rebecca Stumm, entre os dias 28 de maio e 1 de junho de 2013, na Estação Férrea da cidade de Santa Maria, no Rio Grande do Sul. A proposta do evento consistiu em agrupar diversos artistas em proposições que procuravam abordar diferentes formas de existir junto na contemporaneidade. A proposta era que muitas ações artísticas habitassem o local escolhido. Patrimônio histórico da cidade há algum tempo, a Estação Férrea é caracteristicamente marcada pelos transeuntes esporádicos e, ainda, pela passagem de alguns trens de carga que acabam por romper o silêncio daquele espaço/tempo aparentemente imobilizado pelo abandono. O evento aconteceu pelo terceiro ano consecutivo, reinventando-se em materialidades artísticas, e não se enquadra em definições cristalizadas ou em categorias predeterminadas com formatos padronizados.

A temática do evento de 2013 buscou conectar-se, especialmente, com as distintas formas de existência de algum modo interrelacionadas que perpassam a contemporaneidade, inspirada nos questionamentos de Roland Barthes sobre o exercício de viver juntos: "a que distância devo me manter dos meus semelhantes para construir com os outros uma sociabilidade sem alienação?"[3] À interrogação de Barthes, que sugere os processos de alienação no coabitar com o outro, o evento acrescenta as relações com as formas de ocupar e criar lugares e tempos de existência conjunta na arte.

A ocupação da Estação Férrea, naquele momento, procurava *Existir Junto* com os artistas proponentes em suas obras,

---

3 R. Barthes, *Como Viver Junto.*

questionando como, onde e quando é possível fundar e manter certos fluxos potencializadores de mudanças no ser, no pensar e no agir humanos por um período de existência em arte. Nos dias atuais, as dinâmicas da existência são complexas, pois coexistem diferentes modos da atuação humana em seu ser, estar, agir, sentir e fazer arte. Assim, foi concebido um momento que expandiu possibilidades de vida na arte, amalgamando os que fazem arte em sua existência, os que produzem meios de existência na arte e os que fazem avançar dispositivos artísticos de existências individuais e/ou coletivos ao propor um fazer consciente do outro e da existência do outro na arte. Todas essas proposições coexistiram no local do evento em suas diversas formas de ocupação.

A performance criada para estrear durante esse evento estabelece, ainda, outra conexão, oriunda de artistas da UNB (Universidade Federal de Brasília), a convite de Suselaine Serejo Martinelli. Essa proposta visava desenvolver processos de criação a distância a partir de um mesmo material utilizado como fonte para a criação. Subsequentemente, as performances criadas fomentariam futuros encontros e apresentações coletivas e/ou simultâneas e mediatizadas.

A performance é o momento em que algo é feito para ser compartilhado. Portanto, ela pode ser todas as coisas que acontecem em um espaço e tempo determinados pelo *performer* e pelo público. Pode ser poesia, música, ter uma forma teatral ou coreográfica, plástica ou outra. Alan Kaprow afirmou que os artistas não deveriam se definir: "Sou pintor, poeta, bailarino."[4] A lúcida afirmação do artista se faz presente aqui apenas para situar o trabalho no contexto abrangente da performance, especialmente porque funde elementos da dança, do teatro e das artes visuais – da vida. Assim, partindo do tema do evento e do conteúdo contido no projeto da UNB, juntaram-se à diretora da performance apresentada, Gisela Reis Biancalana, e três bailarinos, estudantes do Curso de Dança da UFSM, Letícia Gomes, Caroline Turchiello e Manoel Luthiery. A ideia inicial do trabalho foi exposta e discutida com os bailarinos, a fim de que se chegasse ao formato apresentado no evento.

---

4   A. Kaprow, O Legado de Jackson Pollock, em G. Ferreira; C. Cotrim (orgs.), *Escritos de Artista: Anos 60/70*, p. 37-45.

O INDIZÍVEL QUE SALTA AOS OLHOS

Dessa forma, o trabalho de construção da performance tanto contemplou o tema do evento como executou as proposições ligadas ao projeto vinculado à UNB de forma coletiva entre diretora e *performers*. O projeto da UNB enviou dois materiais específicos, a partir dos quais se poderia criar livremente de acordo com as pesquisas desenvolvidas pelos grupos. O primeiro foi um conjunto de cartas em forma de baralho, contendo dizeres relativos a modos de encarar a vida: modos de ser, estar, pensar e sentir no mundo contemporâneo. Cada carta continha uma palavra-chave e uma reflexão sobre ela. Foram selecionadas 48 cartas. Os modos de encarar a vida parecem inicialmente individualizados, mas receberam um tratamento laboratorial que os conduziu à experiência de cada um no grupo. O segundo material era um conjunto de cinco músicas dentre as quais foram selecionadas três para o trabalho, segundo a identificação apontada pelo grupo entre suas sonoridades e as palavras impressas nas cartas escolhidas.

Inicialmente, foi proposto aos três *performers* que criassem individualmente, em laboratório, um gesto para cada palavra-chave presente. Durante os ensaios, eles improvisavam movimentos variados tendo como referência básica o gesto proveniente da palavra contida na carta. As improvisações consideravam o espaço em seus planos, níveis e deslocamentos, o tempo em suas variações de velocidades e pausas, as partes do corpo destacadas em cada gesto na sua relação com as outras, bem como a fluência dos movimentos. Os *performers* foram assimilando suas sequências de movimento, as variações possíveis e, ao mesmo tempo, procuraram não cristalizá-las em partituras, pois elas seriam "jogadas" aleatoriamente no momento da cena. Após essa etapa da criação, o grupo começou a atribuir relações entre as palavras e as três músicas selecionadas, separando, em seguida, três conjuntos de cartas, cada um correspondendo a uma das três músicas escolhidas. A separação se deu por afinidade de assuntos atribuídos às cartas e identificados com as músicas. Nesse momento da criação, os gestos foram se enriquecendo de sentido para os *performers* e acabaram compondo ações ao serem repetidos e explorados de maneiras diversas. Assim, cada um dos três grupos de cartas ficou atrelado a cada uma das três músicas e foram, aos poucos, tornando-se vozes

34 DESCREVER O INAPREENSÍVEL: OS PROBLEMAS DA DESCRIÇÃO...

de uma fala de corpos em movimento. Nesse momento, já era necessário compartilhar o material, uma vez que ele estava sendo criado para este fim: dançar com o público. O trabalho não foi concebido para ser dançado *para* um público, mas para ser dançado *com* ele. Por isso a necessidade de compartilhá-lo.

Sendo assim, o grupo começou a avaliar como seriam ativadas as palavras-chave selecionadas, e a primeira proposta relacionou-se ao jogo de cartas. As cartas poderiam ser distribuídas para o público, mas restava definir de que maneira se daria essa distribuição e como elas chegariam aos bailarinos. Ao mesmo tempo que se buscavam caminhos para resolver os impasses do processo, foram surgindo reflexões sobre o trabalho que começava a se configurar: eram três bailarinos, três músicas e três grupos de dezesseis cartas. Por que não fazer apresentações para públicos de três pessoas? Assim, estabeleceu-se que cada pessoa desse público retiraria uma carta para ler, escolheria um bailarino para quem entregar a carta e o bailarino, por sua vez, começaria a dançar para ele ou com ele. Porém, como seria a execução da música se o público retirasse cartas de grupos musicais diferentes? Então, foi decidido que cada três espectadores que entrassem escolheriam um dos grupos de cartas apenas, que correspondia a uma das músicas e, dessa forma, mesmo que os bailarinos recebessem cartas com inscrições diferentes, elas ainda seriam do mesmo grupo.

Cada pessoa que fosse assistir ao trabalho poderia entrar várias vezes e se depararia com uma obra diferente e semelhante ao mesmo tempo. Diferente porque as ações de cada *performer* eram únicas para cada carta, e porque são diversas combinações de músicas e cartas a serem retiradas e entregues. Semelhante porque o espaço/tempo, os *performers* e os elementos da proposta se repetem como, por exemplo, o ato de escolher cartas, as músicas, a improvisação a partir de gestos e ações previamente criados etc. Essas combinações compõem um universo de 48 possibilidades de experimentar ações para cada bailarino divididas em três músicas e três bailarinos resultando em três grupos de dezesseis cartas para cada música. Considerando que o público decida acompanhar um bailarino a cada vez que entrar no ambiente preparado para o evento, ele terá todas essas possibilidades de ver coisas diferentes. Se a opção for observar o conjunto dos três bailarinos, as combinações de cartas serão diferentes, então, o trabalho também se apresentará diferente. Se considerar, ainda, que os movimentos não são partituras rigidamente coreografadas, e sim são ações que se combinam via improvisação sobre um tema, as possibilidades se multiplicam infinitamente.

A partir dessa configuração estabelecida outros desafios se apresentavam. Qual seria o espaço da Estação Ferroviária disponibilizado para o trabalho? Como seria a iluminação no local? Quando o trabalho finalizaria? Essas dúvidas foram se transformando em soluções pelo encaminhamento sugerido pelos organizadores do Arte#Ocupasm. Todos os artistas se reuniram um dia antes do evento para explanar sobre sua obra e colocá-la em discussão no grupo. Nesse contexto efervescente, decidiu-se que o trabalho seria apresentado em uma grande tenda escura e seria iluminado por lanternas que ficariam com o público. Também foi decidido que o trabalho iniciaria ao anoitecer e finalizaria quando se encerrassem os trabalhos da noite. As propostas delineadas na reunião entre os artistas permaneciam vivas ao serem lançadas ao acaso das colaborações reflexivas. Três lanternas foram adquiridas para as apresentações e eram entregues ao público que entrava em trio. As performances duravam o tempo da música, cerca de dez minutos a cada entrada. Com o público se acumulando na porta, algumas vezes, foram realizadas entradas de três pessoas para cada bailarino. Nesse caso, o público se revezava no uso das lanternas.

Foi assim que os modos de ser, estar, agir, sentir a vida, contidos nas cartas, foram perpassados pelos corpos dos bailarinos, pela via das ações experimentadas em forma de improvisação na dança e existiram junto com o público, que participava interagindo na escolha das cartas e, consequentemente, da música, assim como na iluminação. Foram dois dias de performances, dias 29 e 30 de maio, cada uma com cerca de uma hora e meia.

A criação lançou-se a um processo ancorado em dois encaminhamentos, tidos como prerrogativas dessa criação. O primeiro está baseado nos processos colaborativos e o segundo no conceito de *work in progress*.

No Brasil, os processos colaborativos passaram a se destacar na década de 1990, tendo Antônio Araújo como um de seus

36 DESCREVER O INAPREENSÍVEL: OS PROBLEMAS DA DESCRIÇÃO...

precursores, além de ser o artista que cunhou o termo no país[5]. Essas práticas já eram utilizadas antes e introduziram transformações significativas na criação hierarquizada que imperava até então nas artes da cena, com as funções artísticas bastante definidas.

Segundo Fernandes, os processos colaborativos prezam pelas criações em conjunto, com concepção e realização coletivas. Esse entendimento simplificado do termo foi adotado naquele momento[6].

Hoje, os entendimentos sobre fazer coletivo e o fazer colaborativo tem especificidades que não foram contempladas neste texto e não serão abordadas, para não perder o foco de discussão. Basicamente, os trabalhos autodenominados coletivos começaram a surgir em meados dos anos 1960 e seus membros acreditavam em suas afinidades que os uniam devido a um pensamento comum sobre a arte da época. Segundo Ruhsam, esse pensamento tinha, entre seus pressupostos, a recusa às organizações hierarquizadas[7]. Os processos colaborativos, por sua vez, emergem de um tempo transmutado e atravessado por inúmeras camadas de relações, reais e virtuais, possibilitadas pelo estrondoso avanço tecnológico. Os artistas envolvidos nos processos colaborativos não desprezaram suas individualidades em nome de um pensamento comum, como costumava acontecer nos coletivos. Esses últimos entregam-se a complexos processos de comunicação e interação que vão se modificando pela ação dos envolvidos, ou seja, são grupos flutuantes que coexistem em movimento e atuam a partir de suas individualidades. Há autores, como Cvejic, que discordam desse modo de entender o termo coletivo e procuram defendê-lo[8].

A performance *Existir Juntos* envolveu, a princípio, a diretora na determinação das escolhas processuais, os bailarinos na criação dos movimentos, gestos e ações, bem como na geração dos acontecimentos improvisacionais e interativos com o público e, subsequentemente, abarcou a proposta do evento.

---

5   Cf. S. Fernandes, *Teatralidades Contemporâneas*, p. xi.
6   Ibidem.
7   Cf. M. Ruhsam, I Want to Work with You Because I Can Speak for Myself, em N. Colin; S. Sachsenmaier (eds.), *Collaboration in Performance Practice*, p. 75s.
8   Cf. B. Cvejic, *Collectivity? You Mean Collaboration*.

O INDIZÍVEL QUE SALTA AOS OLHOS

Em última instância, a performance esteve aberta à interação com as proposições advindas do público. Portanto, a proposta atravessa momentos de coletividade e de colaboratividade.

O mundo contemporâneo apresenta alternativas processuais que parecem cada vez mais permeadas umas pelas outras em um movimento de desfronteirização de saberes, bastante rico em possibilidades criativas. Aqui, o caráter autoral do atuante foi respeitado, ou seja, o *performer* foi sujeito da obra e não mero executante. Alguns aspectos da obra foram-nos oferecidos ao acaso, mas o modo de lidar com eles não foi dado de antemão e sim buscado, primeiramente em um arranjo propositivo e, posteriormente, em cada um dos bailarinos, de modo que acontecesse um imbricamento dos contextos da vida – de artistas e público – com a obra em processo.

O segundo ponto remete à noção de *work in progress*, pois a performance configurou-se da maneira sugerida para o evento em que estreou, mas pretende permanecer dinâmica e flexível às possibilidades em diferentes eventos, situações, circunstâncias que se apresentarem[9]. Na contemporaneidade, as artes se entrecruzam e são perpassadas por outros campos de conhecimento, resultando em contextos pluralizados e multifacetados. Nesse contexto, as atitudes performativas revelam as faces do tempo com suas origens nas vanguardas do início do século xx, mas, com suas raízes mais profundas fincadas na Arte Total wagneriana. Aqui também se vê incorporada a noção de obra aberta que na segunda metade do século passado já propunha sistemas dinâmicos ampliadores das possibilidades de visão e de percepção[10]. Entretanto, para o autor, o conceito está ligado às questões de recepção, ampliando as possibilidades de leitura, ainda que não se contraponha à noção de obra concluída. O *work in progress* adota essa ideia e também a alarga com sua noção de obra inacabada, em percurso, implicando interatividade, permeação e risco, ao mesmo tempo em que o procedimento pode encaminhar-se para um produto final. Para Cohen, o conceito de obra inacabada é um pouco diferente do conceito de *work in progress*, pois, enquanto o primeiro quer mostrar o percurso sendo parte do produto, de modo que ele apenas incorpore o

9 Cf. R. Cohen, *Work in Progress na Cena Contemporânea*.
10 Cf. U. Eco, *Obra Aberta*.

38 DESCREVER O INAPREENSÍVEL: OS PROBLEMAS DA DESCRIÇÃO...

acaso na obra, o segundo acrescenta a variação do percurso dinâmico interativo entre criação, processo e formalização de modo que o acaso transforma o produto[11].

Os paradigmas que perpassam as múltiplas formas de pensamento na contemporaneidade geram percepções que impulsionam novos olhares na captação da diversidade que compõe as múltiplas realidades interpostas e dinâmicas que se apresentam. É, portanto, esperado, e mesmo desejado, que essa multiplicidade apareça em outras apresentações, de acordo com os diferentes lugares, tempos, situações, circunstâncias e públicos diversos com os quais a obra se confrontará, assumindo diferentes formas nesse percurso. A proposta também busca integrar outros bailarinos convidados para atuarem com o grupo. Esse trabalho já foi apresentado em Porto Alegre e em Campinas.

"SACRA FOLIA", POR DANIEL

A segunda descrição constante no presente texto emerge do relato de parte do processo criativo do espetáculo *Sacra Folia*, baseado no texto homônimo de autoria do dramaturgo brasileiro Luís Alberto de Abreu, ocorrido durante o segundo semestre de 2012 e cuja estreia se deu em fevereiro de 2013. Esse espetáculo fez parte das atividades de ensino dos alunos dos dois últimos semestres do curso de bacharelado em Artes Cênicas – Interpretação Teatral, da Universidade Federal de Santa Maria (UFSM).

Inicialmente considera-se importante justificar o modo de narrativa escolhido para o relato. O diretor/professor, que é o lugar de onde se fala aqui, é o espectador de profissão nos dizeres de Grotowski, o mediador que provoca, convida, ao mesmo tempo em que testemunha o processo criativo dos atores no objetivo de compor um quadro de elementos muitas vezes esparsos, fugidios, ou ainda, esculpir momentos por natureza efêmeros[12]. Ele também, assim como os atores, se envolve psico-fisicamente com as ações, ele é um corpo que testemunha e

---

11 Cf. R. Cohen, op. cit.
12 Cf. L. Faszen; R. Molinari; C. Pollastrelli (orgs.), *O Teatro Laboratório de Jerzy Grotowski 1959-1969*, p. 212s.

O INDIZÍVEL QUE SALTA AOS OLHOS

se coloca em disponibilidade para ser afetado por outros corpos. Trata-se assim de uma observação ativa, em que ele age com os atores. Essa ação acontece não somente quando há uma interferência direta nos corpos e comportamentos como também quando há um deslocamento da atenção. Um testemunho tanto do que ocorre para além das fronteiras do próprio corpo como do conjunto de experiências que constituem a vivência de ser um corpo, poroso, que afeta e é afetado.

Desse modo, o diretor, professor, acadêmico que descreve o processo – eu – desloca-se em diferentes momentos de uma experiência em terceira pessoa, entendendo isso como uma observação distanciada, objetiva, técnica, para outra em primeira pessoa, calcada na experiência subjetiva do corpo em diálogo com outros corpos, sons e espaços. Não poucas vezes esses modos de experimentar ocorrem simultaneamente, ele, o diretor-professor, sendo ator e testemunha em um mesmo momento. Nesse deslocamento entre um olhar que se quer exterior e um corpo que reage aos estímulos, acontecem intervalos em que as palavras parecem não caber. Trata-se, por exemplo, do momento em que um exercício se torna cena: às vezes, é possível detalhar as etapas dessa transformação, mas é frequente o contrário, ou seja, ao olhar para trás não se consegue definir os momentos que levaram a isso.

Assim, ao descrever essa ação, ao buscar transpô-la para a linguagem escrita, torna-se urgente encontrar um formato de escritura que reflita os hiatos, silêncios e intensidades que constituem o processo de criação. A escrita, enquanto ação encarnada, precisa perverter a gramática do mesmo modo que, no processo de criação em sala, perverto – e a troca de pessoa aqui foi proposital – os caminhos habituais do pensamento-ação cotidiano. Essa agressão à gramática faz parte de meu relato, pois entendo que ela atualiza um movimento próprio da criação, aquele quando não sei mais me separar do que crio, quando o ele vira eu, e o diário cala porque o processo não aceita ser descrito de forma outra que a de uma experiência silenciosa, entendendo silêncio não somente como a ausência das palavras, mas como "tanto o limite da linguagem como a condição essencial para sua renovação"[13].

---

13   C.S. Quilici, *O Ator-Performer e as Poéticas da Transformação de Si*, p. 52.

40 DESCREVER O INAPREENSÍVEL: OS PROBLEMAS DA DESCRIÇÃO...

Os ensaios de *Sacra Folia* se iniciaram em abril de 2012, porém precisaram ser interrompidos durante os meses de junho e julho. Já no segundo semestre, os ensaios se estenderam de agosto até fevereiro de 2013, com um intervalo de três semanas na virada do ano. Além do professor-encenador, o grupo foi formado por dez atores-alunos, sendo que nove eram formandos em Interpretação e um cursava o quarto semestre da licenciatura[14]. Também fazia parte da equipe um aluno do curso de Desenho Industrial, responsável pelo figurino; um cenógrafo, professor do departamento de Artes Cênicas da UFSM; e dois músicos responsáveis pelo trabalho de canto e musicalização, um deles professor do curso Licenciatura em Teatro e o outro docente do departamento de Música.

Uma vez que o grupo era formado por estudantes e professores e o processo estava vinculado às atividades de ensino, as questões artísticas se vinculavam a objetivos pedagógicos. O processo envolvia assim múltiplas dimensões: o trabalho de criação artística em grupo, visando a criação de um espetáculo; o trabalho individual de desenvolvimento de uma pesquisa prático-teórica vinculada aos trabalhos de conclusão de curso de cada ator; o aspecto pedagógico da montagem, visto se tratar de estudantes de teatro em formação. A essas dimensões poderiam se integrar outras, vinculadas a relação entre treinamento individual e coletivo, suas formas e objetivos; à relação com diferentes áreas, especificamente desenho industrial e música; as diferentes relações que se estabeleciam entre os participantes do projeto; o relacionamento entre pesquisa e ensino que estava na base de todas as ações. Não é meu objetivo explorar todos esses aspectos agora, mas acredito ser relevante considerar essas múltiplas realidades como um pano de fundo da discussão.

Assim, o primeiro desafio que se apresentou, no início do processo, foi o de harmonizar as nove propostas de investigação dos atores formandos, apresentadas em seus projetos acadêmicos, com a concepção da encenação, as especificidades do texto dramático escolhido pelo grupo e os objetivos dos outros artistas provenientes de diferentes áreas. Para tanto, os atores

---

14 O Departamento de Artes Cênicas da Universidade Federal de Santa Maria abriga os cursos de Bacharelado em Artes Cênicas e Licenciatura em Teatro, ambos com duração de oito semestres.

foram divididos em dois grandes grupos temáticos, que realizaram práticas específicas de treinamento e criação: o primeiro grupo, formado por três atores, orientou o processo sob o viés das discussões acerca da organicidade e presença cênicas; e o segundo, com sete estudantes, concentrou suas ações no estudo teórico-prático da máscara e das influências populares encontradas no texto de Abreu, a saber, o *clown*, o bufão, o melodrama e a *Commedia dell'Arte*.

Ocorriam em média quatro ensaios semanais com o elenco. Desses, dois encontros tinham duração de quatro horas, com o trabalho focado na elaboração das cenas do espetáculo e com a presença de todo o elenco. Havia também o trabalho de musicalização e canto com duração de duas horas semanais, além de mais um ensaio de três horas voltado aos temas específicos de cada um dos grupos temáticos já mencionados. As propostas de figurino ocorriam em conversas separadas do professor-diretor com o acadêmico do Curso de Desenho Industrial.

O trabalho de criação de *Sacra Folia* iniciou com a realização de leituras de mesa. O objetivo desse procedimento era tanto familiarizar os estudantes com o texto, como aprofundar o entendimento da obra de Abreu, as motivações de sua escrita, os traços estilísticos, a definição das situações da peça, além de discutir as temáticas sugeridas pela leitura. Outra meta era aproximar os atores das personagens a partir de uma abordagem afe(c)tiva. Ao verbalizar o texto, os estudantes puderam escolher as personagens que desejavam interpretar, tendo como base uma vivência sensorial, que envolvia saborear as palavras e ouvi-las, explorando as sonoridades e os sentidos surgidos na enunciação[15].

A dinâmica da leitura era variada. Às vezes permanecíamos sentados, no entanto em diversos momentos buscamos uma abordagem baseada no jogo, valorizando a escuta, a relação com o colega e a prontidão nas respostas, utilizando jogos teatrais e resgatando outros, tradicionais como o pega-pega, visando explorar novos modos de enunciação e réplica ao texto a partir

15 Certamente não foi possível contemplar o desejo de todos os atores, mas buscou-se que o processo de abordagem da personagem partisse principalmente da relação com a materialidade da voz no processo de enunciação do texto e das ações propostas pelo autor e pelos atores.

das respostas do corpo as tarefas ligadas ao jogo. A fala, nesses casos, surgia como uma resposta física a um estímulo concreto, oferecendo novos sentidos ao texto a partir da exploração da materialidade da voz e das ações físicas.

A presença de personagens-tipo inspirados na *Commedia dell'Arte* e no circo-teatro levou o grupo a optar por um trabalho de composição centrado no corpo e nas ações físicas, voltado para a criação de 'máscaras corporais' ligadas à personalidade de cada personagem. Em todos os momentos, respeitou-se a centralidade do ator e da personagem no processo de desenvolvimento da linha de ações, além de outros dados vinculados à obra escolhida para a montagem, como a relação com o imaginário popular brasileiro e com formas espetaculares como o circo, o melodrama e a *Commedia dell'Arte*, e os deslocamentos entre o épico e o dramático, característicos da escrita de Luís Alberto de Abreu.

Assim, todas as etapas do processo de criação foram arranjadas de modo a estarem a serviço da definição das corporeidades específicas de cada personagem-tipo e do jogo, tendo na improvisação a principal ferramenta de criação.

Os exercícios de aquecimento não eram, usualmente, definidos pelo diretor, os atores sendo livres na escolha daqueles que mais lhes parecessem úteis no processo de disponibilização do corpo para a criação. Entretanto, fosse durante a realização de exercícios de alongamento dos músculos, desbloqueio das articulações e ativação e fortalecimento do sistema musculoesquelético, ou ainda durante a realização de brincadeiras e jogos teatrais, o ator era convidado a habitar o eu-aqui-agora, a permitir-se o jogo de ações e reações. As práticas não deveriam ser realizadas em uma sequência já habitual, mas como respostas aos diferentes movimentos que surgiam na sala ou às diferentes dinâmicas corporais que os exercícios provocavam. O exercício era um convite e uma ferramenta para o ator habitar-se. Também a passagem de um movimento para o outro não deveria ocorrer de modo seccionado, e sim de maneira fluida, como se cada exercício desse surgimento ao outro. Dessa forma, estabelecia-se uma relação diferenciada com o treinamento habitual de cada ator, preparando os estudantes para o trabalho com a improvisação.

O objetivo dos exercícios de aquecimento era trazer o foco para o próprio corpo, expandindo-se aos poucos a consciência para a relação com o outro e com o espaço. A partir dos exercícios de enraizamento e base, exploravam-se modos de deslocamento desde o baixo-ventre e da relação do pé com o solo. O treinamento visava também aprimorar a atenção/escuta que permite a reação não planejada à ação do outro, o jogo, a resistência física dos atores.

A partir daí testavam-se novos modos de locomoção pelo espaço, bem como pequenos gestos que surgiam espontaneamente, e eram identificados e codificados em sequências de movimentos. Essas partituras de movimento foram definidas como "partituras de trabalho", ou seja, sequências de movimentos que serviam de base para a realização de improvisações estruturadas. Os estudantes que trabalhavam com base em linguagens mais definidas, como a *Commedia*, o *clown*, o bufão e o melodrama, somavam às suas estruturas os códigos específicos das linguagens trabalhadas por eles. Ao longo do tempo, observou-se que os atores que estavam trabalhando a composição de suas personagens a partir dessas formas teatrais codificadas tinham acesso a um repertório mais específico de movimentos, ligado aos códigos de cada uma destas linguagens, o que facilitou o trabalho de definição das corporeidades das personagens. Tendo as "partituras de trabalho" definidas, a atenção pôde se voltar ao jogo.

O trabalho ancorava a atenção dos atores no momento presente e valorizava a relação entre eles. Muitas vezes, após a realização dos exercícios preliminares, os estudantes eram convidados a refazer suas partituras, realizando variações ligadas à velocidade, amplitude, relação com o espaço, e peso. Essas mesmas qualidades eram trabalhadas, também, em conjunto com exercícios de secção dos movimentos.

Esses exercícios permitiram que os atores explorassem diferentes comportamentos corporais, modos de caminhar, andar, mover-se, na busca de fazeres nascidos na fronteira do movimento intencional. Movimentos não noticiados, quebrados, não intencionais, eram acolhidos, assim como os desvios de pensamentos, as lógicas particulares e as articulações nascidas da necessidade de atravessar e ser atravessado pelo espaço e pela ação do outro. Desse modo foi possível codificar uma série de pequenos movimentos e modos de realizar ações básicas – caminhar, sentar, andar, deitar, cumprimentar, entre outras – que compuseram uma máscara corporal, um corpo não cotidiano que se mantinha em diálogo permanente com o espaço e com os demais corpos. Também permitiam a exploração e transformação dos códigos corporais específicos das linguagens trabalhadas nos ensaios individuais em novas estruturas de movimento e ação, constituindo, assim, as corporeidades de cada personagem.

Esse processo inicial visava explorar diferentes modos de relação com o corpo. Desse modo, buscou-se priorizar a construção de um conhecimento incorporado do texto, fundamentado na experimentação e exploração daquilo que o texto sugeria em termos de sensação e materialidade. Os exercícios aqui descritos tinham por objetivo facilitar o reconhecimento do corpo a partir das sensações, dinâmicas e processos, partindo da experiência de *bodyfulness*.

Caldwell afirma que o modo de vida atual a cada dia prioriza o pensamento e diminui a necessidade de exercitar e mover o corpo[16]. Ela ainda diz que o modelo social atual incentiva a desvinculação com o corpo, entendo isso (*disembodiment*) como uma política que promove a ignorância e vergonha a respeito dos processos corporais. Em contraposição a isso, a autora norte-americana propõe o termo *bodyfulness*, que pode ser traduzido como uma experiência de totalidade, ou comunhão, com o corpo. É um processo de cultivo de uma maior consciência corporal por meio de ações que, primeiro, auxiliem no processo de corporificação, seguindo-se o refinamento da atenção de modo a se ter consciência dos diferentes processos que ocorrem no corpo e são a base de sua identidade.

Em paralelo ao processo de definição da corporeidade das personagens a partir da vivência do corpo havia a exploração prática das situações do texto. Como já dito anteriormente, uma vez que os focos do trabalho eram o corpo e o jogo, optou-se pela improvisação como principal ferramenta para o processo criador.

---

16 Cf. *Mindfulness and Bodyfulness*.

A improvisação no trabalho aqui descrito insere-se dentro do que Phillip Zarrilli chama de "performance como processo psicofisiológico: corporificação e formatação da energia"[17]. Essa é uma abordagem calcada na ação, priorizando a experiência do corpo sobre a análise racionalista do material a ser trabalhado. O corpo vivenciado como conjunto de sensações, pulsões, afetos, intenções, atravessado pela presença de outros corpos, aberto a responder às demandas que o espaço-tempo lhe apresentam. Improvisar era para o grupo uma ferramenta de investigação, e nesse trabalho serviu também para explorar o material textual, as relações das circunstâncias com as corporeidades criadas durante os ensaios. Ao mesmo tempo, a improvisação também permitia o trabalho sobre si, a investigação de si por meio da ação.

Para que essa investigação acontecesse no processo de *Sacra Folia*, duas qualidades foram enfatizadas: a abertura para o Outro, seja ele o companheiro de sala, o espaço, ou uma imagem que passa pelo corpo-mente do ator; e a deriva[18], ou a capacidade de mudar de acordo com as mudanças e estímulos do ambiente, sem perder a própria coerência interna. A criação se dava a partir dessa exploração, dos rearranjos sugeridos pelo *interser*[19] com os outros e das linhas de fuga que o jogo, e o próprio *interser*, propõem.

O trabalho com a improvisação, dessa forma, partia do estabelecimento de pontos de referência objetivos, fossem eles características corporais específicas de uma personagem, tarefas, as circunstâncias do texto, a "partitura de trabalho" ou ainda os objetivos e conflitos que determinavam a relação entre as personagens-tipo. O improviso caracterizou-se como meio de produzir novos materiais, e também como rearranjo desses materiais e adaptação do ator às diferentes circunstâncias, especialmente após a estruturação das cenas e das corporeidades específicas. Nesse ponto, a noção de deriva se mostrou importante, pois os atores necessitavam manter suas ações adaptadas a diferentes circunstâncias, modificando-as a partir do trabalho

---

17 P. Zarrilli, *Psycophysical Acting*.
18 Cf. H. Maturana, *A Ontologia da Realidade*.
19 Termo cunhado pelo monge vietnamita Thich Nhan Hahn, radicado na França, referindo-se à noção budista de originação interdependente.

46 DESCREVER O INAPREENSÍVEL: OS PROBLEMAS DA DESCRIÇÃO...

sobre as dinâmicas de movimento, do espaço, ritmos e resposta às ações dos outros atores. Os indutores principais dos exercícios improvisacionais eram as circunstâncias dadas pelo texto: tempo, lugar, função e características das personagens.

No trabalho realizado com os estudantes, a improvisação serviu também como uma maneira de: (1) transmitir as convenções teatrais a partir do próprio jogo teatral, permitindo que os alunos as incorporassem de modo orgânico; (2) permitir que o indivíduo acessasse o estado criativo, contribuindo para a consciência e superação dos bloqueios corporais, sociais e psicológicos, aprimorando seus meios de expressão; (3) reelaborar o repertório pessoal de cada ator em novos arranjos, de acordo com as circunstâncias dadas pelo texto ou pelo espaço-tempo da cena.

A improvisação se ligou ao processo de desenvolvimento da autonomia do ator, caracterizando-se como um procedimento de cultivo da liberdade, tanto no sentido de o ator poder expressar-se com suas próprias palavras e ações, como ainda, de tornar próprias ações e palavras que não eram suas. Na prática em sala de trabalho, a improvisação se tornou fundamental para o exercício da capacidade do ator de compor livremente seu papel e não apenas ilustrar o material textual.

Tratava-se, assim, de se permitir experimentar, tanto no que se refere à exploração de múltiplas possibilidades de ação (e re-ação) que se apresentavam na relação dos atores com o material textual, como também à experimentação no sentido de habitar o momento. Durante o improviso, o cotidiano transbordava no não cotidiano, o conhecido no desconhecido, e o jogador-improvisador era convidado a envolver-se totalmente nas ações e na vivência do aqui e agora. A improvisação assumia, assim, um caráter conectivo, aberto, processual.

O ator era incentivado a se absorver na relação com elementos objetivos[20] para, com base neles, identificar os impulsos orgânicos que surgiam. Mesmo após a codificação da partitura de ações físicas, o ator era incentivado a não perder a

---

20 Esses elementos objetivos podiam ser objetos exteriores, como a sala, o espaço, ou uma canção; objetos internos, como memórias, associações e sensações; ou ainda, elementos ficcionais, como o roteiro, os objetivos e obstáculos da personagem, as circunstâncias dadas do texto.

O INDIZÍVEL QUE SALTA AOS OLHOS

consciência do eu no aqui-agora, de forma a manter viva a estrutura criada. Essa vida se dava a partir do contato com o ambiente (físico e psíquico), adaptando (deriva) e recriando a partitura a cada vez.

O improviso foi utilizado como ferramenta para a criação de ações e vivências, que aos poucos foram incorporadas à cena e às personagens por meio da definição de sequências de ações físicas. Nesse processo, qualquer abordagem das ações que priorizasse uma visão formalista das mesmas foi evitada. As partituras eram definidas menos pelos movimentos do que pela determinação de pontos de contato, relações espaciais entre o corpo do ator e os demais objetos, ritmos corporais e detalhamento dos objetivos e circunstâncias em que se inseria a ação. Desse modo, os atores eram estimulados a manter uma atitude criativa perante o texto e as ações físicas. A partitura era um dispositivo criativo e ainda que repetível sua forma era resultante de um processo de jogo que acontecia no momento da ação.

Ao descrever esse processo, percebo[21] que meus diários silenciam – não só neste trabalho, mas em todos que fiz até hoje – no momento em que o material se transmuta, nas partes do processo em que a intensidade é maior. E sinto que o centro do que me proponho a relatar reside nas fissuras e vazios de minha descrição. Ali, se escondem, rebeldes, os momentos em que o improviso se torna cena e que o corpo devaneia, desvia, foge. A questão que se apresenta, então, é como descrever o que não é dito, como registrar o silêncio sem que se percam as qualidades que o constituem.

Talvez eu necessite aprender com os santos e os poetas que transfiguram a palavra, pervertem sentidos, borram os limites entre sujeito e objeto. Ou ainda, seja necessário reverter o tempo, aprendendo da linguagem do mito e do sonho, de maneira a transformar o texto em caminho, transbordando a palavra em ato performático. Não se trataria, assim, de descrever o passado,

---

21 Retomo a primeira pessoa, pois o que vem a seguir refere-se a uma experiência subjetiva sobre o trabalho realizado. Trata-se aqui de refazer o mesmo movimento de quando dirigia o espetáculo, o qual consistia na interrupção de uma observação distanciada das ações dos atores em favor da atenção ao meu próprio corpo e reconhecimento das diferentes pulsões e sensações que se apresentavam a partir da minha identificação com o que ocorria na cena.

mas de dobrar o tempo de maneira a torná-lo presente. Performar uma escrita que apresenta em vez de representar. Algo como um Koan Zen que não fala sobre a iluminação – é ele mesmo uma expressão dessa experiência. Essa escrita se situa nos entre-lugares, escrita-vetor, que não se fecha em si. Antes, aponta para algo que não é ela mesma, é ação performativa que afeta quem a testemunha, mais do que comunica. Não se trataria, então, de descrever algo ao leitor, e sim de torná-lo, pela escrita, cúmplice do processo.

EXISTIR JUNTOS, POR HELOISA

Proponho esta terceira descrição como uma espécie de interrupção na trama narrativa tecida até aqui. O efeito disruptivo começa na pessoa da enunciação, que passa a ser a primeira. No caso, eu, Heloisa Gravina, que aqui escrevo na dupla posição de pesquisadora do grupo Performances: Arte e Cultura, ao lado dos outros autores deste texto, e de bailarina-criadora do trabalho Existir Juntos. A escrita na primeira pessoa não é um recurso original e nem pretende, por si só, aproximar o leitor ou promover qualquer efeito extraordinário. Simplesmente ela se impõe, neste momento, dado o caráter de descrição da experiência que pretendo acessar aqui. A experiência que sou capaz de descrever é apenas a minha.

Em julho de 2013 participei, com Gisela Biancalana, do Fórum dos Coordenadores dos Cursos de Graduação em Dança, na Unicamp. Na ocasião, ela fora convidada pelas professoras Suselaine Martinelli e Rosa Coimbra, propositoras da dinâmica das cartas que gerou o trabalho Existir Juntos, a apresentá-lo lá. Ocorreu que, na última hora, uma das bailarinas não pôde ir, e como eu também ia ao evento, Gisela me convidou para substituí-la. Eu já conhecia o trabalho, na posição de público da apresentação no Arte#OcupasM, e prontamente aceitei.

Gisela me contou como fora o processo de criação dos gestos e ações e, durante os poucos dias que faltavam para a viagem, me deixou com as cartas e as músicas, para que eu fosse me familiarizando com o material. Não tivemos nenhum trabalho em sala anterior à apresentação. Se, em um primeiro

O INDIZÍVEL QUE SALTA AOS OLHOS

momento, isso se deveu à escassez de tempo, logo adotamos mais esse fruto do acaso como parte da investigação. Além da mudança promovida pela troca de um dos intérpretes, seria também o encontro entre diferentes processos de criação para um mesmo trabalho. Enquanto Carol e Manoel tinham estudado longamente gestos e ações para as cartas, e discutido com Gisela sobre escolhas estéticas determinantes para a estrutura do trabalho, eu entrava para improvisar na própria cena.

É importante esclarecer que venho trabalhando com improvisação e processos de criação coletivos e/ou colaborativos há mais de quinze anos, de modo que a proposta reverberou em práticas de dança familiares a mim, e que me interessam especialmente como artista-pesquisadora.

Quando recebi as cartas, então, em vez de procurar gestos para elas, apenas deixei que reverberassem em imagens, estabelecendo para mim a tarefa de encontrar um gesto ou movimento para aquelas imagens no momento da cena. Ouvi as músicas, para conhecê-las, mas não fiz relações entre as músicas e as cartas.

Chegando na Casa do Lago, na Unicamp, sede daquela edição do Fórum em que aconteceria a performance, Gisela e eu encontramos Manoel e Carol. Em face das especificidades daquele contexto, conversamos e optamos por algumas alterações em relação ao que fora a estrutura do trabalho no Arte#Ocupasm. Abolimos a ideia de entrarem apenas três pessoas por vez, pois isso tornaria o tempo de apresentação muito extenso ao final de um longo dia de trabalho. Antes, dividimos o público presente em três grupos de aproximadamente vinte pessoas. Cada nova entrada de público corresponderia a uma música diferente. Fixamos um tempo de aproximadamente dez minutos por grupo de pessoas, e deixamos o final a ser determinado pelos bailarinos por meio de recursos emergentes a cada performance. Ou seja, tínhamos apenas uma ideia aproximada da duração, uma vez que não usávamos recursos externos a nossa própria sensação da passagem do tempo, e não sabíamos de antemão exatamente como seria o final de cada apresentação.

É o momento de começar a primeira sessão. A sala está completamente escura. Sei que Gisela, Susi e Rosa estão na plateia. Manoel, Carol e eu, no palco. Os dois foram meus alunos

50 DESCREVER O INAPREENSÍVEL: OS PROBLEMAS DA DESCRIÇÃO...

durante o primeiro semestre do curso e tivemos oportunidade de improvisar juntos em aula, criando algum vínculo e reconhecendo afinidades. Sinto que estamos à vontade juntos e me sinto especialmente feliz de dançar nesse contexto que até então fora tão pautado por discussões teóricas, circulando entre problemas pedagógicos, administrativos e políticos. Voltar para meu corpo dançante é uma alegria. A alegria se traduz na percepção de músculos que se soltam, e ao mesmo tempo percebo uma expectativa, que toma a forma de uma leve tensão percebida no estômago um pouco apertado e em uma tendência a prender o maxilar. Penso que posso, suavemente, desistir dessa tensão no maxilar e me dou, mentalmente, as instruções clássicas da técnica Alexander de "deixar a cabeça cair para cima e para frente, crescer e alargar as costas".

Escuto o burburinho das pessoas entrando. Alguma luz, vinda da porta aberta, dilui um pouco o breu do espaço. A luz avança trêmula pelo corredor, fazendo adivinhar as hesitações nos passos de quem porta a lanterna e toma seu tempo para se habituar a esse ambiente silencioso e sombrio. Estou deitada mais ao fundo do pequeno palco. Percebo as presenças de Manoel e Carol mais à frente, formando um triângulo comigo. Escuto minha respiração. Nosso triângulo começa a mudar de forma na medida em que o espaço é penetrado por outros corpos. Enquanto o espaço vai sendo preenchido por essas outras intensidades, vou levantando. Recebendo-as. Esperando minha primeira carta. Vejo alguém entregar uma carta para Manoel, que começa um gesto lento e que o leva mais próximo do chão. Continuo percebendo uma conexão com meus parceiros de cena, porém ela se torna progressivamente mais difusa, dando lugar a uma percepção mais intensa de outras presenças.

As lanternas recortam fragmentos de corpos e gestos no espaço. Criam lugares de luz e de sombra, produzem volumes, evocam imagens. Os corpos das pessoas que constituem o público da obra tornam-se, para minha percepção, também parte da obra. Eles se movimentam e interferem nos fachos de luz, produzem volumes, zonas de sombra, irrompem no meu campo de visão. Recebo também algumas cartas, que me levam a me deslocar pelo espaço e a jogar com ideias de esconder e expor. Partes do corpo, rastros de movimento, estar no centro de visibilidade e deslizar até o máximo da invisibilidade. Por vezes, o portador da lanterna interrompe meu caminho e subverte minha intenção inicial, iluminando onde eu queria esconder e vice-versa.

Cada carta é como um encontro, às vezes com um espectador, outras com mais de um. Às vezes, é como dançar com quem me propõe a carta; outras, é como oferecer algo. Há momentos em que minhas ações confluem com aquelas de Manoel ou Carol, ou mesmo situações em que tenho a sensação nítida de uma composição única entre nós três. Em outros, somos quase como obras independentes e a minha se restringe a mim e ao meu público ou novo parceiro de composição. Nesse processo, também me torno observadora do que acontece em torno de mim. O espaço é agora mais fluido e as formas emergem para em seguida se transformar ou desaparecer. Um desses encontros é, para mim, muito potente. Estou bem na frente do palco, próxima à coxia, em um espaço fracamente iluminado, quando um rapaz para na minha frente e me entrega uma carta. Leio apenas o título: *proteja-se*.

A palavra me remete a uma fragilidade recém-descoberta em meu corpo, e com a qual ainda não aprendera a lidar: severas discopatias degenerativas, especialmente na região da coluna cervical. O gesto de proteção que surge, então, é depositar minha própria mão na nuca e deixar que o peso da mão transmita a essa região a sensação de proteção. Sinto a musculatura do pescoço relaxar e se aconchegar na mão. Esse relaxamento me leva a uma consciência da fragilidade de todo o corpo, e a uma distensão progressiva da musculatura das costas, dos braços, das pernas. Joelhos e quadril se articulam e percebo meu corpo descrevendo uma espiral que me leva da vertical à posição deitada, costas no chão. O fluxo do movimento é contínuo e novamente a percepção da mão na nuca. Agora é a cabeça que leva a coluna a percorrer a espiral no sentido inverso, afastando ombro, costas, cintura, do chão. Pernas articulam e permitem que a cabeça e o tronco sigam na espiral até voltar a uma posição quase ereta. Dessa vez, estou de frente para o outro extremo do palco, e ainda é a mão na nuca que conduz uma caminhada muito lenta na direção da outra extremidade. A sensação de fragilidade faz com que eu nunca chegue à posição completamente vertical e produz no corpo um tônus muito baixo, como se me movesse apenas pelos ossos, sem acionar verdadeiramente a musculatura. Pelo menos não a musculatura mais superficial. Isso me parece durar horas.

A partir de minha percepção, a imagem de meu corpo é algo semiereto no espaço, avançando vacilante, podendo cambalear e cair a qualquer momento. Vejo minhas duas mãos ligeiramente à frente do quadril, e registro mentalmente que em algum momento tirei a mão da nuca e ela fez um percurso até a frente. Tenho então a memória desse percurso da mão como um rastro a meio caminho entre imagem e sensação. E então minhas mãos, palmas voltadas para baixo, encontram as pontas dos dedos de outras mãos à minha frente, essas com as palmas voltadas para cima. Não levanto a cabeça. Meus olhos, relaxados, captam as imagens do entorno sem que eu direcione o foco para nada em particular. O toque dessas mãos é leve e seguro, e produz em mim a sensação de ser suportada. Mais do que isso, um enorme aconchego. Algo próximo do choro invade meu corpo e se espalha pelos músculos. Isso faz com que eu perceba que o que era para mim um tônus muito baixo ainda guardava uma espécie de suspensão. Agora sinto meu corpo relaxar e se deixar levar por essas outras mãos. Como se, pelo toque desses dedos, todo meu corpo pudesse ser acolhido e sustentado pelo espaço.

Em algum momento se forma em minha consciência a ideia de que é a Júlia Ziviani, que eu acabara de conhecer, quem agora está me conduzindo. O pensamento não tem contornos claros, assim como não tem contornos claros o espaço ao redor ou nossos próprios corpos. O que chega dos corpos é muito mais sensação ou o que eu poderia chamar, com José Gil, de uma imagem vista desde o interior[22]. O entorno como que silencia e sou capaz de perceber que a densidade da atmosfera desse espaço aumentou. Agora nos deslocamos juntas e um público consideravelmente maior tem seu foco direcionado a nós. A cena é sombria e é como se a música tivesse silenciado, ou tido seu volume muito diminuído até existir mais como uma paisagem de fundo. Depois do que me parecem horas, nossas mãos se

22 Cf. *Movimento Total.*

afastam. Continuamos nos movendo nesse modo de conexão entre intensidades por mais algum tempo, até que nossos olhares enfim se encontram em um quase sorriso. Nossos olhos se despedem desse encontro, e em seguida o público começa a descer do palco aos poucos, até que ficamos novamente apenas os três bailarinos. No escuro, sem falar, aguardamos o próximo grupo.

Termino aqui essa breve reconstrução da experiência. Necessariamente parcial, posicionada e incompleta. Releio a descrição. Observo. Quais foram minhas escolhas narrativas? Quais questões emergem dessas escolhas e da forma que elas configuraram? Surgem questões relativas à improvisação como procedimento de criação e, portanto, produção de conhecimento em dança; à relação do corpo com o espaço, incluindo os outros corpos presentes nesse espaço; em outro nível, essa mesma relação pensada em termos de *performer* e audiência e, consequentemente, na configuração de posições de cena e plateia; a performance como criação de um espaço paradoxal em que a percepção do tempo é suspensa e perde sua linearidade, e assim por diante. Dentre essas questões, quais eu escolho para abordar aqui?

No momento de releitura, tenho em mãos já as descrições de meus colegas autores. Retorno às minhas referências de pesquisa. Elejo, então, de forma um tanto arbitrária (como é, aliás, da natureza da delimitação do que é obra, do que é dança), definir meu recorte tendo a improvisação como eixo articulador.

Minha abordagem da improvisação em dança é em grande parte tributária da tradição da dança pós-moderna norte-americana, referenciando-se especialmente no trabalho dos artistas que se reuniram em torno da Judson Church nos anos 1960 e trabalharam no sentido de ampliar os limites do que era dança, do que era cena e do que era, em última instância, corpo. Não é uma referência original. O importante, aqui, é situar de onde falo. Tal abordagem, hoje amplamente disseminada no Brasil e no mundo, chegou até mim no início dos anos 2000 por meio das bailarinas Tatiana da Rosa e Cibele Sastre, recém-chegadas de Nova York. Desde então, venho orientando minha pesquisa e(m) criação em dança a partir dessa compreensão, aprofundando suas relações com a educação somática.

Quando disse, na descrição acima, que me dou a "tarefa" de encontrar na hora um gesto que corresponda à palavra lida, essa noção de tarefa remete ao emprego feito por Ann Halprin, Yvonne Rainer e grande parte daquela geração e de seus *descendentes*, digamos assim. Segundo Tatiana da Rosa, "determinar uma tarefa libera para aprofundar na experiência, para se observar a partir de um foco definido"[23].

À tarefa explicitamente atribuída para aquela improvisação, portanto, somava-se outra, subjacente a toda minha prática de dança: a observação do corpo em movimento. Como transparece na descrição, essa observação oscila entre focos mais internos e externos, passando do interior do corpo ao que os olhos ou os ouvidos captam, e transitando pelos pensamentos, também eles passíveis de observação. Ter um foco de atenção externo, como uma tarefa, é um recurso para desenvolver o que Lisa Nelson e Daniel Lepkoff, artistas da geração pós-moderna, chamam de deslizamento da atenção (*shifting attention*), e liberar o corpo de uma tensão excessiva. Esse processo produz uma relação de permeabilidade com o espaço.

Segundo José Gil,

ter consciência dos movimentos internos produz dois efeitos: a consciência amplifica a escala do movimento, o dançarino sentindo sua direção, sua velocidade e sua energia como se se tratassem de movimentos macroscópicos; e a própria consciência muda, deixando de estar no exterior de seu objeto para penetrá-lo, abraçá-lo, impregnar-se: a consciência se torna *consciência do corpo*, seus movimentos, enquanto movimentos de consciência, adquirem as características de movimentos corporais[24].

Essa relação de imanência entre corpo e consciência produz um corpo-consciência "à espera de se conectar com outros corpos, que se abrem, por sua vez, formando ou não cadeias sem fim"[25], e criando um espaço paradoxal, não euclidiano, um espaço de intensidades, impregnado por uma *atmosfera*. É o momento, na descrição, em que percebo que meu corpo e o corpo da pessoa que dança comigo perdem seus "contornos definidos" e entram em uma relação de contágio, produzindo um efeito singular no ambiente.

23 *A Pergunta Sobre os Limites do Corpo Como Instauradora da Performance*, p. 76.
24 *La Danse, le corps, l'inconscient*, p. 21. Tradução nossa.
25 Idem, *Movimento Total*, p. 27.

Na improvisação descrita, destaco o papel da sensação de fragilidade e da aceitação dessa sensação como elemento do jogo. Por um lado, embarcar na sensação e no que ela propiciava me remete a "não dar chance para a escolha", nas palavras de Tatiana da Rosa citando a bailarina e professora Katie Duck. Permitir-se, suspender o julgamento, buscar um estado em que se consiga abrir mão do controle e aceitar que o corpo tome suas próprias decisões, a partir de suas lógicas singulares, são atitudes desejadas em improvisação.

Talvez por isso eu tenha escolhido o momento desse encontro como ponto culminante da descrição, caracterizando-o como "muito potente". Para compartilhá-lo e tentar identificar o que constitui essa potência, foi-me necessário descrever em detalhes o que acontecia a partir de minha percepção, transitando entre a concretude de gestos muito pequenos, a percepção do espaço, do outro, da sensação da passagem do tempo, da atmosfera que se configurava. No artigo intitulado "Dear Practice...: The Experience of Improvising", escrito na forma de cartas entre ela e sua prática de dança, a bailarina e pesquisadora Vida Midgelow diz:

Esses deslizamentos infinitesimais, talvez comuns, devem ser lembrados – valorizados – registrados. Permitindo que essas banalidades físicas se tornem centrais, acreditando no valor da presença delas, eu me sinto começando a me tornar vulnerável – estou começando a esquecer. E, nessa aceitação, nesse esquecimento de mim mesma, esquecimento do eu [self], penso que pode ser possível tornar-se transparente. Como o levantar de um véu, ou talvez mais apropriadamente, como um descolamento da pele, escuto os sons do mundo ao redor de mim e nada além do absorvente "agora" existe, porque estou completamente dentro do momento. Quando estou transparente, o intervalo entre nós diminui – eu o sinto –, eu me torno você. Eu me torno o que eu estou fazendo.[26]

No caso da improvisação descrita por mim, essa vulnerabilidade, bem como o encontro com o outro e a relação de contágio com o espaço decorrem da aceitação da fragilidade como componente do jogo. O que é coerente com uma perspectiva que, em dança, almeja a dissolução de lugares e conceitos estabelecidos e que são, em última instância, lugares e/ou instrumentos de poder.

26 *Dear Practice...*, p. 11. Tradução nossa.

56 DESCREVER O INAPREENSÍVEL: OS PROBLEMAS DA DESCRIÇÃO...

A busca de uma escrita que transite entre a imersão na experiência e o compartilhamento de aspectos reflexivos constitutivos dessa experiência é coerente com essa posição. Tal escrita pretende, também ela, revelar-se vulnerável, permitir a emergência de observações enraizadas na sensação, de pensamentos que brotam da intuição.

Em uma leitura posterior, observo que o trecho dedicado à descrição da experiência não deixa de produzir certo efeito totalizante. Marca claramente um início, por meio de uma introdução que ambienta o leitor, desenvolve-se, um pouco como em um filme, recriando a cena e rumando a um clímax para então se distender, acalmar e produzir uma "sensação de final". Recursos muito próximos de uma dramaturgia interessada em promover o envolvimento do espectador. Poderia ter escolhido, por exemplo, outra forma para a descrição, como fez Tatiana da Rosa em seu texto: narrar o que acontece concretamente em um trecho do trabalho *Caixas + Solo*, permeando essa narrativa pelas impressões, reflexões, significados articulados tanto no momento da performance quanto nos anteriores e posteriores a ela. A autora assim justifica sua escolha:

Essa forma de apresentação dos conteúdos é capaz de dar ideia de como o ato da performance está impregnado de pensamentos claros, e como é o trânsito entre os diferentes movimentos da consciência, o fluxo entre o que é sentido, pensado, lembrado, do que vem como *insight*, do que vem como clichê, bem como das escolhas e evoluções que vão se processando.[27]

Ali, funciona. No meu caso, escolhi, mais ou menos deliberadamente, uma descrição imersiva no que era minha experiência consciente do corpo naquele momento. Busquei uma escrita que, para mim, conectasse com o corpo, e, como bem escreve Vida Midgelow, compartilhasse com a improvisação "conexões com temporalidade, posicionalidade, experiência, presença e desaparecimento"[28]. Mesmo que a dramaturgia dessa escrita tenha, por um lado, certo efeito totalizante, o que aparece durante o momento marcado como "cena" claramente descreve

27 T.N. Rosa, op. cit., p. 70-71.
28 *Sensualities*, p. 9. Tradução nossa.

alguns aspectos e silencia sobre outros. Não crio, por exemplo, uma visão geral da cena. Essa permanece em fragmentos, rastros, luzes e sombras, cheios e vazios, incompletudes. Assim como as referências que constituíram aquela experiência não apareciam para mim como conteúdos conscientes no momento da cena, também não as trouxe durante a descrição, optando por trazê-las brevemente em um segundo momento. É apenas um enquadramento possível. Importante precisar que mesmo que experiência e discussão aqui apareçam em dois momentos é um mesmo pensamento de dança que constitui a ambos. Uma vez que entendo corpo e espaço, dentro e fora, existindo em continuidade, também esses momentos – assim como processo e obra, treinamento e ensaio, vida e dança – formam um contínuo, em que um alimenta e é realimentado pelo outro.

UM OLHAR TRÍPLICE SOBRE O CONJUNTO

Ao final desse processo de escrita, perguntamo-nos: no âmbito de uma escrita performativa, qual o efeito (de afetação? de movência da percepção?) produzido por esse conjunto não linear de descrições reflexivas? O que pode ser criado a partir dessa justaposição não higienizada, não uniformizada, de pontos de vista, momentos de processos, modos retóricos?

Nosso primeiro intuito era performatizar a multiplicidade de possibilidades de produção de conhecimento em arte. Mas não só. Também era explicitar o quanto a própria forma da escrita acadêmica por excelência (impessoal, linear, com seu vocabulário e ritmos próprios, como sugeria Susan Melrose) é uma escolha arbitrária e está longe de ser neutra ou de ser capaz de abarcar a totalidade desse conhecimento. É, acima de tudo, uma escolha dentre muitas possíveis.

Neste texto, buscamos sugerir brevemente algumas dessas possibilidades de complementaridade e reflexividade entre diferentes escolhas estilísticas de escrita como uma parte importante da produção de conhecimento em dança, teatro e performance. Assim, vimos, na primeira descrição, realizada predominantemente por meio de uma retórica não pessoalizada, emergirem questões mais relativas ao contexto no qual se desenvolve o processo de criação e apresentação de uma obra. Acessamos uma visão mais panorâmica e abrangente de processo e obra, permitindo situá-los em alguns dos grandes debates que animam a cena contemporânea. Em uma segunda descrição, observamos outro processo, também fundado na improvisação, e começamos a oscilar entre impessoalidade e pessoalidade. Experiência e olhar, dentro e fora se alternam, trazendo questões sobre as dinâmicas práticas do processo em si, detalhando escolhas de técnicas e procedimentos e iluminando algumas particularidades no uso da improvisação que o diferenciam do primeiro descrito. Por fim, apresentamos uma descrição radicalmente fundada na experiência, a qual nos leva a observar a improvisação do ponto de vista de quem a realiza, evidenciando escolhas, pensamentos, movimentos, tradições que se manifestam no próprio ato de dançar, permitindo-nos compreender a obra como apenas uma parte, um recorte, do processo.

Salientamos o quanto cada modo retórico suscita questões diferentes, assim como diferentes pontos de vista sobre uma mesma questão ou sobre um mesmo processo produzem modos diversos de olhar e refletir. Por outro lado, ao justapor essas diferentes escolhas em um espaço exíguo, um único texto, deliberadamente mantivemos os *gaps*, os vazios que as separam, imaginando que possam ser lidos como brechas, interstícios por meio dos quais novas ideias, formas, sensações, políticas do corpo, da cena e da escrita – em suma, novos modos de escrever-fazer arte – possam emergir.

Trata-se de *performar* a/pela escritura, refazendo o mesmo movimento da cena. Ao nos propormos justapor três textos diferentes recriamos a situação da sala de ensaio. Cada agente se coloca diante do outro com suas próprias referências e repertórios. As ações se interpõem, contrapõem, às vezes movimentos e palavras se desprendem, supérfluos, da ação. Há também o deslocamento constante entre uma atitude aberta, receptiva, de outra, ativa, às vezes refratária. Ao trazermos alguns dos princípios da prática da improvisação para a construção do texto é possível explorar novos modos de enunciação, uma escritura que acolha as mudanças bruscas de direção, a simultaneidade e o contraste, o distanciamento (*ele/ela/isso*) e a identificação (*eu/meu*), o individual e o coletivo (*nós*), prosa e poesia. Não perdemos,

O INDIZÍVEL QUE SALTA AOS OLHOS

entretanto, o foco inicial da pesquisa: como é possível descrever aquilo que não tem palavras? O que insiste em esconder-se nos relatos dos processos criativos? É possível falar do indizível? Essas questões resumem de certa forma um dos grandes problemas encontrados na pesquisa em arte: como conciliar a prática à teoria? Uma questão que espelha a já exaustivamente discutida separação cartesiana entre mente e corpo. Ao discutir a Prática Como Pesquisa (*PaR*, na sigla em inglês), Robin Nelson fala em um pensamento-ação (*doing-thinking*), rompendo com a ideia de hierarquia entre prática e teoria. Ele afirma: "Teoria, por assim dizer, não precede a prática, agindo como uma fôrma para ela, mas teoria e prática são, pelo contrário, imbricadas uma na outra por meio da práxis."[29]

Entendemos que uma escrita que pretenda apresentar um processo necessita ela mesma ser uma prática. Ao formular estratégias para conectar dança e escrita, Vida Midgelow desenvolve o procedimento chamado de *writing/dancing*:

Não se trata de ter um momento de experiência e escrever sobre ele a partir de um falso sentido de objetividade, em vez disso, *writing/dancing* é em si mesma uma experiência que combina um relembrar de sensação, ação e rastros de associações com o relembrar de palavras. Desse modo, ao escrever, a busca da linguagem é associativa, assim como é o ato de dançar – o segredo, nos dois momentos [...], é pegar esses (velhos, conhecidos) vocabulários para colocá-los em novos cenários, de modo que a natureza arquitetônica da linguagem permita diferentes configurações da experiência.[30]

Assim, apontamos para a possibilidade de a descrição de um processo criativo ser ela mesma um processo de criação, e o material resultante disso trazer em si elementos ligados à performatividade e às particularidades do processo apresentado. Nesse ponto, entram em jogo aspectos referentes à forma da escrita, ao suporte dessa escrita, pensando que ela objetiva não somente informar o leitor, como afetá-lo. Trata-se de um modo de escrever que busca intervir nos sentidos do leitor, em uma linguagem objetiva e também afetiva. Uma escrita que é prática,

---

29   R. Nelson, *Practice as Research in The Arts*, p. 62. Tradução nossa.
30   *Sensualities*. Tradução nossa.

60 DESCREVER O INAPREENSÍVEL: OS PROBLEMAS DA DESCRIÇÃO...

que não fala do silêncio, mas que convida o leitor a silenciar, e ainda, não recorda, antes atualiza um processo.

Essa escrita almeja igualmente situar-se na continuidade de uma tradição acadêmica, propondo uma conversa que se dá retrospectivamente com outros artistas-pesquisadores, e recordando o pesquisador de sua linhagem filosófica e filiação estética; um diálogo no presente, apresentando uma análise reflexiva do processo aos seus pares, e ainda prospectivamente, transmitindo a experiência para os futuros pesquisadores. Compreendemos, pois, que a escrita performativa, a escrita que pretende atualizar um processo e afetar o leitor, não prescinde do rigor. Esse se dá tanto na forma quanto no conteúdo da escrita, o texto sendo um tipo de reflexão-ação, ao mesmo tempo uma peça informativa e reflexiva, e um dispositivo para o sentir.

Talvez seja necessário permitir-se realizar escritas, no plural, em vez de uma escrita singular, como se fosse possível reduzir a multiplicidade de experiências e vivências de um processo de criação/colaboração a uma única narrativa linear. Ou flertar com a linguagem poética como no texto André, Ildefonso & Schutze, e também no artigo de Ana Cristina Colla, publicados no Dossiê 2 da Rede Internacional de Estudos da presença (2014). Já Bonfitto afirma a necessidade de descrições e não de uma descrição ao mencionar a noção de *thick description*.

Na tradição taoísta se afirma que não é possível falar do *tao*. No momento em que se fala do vazio, que se enche o silêncio de palavras, ambos, o vazio e o silêncio se desfazem. Porém, se não é possível falar do indizível sem anular sua própria natureza, resta-nos buscar inspiração nos poetas, que apontam o silêncio sem falar dele, permitindo que ele se faça no leitor. Tornar o indizível evidente por meio de uma palavra que é caminho.

BIBLIOGRAFIA

AGRA, Lúcio. Por que a Performance Deve Resistir às Definições. *VIS – Revista do Programa de Pós-Graduação em Arte*, v. 10, n. 1, Brasília, jan./jun. 2011.

ALEXANDER, Frederick Matthias. *O Uso de Si Mesmo*. São Paulo: Martins Fontes, 1992.

BARTHES, Roland. *Como Viver Junto*. São Paulo: Martins Fontes, 2003.

O INDIZÍVEL QUE SALTA AOS OLHOS

CALDWELL, Christine. Mindfulness and Bodyfulness: A New Paradigm. *The Journal of Contemplative Inquiry*. Disponível em: <http:// journalcontemplativeinquiry.org>. Acesso em: 1º fev. 2016.

COHEN, Renato. *Work in Progress na Cena Contemporânea*. São Paulo: Perspectiva, 1998.

CVEJIC, Bojana. *Collectivity? You Mean collaboration*. Disponível em: <http:-www.republicart.net>. Acesso em: 15 maio 2015.

ECO, Umberto. *Obra Aberta*. Perspectiva: São Paulo, 1969.

FERNANDES, Ciane. *Princípios em Movimento na Pesquisa Somático-Performativa. Resumos do Seminário de Pesquisas em Andamento*, v. 3.1. São Paulo, 2015.

FERNANDES, Silvia. *Teatralidades Contemporâneas*. São Paulo: Perspectiva, 2010.

FLASZEN, Ludwik; MOLINARI, Renata; POLLASTRELLI, Carla (orgs.). *O Teatro Laboratório de Jerzy Grotowski 1959-1969*. Trad. Berenice Raulino. São Paulo: Sesc-SP/Perspectiva, 2007.

GIL, José. La Danse, le corps, l'inconscient. *Revue Terrain*, n. 35: Danser, Sept. 2000. Disponível em: <http://terrain.revues.org>. Acesso em: 24 fev. 2007.

GIL, José. *Movimento Total: O Corpo e a Dança*. São Paulo: Iluminuras, 2005.

GRAVINA, Heloisa. Eu Tenho um Corpo, Eu Sou um Corpo: Abordagens Somáticas do Movimento na Graduação em Dança. *Revista Brasileira de Estudos da Presença*, v. 5, n. 1, 2015. Disponível em: <http://www.seer.ufrgs.br>. Acesso em: 15 jan. 2016.

KAPROW, Allan [1958]. O Legado de Jackson Pollock. In: FERREIRA, Glória; COTRIM, Cecilia. *Escritos de Artista: Anos 60/70*. Rio de Janeiro: Jorge Zahar, 2006.

MATURANA, Humberto. *A Ontologia da Realidade*. In: GRACIANO, Cristina Magro; VAZ, Nelson (orgs.). Belo Horizonte: Editora UFMG, 2002.

MELROSE, Susan. Words Fail Me: Dancing with the Other's Familiar. Towards Tomorrow? Conference, Centre for Performance Research, Aberystwyth, Wales, 6-10 April 2005. Disponível em: <http://www.sfmelrose.org.uk>. Acesso em: 31 out. 2011.

MIDGELOW, Vida. Dear Practice... The Experience of Improvising. *Choreographic Practices*, v. 2. Disponível em: <https://doi.org>. Acesso em: 15 jan. 2016.

_____. Sensualities: Experiencing/Dancing/Writing. *New Writing*, v. 10, n. 1. Disponível em: <https://doi.org>. Acesso em: 15 jan. 2016.

NELSON, Robin. *Practice as Research in the Arts: Principles, Protocols, Pedagogies, Resistances*. New York: Palgrave Macmillan, 2013.

PLÁ, Daniel Reis. *Sobre Cavalgar o Vento: Contribuições da Meditação Budista no Processo de Formação do Ator*. Tese (Doutorado em Artes), Unicamp, Campinas, 2012.

QUILICI, Cassiano Sydow. *O Ator-Performer e as Poéticas da Transformação de Si*. São Paulo: Annablume, 2015.

ROSA, Tatiana Nunes da. *A Pergunta Sobre os Limites do Corpo Como Instauradora da Performance: Propostas Poéticas – e, Portanto, Pedagógicas – em Dança*. Dissertação (Mestrado em Educação), Universidade Federal do Rio Grande do Sul, Porto Alegre, 2010.

RUHSAM, Martina. I Want to Work with You Because I Can Speak for Myself: The Potential of Postconsensual Collaboration in Choreographic Practice. In: COLIN, Noyale; SACHSENMAIER, Stefanie (eds.). *Collaboration in Performance Practice*. London: Palgrave Macmillan, 2016.

ZARRILLI, Phillip. *Psycophysical Acting: An Intercultural Approach after Stanislavski*. London/New York: Routledge, 2009.

Descartes e a Espessura do Impalpável

Matteo Bonfitto

PENSAR POR LENTES, FILTROS E DISSOLVÊNCIAS

Muitas vezes, as reflexões que nos mobilizam acontecem de maneira particular. Dentre os processos que podem ser gerados por tais reflexões, alguns deles poderiam ser comparados a uma espécie de vertigem. Mas há vertigens e vertigens. Há vertigens em que a turbulência dos sentidos não compromete a qualidade de atenção de quem as vivencia, porém há outras que podem nos fazer perder de vista os gatilhos ou os pontos de partida que as geraram. Sem estabelecer hierarquias entre as reflexões e suas vertigens, o risco nesse segundo caso é de permanecermos diante de um mosaico plurifocal que nos aprisiona em um olhar generalizante. A fim de evitar esse risco, farei referência ao elemento disparador da reflexão que será feita aqui. Trata-se de uma pergunta, não de uma pergunta qualquer, mas de uma pergunta especial, potente, que pode ser geradora de inúmeros e inesperados desdobramentos: o que não é possível descrever quando se descreve o processo criativo?

A fim de lidar com a vertigem produzida por essa pergunta, que norteou o trabalho do grupo dirigido por Gilberto Icle, gostaria, primeiramente, de observá-la devagar. Esse olhar

64 DESCREVER O INAPREENSÍVEL: OS PROBLEMAS DA DESCRIÇÃO...

produzirá aqui, por sua vez, um percurso em espiral que iniciará pela verticalização da pergunta referida acima, desdobrar-se-á por meio do exame de um processo criativo vivido em primeira pessoa – *Descartes* –, para então retomar a pergunta inicial, examinando-a com lentes mais ampliadas. Sendo assim, uma das implicações a serem destacadas é que este capítulo se propõe não como a análise de um processo de criação simplesmente, mas como um entrelaçamento entre dois processos criativos: o primeiro que emerge da criação de *Descartes* e o segundo produzido por uma reflexão, ao mesmo tempo individual e coletiva, feita nesse caso.

Partindo da pergunta em questão, é possível perceber que ela é permeada por uma negativa que instaura um tom, uma espécie de condição inicial para a reflexão que a dirige para algo "não". Em seguida ela instaura um tipo de paradoxo – "o que não é possível descrever quando se descreve" – que poderia ser visto como uma provocação, uma aporia, ou um tipo de *koan*[1]. Colocado em forma de pergunta, esse paradoxo tem no centro o ato de descrever. A questão da descrição – aspecto extremamente importante, não somente na filosofia em geral e na filosofia da linguagem em particular, como na produção de qualquer tipo de conhecimento –, por sua vez, acrescenta uma camada a mais no paradoxo, tornando-o específico e relevante ao mesmo tempo. Diante de tal pergunta não somos simplesmente peças de um jogo de linguagem, antes somos colocados nos limites de sua fronteira, na ponta de seu abismo; somos forçados a vivenciar algo que remete à experiência camusiana do estrangeiro.

Considero, assim, tal pergunta como fundamental em muitos sentidos. Do ponto de vista artístico, ela abre espaço para que possamos perceber aspectos que frequentemente passam despercebidos nos processos criativos no âmbito das artes cênicas, tais como a relação entre linguagem, percepção e pensamento. No que diz respeito aos processos criativos, há muitas maneiras

---

1 Fazer referência aos *Koans* em uma nota de rodapé pode ser visto como algo extremamente questionável dada a complexidade envolvida nessa noção. De qualquer forma, a fim sobretudo de incitar a curiosidade do leitor, pode-se dizer que os *koans* são dispositivos de ampliação perceptiva gerados a partir de narrativas, afirmações, diálogos ou perguntas geradoras de fricções lógicas que podem chegar ao nível de aporias. Ver, nesse sentido, dentre outros, Thomas Cleary, *Unlocking the Zen Koan*.

de se abordar a questão da impossibilidade de descrição. Pode-se ater aos processos perceptivos especificamente, vistos de maneira isolada, assim como pode-se considerar também uma rede de fatores sociais, ético-políticos e culturais.

Quando reflito sobre os materiais já lidos de nosso Dossiê 1, contendo descrições de processos criativos, percebo que em muitos casos tais descrições são de certa forma idealizadas, higienizadas: relata-se o que "deu certo" nesses processos, porém a presença de dificuldades é rara. Um aspecto interessante nesse sentido está associado às estratégias utilizadas nessas situações de dificuldade.

Vejo esses momentos como cruciais nos processos criativos. Ao lidar com as dificuldades, em seus diferentes níveis e tipos, o artista pode fazer opções que o lançam para territórios desconhecidos por ele até então. Talvez sejam eles os momentos mais cruciais, em que a descrição do já sabido encontra os próprios limites. Ou o artista pode adequar a dificuldade encontrada aos padrões e aos modos de fazer já conhecidos, ou pode ainda criar possibilidades que estão entre esses dois extremos, possibilidades essas que articulam esses extremos abrindo espaço assim para um caminho híbrido.

Contudo, o lidar com as dificuldades e com o não saber nos processos criativos envolve vários aspectos artísticos e extra-artísticos. Entramos nesse ponto em um território que poderíamos chamar de sociologia política do fazer artístico, entretanto o aspecto interessante a ser observado aqui é a relação entre descrição e qualidade de relação com o próprio fazer artístico, entre ética, criação e produção de conhecimento, cuja construção de estratégias de diferenciação pode levar os processos criativos a se transformarem em simulacros. Já as descrições de tais processos podem funcionar como agentes produtores de uma aura permeada de autorreferencialidades de difícil acesso.

Ao abordar a diferença entre o treinamento visto como "práxis" e o treinamento visto como *poiesis* nos processos de atuação em Peter Brook[2], busquei examinar processos que lidavam com dificuldades de criação e com a ampliação de horizontes perceptivos. Acredito que esses aspectos podem ser interessantes

---

2   Cf. M. Bonfitto, *A Cinética do Invisível*.

para evidenciar modos de descrição dos processos criativos. Se, no treinamento como práxis, parte-se de práticas determinadas muitas vezes por objetivos estabelecidos *a priori*, no treinamento como *poiesis*, as práticas surgem da lógica flutuante do próprio processo criativo e, nesse caso, a tentativa de descrição é significativamente mais complexa.

Ao seguir um movimento em espiral, o refletir sobre os processos criativos nos traz novamente aos processos de sua elaboração, nesse caso a questão da descrição. Em que nível o reconhecimento da existência do que não pode ser descrito nos processos criativos implica em uma atitude real de cultivo a pesquisa em uma busca pelo não saber? Essa problemática nos leva, parece-me, a considerar a relação entre ética, linguagem e experiência. Ao mesmo tempo, em que medida a linguagem dá conta das experiências criativas? Essa pergunta parece ter a idade da emergência da consciência. Mas o interessante aqui é perceber essas questões não como dadas, ou seja, aceitar simplesmente o fato de que as palavras não são suficientes para materializar as experiências. Isso seria reforçar o já supostamente sabido. É necessário trocar as lentes, reajustar os focos, ou simplesmente tentar ir além.

De quais experiências estamos falando? Há inúmeras experiências que são geradas exatamente pela palavra. A questão do performativo, por exemplo, surgiu da linguística e do reconhecimento da força das palavras. Shakespeare inventou milhares de palavras e expressões e ao fazer isso ele não ampliou simplesmente o número de páginas do dicionário, mas nos fez perceber a existência de processos perceptivos, de qualidades sensíveis, de articulação entre saberes em muitos níveis. Ele nomeou, assim como fazem os filósofos, mesmo que de maneira diferente, incontáveis indizíveis. Foucault, ao refletir sobre a relação entre as palavras e as coisas também aponta para um tensionamento produtivo e não para uma situação dada[3]. Há também a palavra na psicanálise, que tem uma função importante de catalisadora de tensões reveladoras como aponta bem Lacan[4]. Parece-me que a manutenção da ideia da limitação das palavras em relação às experiências seja uma estratégia paralisante, que

3   *As Palavras e as Coisas.*
4   Cf. *O Seminário, Livro 16: De um Outro ao Outro.*

DESCARTES E A ESPESSURA DO IMPALPÁVEL

acomoda e nos impede de continuar desenvolvendo investigações nesse sentido.

Assim como há muitos tipos de palavras, há muitos tipos de descrição. Seria importante, nesse caso, considerar noções que nos permitam ir além do senso comum que vê a descrição como espelhamento objetivo da realidade. Reflitamos, por exemplo, sobre a noção de "descrição espessa" (*thick description*), colocada por Geertz[5].

Ao elaborar essa noção, Geertz nos mostra como a descrição vai muito além de um exercício objetivante. O que chama de *thick description* de fato envolve não somente o que se decodifica, o que se decifra do já conhecido, como também uma projeção de todos os fatores e processos perceptivos, sensoriais, subjetivos, enfim, que estão envolvidos na descrição. Ele explora uma fenomenologia que não é movida necessariamente por "essências", mas abre espaço para a captura de processualidades que se materializam no ato da descrição, com suas contradições e tensões. Ou seja, não há uma noção homogeneizante de descrição, há noções de descrição, no plural. Esse reconhecimento ao mesmo tempo me possibilita uma percepção mais precisa do que pode estar envolvido na produção de uma "teoria da prática", que será buscado na segunda parte deste escrito, quando o processo criativo de *Descartes* passará a guiar o desenvolvimento do discurso[6].

O ato de descrever envolve vastas implicações interdisciplinares que ultrapassam imensamente os limites da reflexão proposta aqui. Como aponta Russell[7] e a filosofia analítica[8], por exemplo, a descrição envolve necessariamente uma complexa relação entre os sistemas de referência de seus autores. Em âmbito semiótico, Peirce, em suas elaborações reconhece ao menos três tipos de descrição: qualitativa, indicial e conceitual[9]. Neste escrito, o paradoxo proposto pela pergunta já

5   Cf. *A Interpretação das Culturas.*
6   *Descartes* teve sua estreia no Festival Internacional de Teatro de São José do Rio Preto. Mais tarde foi apresentado no Studio Theatre, em Londres. Uma nova versão foi apresentada na Mostra Internacional do Sesc-SP, assim como na Mostra Performa Teatro ocorrida no Teatro Tuca, em São Paulo. Esse trabalho compõe o repertório de trabalhos em andamento do Performa Teatro (Núcleo de Pesquisa e Criação Cênica). Disponível em: <www.performateatro.org>.
7   Cf. *The Problems of Philosophy.*
8   Cf. A.P. Martinich; D. Sosa (eds.), *Analytic Philosophy.*
9   Cf. C.S. Peirce, *Collected Papers of Charles Sanders Peirce.*

68 DESCREVER O INAPREENSÍVEL: OS PROBLEMAS DA DESCRIÇÃO...

referida – que tem a questão da descrição como foco privilegiado – será abordado fenomenologicamente, envolvendo diversas referências, além das elaborações de Geertz, também as de Merleau-Ponty[10] e de Heidegger[11], dentre outros. Contudo esses olhares não devem ser confundidos com a luneta que utilizamos para observar lugares distantes; tais referências são vetores, lentes direcionadas para um duplo foco – os modos de descrição de um lado e o processo vivenciado em *Descartes* de outro – que não ameaçam as inesperadas elaborações que podem emergir do processual de minha reflexão, de meu espanto e de minha admiração.

A ESCOLHA DA OBRA

Como mencionado, essa reflexão tem como um de seus focos o espetáculo *Descartes*, uma performance-solo atuada por mim e que representa uma das produções artísticas do Performa Teatro. A escolha dessa obra se deu por várias razões, algumas delas conscientes. A razão mais direta é a pertinência do processo criativo ocorrido nesse caso em relação à "pergunta-matriz", que deu origem aos escritos coletados nesta primeira publicação da Rede Internacional de Estudos da Presença. De fato, me deparo em *Descartes* com impossibilidades descritivas em muitos níveis.

Além disso, ao ser colocado por essa pergunta diante de tal impossibilidade, percebi que o caminho mais estimulante de investigação seria partir de um processo criativo vivido em primeira pessoa, pois essa condição me permitiria abordar a dimensão do indizível e do não verbalizável do ponto de vista do produtor, aqui o artista/autor da obra, e não do receptor, situação de certa forma bem mais investigada na historiografia das artes, em geral, e das artes cênicas, em particular. De fato, inúmeras questões contemporâneas, relacionadas à representação e à não representação, à autorreferencialidade, às processualidades e ao devir performativo, dentre outras, são muitas vezes

---

10 Cf. M. Merleau-Ponty, *Phenomenology of Perception*; idem, *O Visível e o Invisível*.
11 Cf. *The Question Concerning Technology and Other Essays*.

abordadas do ponto de vista da recepção, por pesquisadores prevalentemente teóricos que se valem de um olhar analítico, correndo o risco de se manter distante das simultaneidades perceptivas que ocorrem frequentemente nos processos criativos. Tais aspectos fazem parte, desde já, da construção de um horizonte perceptivo que permeará esse escrito e que é, por sua vez, instaurador de tensionamentos. Tensionamentos porque – problematizando as observações feitas acima – não há de fato uma separação entre teoria e prática, entre produção e recepção, ou entre olhar externo e interno. Esses tensionamentos, mais do que instaladores de problemas, servirão para produzir as centelhas que iluminarão, em alguns momentos mais intensamente e em outros quase imperceptivelmente, o caminho a ser traçado aqui.

De qualquer forma, a busca por uma teoria da prática não é algo simples de ser buscado. Esse teorizar nos remete de certa forma à origem da noção de teoria, ou seja, nos remete à *theoria,* que em grego antigo significa contemplação da verdade. Sem adentrar nos meandros etimológicos que conduziriam essa reflexão para outros horizontes, é interessante observar aqui que por "contemplação da verdade" pode-se entender – de maneira extremamente simplificada – não um olhar apaziguado dirigido para um acontecimento, e sim uma ação de escavação perceptiva movida pela necessidade de captação das especificidades que fazem de uma experiência algo singular. Talvez esse resgate seja útil para que possamos perceber algumas dificuldades que permeiam a busca de construção de uma teoria da prática. A partir desse resgate, pode-se entender mais claramente que, em sintonia com a noção de *theoria,* busca-se não simplesmente a explicação ou decifração de processos, nesse caso de processos criativos, como a instauração de um processo de escavação perceptiva movida pela necessidade de reconhecer a existência de algo específico.

A metáfora espacial da escavação foi escolhida aqui porque ela me pareceu eficaz, todavia ela não deve remeter simplesmente a uma ação externa ao sujeito que escava. Trata-se de uma escavação em duplo sentido: sou movido por algo e a busca pela captação de sua singularidade faz com que os meus pressupostos, minhas crenças, minhas elaborações já feitas tenham que ser revistas, reformatadas, reposicionadas ou mesmo deixadas

70 DESCREVER O INAPREENSÍVEL: OS PROBLEMAS DA DESCRIÇÃO...

de lado. A teoria da prática vista como escavação pode, sem deixar de lado o intelecto, abrir espaço para ser também ela um processo criativo que envolve não somente a utilização de elaborações já existentes, mas também a criação de novas elaborações, novos conceitos e modos de inteligibilidade.

Portanto, como mencionado anteriormente, na segunda parte da reflexão dois processos criativos estarão em relação: de um lado o processo criativo de *Descartes* e de outro um segundo processo criativo, que emerge da reflexão/embate/ escavação sobre o/com o/do primeiro.

Tentarei, assim, a partir deste ponto de minha reflexão, escrever menos *sobre* a pergunta-matriz já referida – o que não é possível descrever quando se descreve o processo criativo? – para buscar abordá-la *por meio* do processo criativo de *Descartes*. A fim de viabilizar tal abordagem, talvez seja importante suspender ou mesmo dissolver grande parte do supostamente já sabido dessa experiência.

"DESCARTES"

Começo pelo começo. Pelas razões – aquelas conscientes – que me moveram a criar e fazer parte desse projeto. São várias as razões conscientes, pessoais, intelectuais, artísticas e espirituais. Uma delas está relacionada com uma certa indignação filosófica, com a percepção de que Descartes, sobretudo ao longo do século xx, foi excessivamente massacrado por aqueles que o acusaram em função das implicações catalisadas no cogito, ou seja, pela máxima: *Cogito, ergo sum* (Penso, logo existo). Sem desconsiderar a importância das críticas dirigidas ao cogito, como porá de Merleau-Ponty em sua *Fenomenologia da Percepção*, reconheço na produção filosófica e científica de Descartes um horizonte amplo de questões e contribuições significativas tais como a dúvida metódica, a noção de moral provisória, seus estudos no campo da matemática e da óptica, além de suas meditações metafísicas. Foi exatamente ao explorar uma dessas meditações que definimos – eu e a equipe de criação – o material que seria utilizado como ponto de partida desse processo criativo.

A meditação escolhida foi a quarta (IV), intitulada "Do Verdadeiro e do Falso". Além das questões religiosas, muitas outras emergem nesse escrito, as quais relativizam as percepções manifestadas sobre Descartes, inclusive o próprio dualismo mente-corpo. Ele afirma

agora, não somente sei que existo na medida em que sou alguma coisa que pensa, mas apresenta-se também ao meu espírito uma certa ideia da natureza corpórea; o que faz com que eu duvide se esta natureza pensante que existe em mim, ou antes, pela qual eu sou o que sou, é diferente dessa natureza corpórea, ou ainda, se ambas não são senão uma mesma coisa[12].

Portanto, mais do que reforçar percepções cristalizadas sobre Descartes, optamos, eu e a diretora Beth Lopes, por uma exploração das ambiguidades e incertezas que permeiam a sua obra e, mais especificamente, a meditação metafísica em questão. Desse modo, a dúvida metódica deixou de ser somente um traço de sua filosofia e passou a ganhar relevo em nosso projeto artístico, transformando-se em uma lente pela qual olharíamos para os seus escritos.

A questão da relação entre a verdade e a mentira também contribuiu para a escolha desse material. Havia lido há pouco tempo o livro *Mentiras Que Parecem Verdades*, de Umberto Eco que gerou várias questões interessantes, relacionadas às manipulações retóricas. Além disso, entraram em jogo questões de caráter existencial. Viver em um país como o Brasil tendo vivido fora dele por vários anos criou condições de tensionamento que se conectam diretamente com a relação entre verdade e mentira, não somente em função da corrupção na política, mas também no âmbito da micropolítica; de uma percepção mais sutil e ainda vaga relacionada até com a própria utilização da língua no Brasil, que me parecia revelar de certa forma um afrouxamento da relação entre verdade e mentira.

A continuidade da leitura dessa meditação, no entanto, tornou cada vez mais evidente a necessidade de um trabalho que pudesse ampliar a ressonância gerada pelas problemáticas

---

12 *Descartes: Obras Escolhidas*, Meditação Quarta – Do Verdadeiro e do Falso, p. 174-175.

tratadas por Descartes. Várias questões me mobilizavam então. Em que medida a escolha da palavra "meditação" por Descartes teria ressonâncias com as implicações que emergem dos exercícios espirituais praticados nas culturas asiáticas e também na filosofia antiga chamada Ocidental? Nesses casos, a meditação não se limitaria a um exercício intelectual, ela envolveria a destilação de uma relação em que o praticante e a prática se dissolvem reciprocamente. A sensação que tinha na época é que aquelas palavras do texto original de Descartes haviam se transformado em uma foto desgastada pelo tempo que dificultava o reconhecimento dos seres que a compunham, como se o material apontasse e camuflasse a "carne" das experiências que fizeram nascer o seu escrito. Resolvemos, então, abrir espaço para fazer uma espécie de incursão no material original, criar condições para atravessá-lo de alguma forma. Poderia chamar esse processo de "adaptação", no entanto esse termo não seria preciso, pois não se tratava de tornar mais acessível ou de "modernizar" o material. Queríamos ir além da superfície daquelas palavras. Além de cotejar a tradução em português com o original em francês, demo-nos conta de que precisávamos de um colaborador que fosse um artesão das palavras, que fizesse delas verdadeiras iscas de experiências.

Entramos em contato, então, com o escritor Fernando Bonassi. De maneira totalmente inesperada, pude vivenciar uma experiência particular e nova para mim: escrevemos juntos a adaptação do texto original. Após lermos o texto individualmente, combinamos um encontro na casa de Fernando e lá experimentamos uma redação a quatro mãos. Conversamos um pouco e quando vi o processo de escritura já estava acontecendo. Sem lembrar bem os detalhes dessa transição, em função do fluxo performativo que se instaurou, dizíamos as palavras e frases e Fernando ia escrevendo, sem que discutíssemos as escolhas. Passadas algumas horas, tínhamos na mão um texto produzido de certa forma por três autores. Descartes não poderia ser excluído, uma vez que a sua meditação, complexa em seus conteúdos, porém repleta de imagens, foi a matriz de nossas sensações, associações e visualizações.

Ao refletir hoje sobre essa experiência, noto que ela, que naquele momento pareceu seguir um percurso que pode ser

DESCARTES E A ESPESSURA DO IMPALPÁVEL 73

associado ao da escritura automática surrealista, foi permeada por alguns vetores reconhecíveis. Mantivemo-nos porosos não somente em relação aos estímulos fornecidos pelo texto de Descartes, mas também em relação ao que emergiu daquele encontro, naquela tarde de abril, naquele escritório. Houve um exercício de escuta, como se cada palavra ou frase proferida pelo Outro abrisse novas possibilidades de significação.

Essa experiência, contudo, não deve ser higienizada. À medida que o fluxo foi se instaurando, uma percepção de banalização do material original despontou em vários momentos, como se estivéssemos transformando, sem perceber, algo "pluri'" em algo "mono", uma matriz de significações em um plano, algo estranho em algo conhecido. O desenvolvimento do processo criativo mudará essa percepção, mas é interessante notar as oscilações e os pontos cegos que podem permeá-lo, como aponta Sophie Proust no Dossiê 2.

Definimos, então, após a escritura do texto, uma estrutura composta por sete movimentos: (1) Do Nascimento; (2) Da Educação; (3) Do Amor; (4) Do Meu Encontro Com Deus; (5) Do Trabalho; (6) Nós Duvidamos; (7) Da Morte[13]. Chamamos de "movimentos" em função de alguns pressupostos relacionados com esse termo, presentes no meu *O Ator Compositor*. Ali, estabeleceu-se, baseado também em escritos de inúmeros artistas da cena, que um movimento seria, ao mesmo tempo, um deslocamento no espaço-tempo que pode se manifestar em diferentes níveis, da maneira mais explícita até a sua maior latência, além de ser também instaurador de processualidades que, uma vez vetorizadas, dariam vida a um *spectrum* de possibilidades: desde forças e irradiações até ações e gestos. Por isso movimentos.

Uma vez definido o material, eu e a diretora Beth Lopes o deixamos temporariamente de lado e iniciamos um processo de exploração de partituras corporais e vocais. Nesse caso, o ponto de partida foi o trabalho com animais. Em termos corporais foram explorados três: gato, cachorro e águia. O objetivo nesse caso não era a reprodução da aparência de tais animais, e sim a

---

13 Optamos por não tratar diretamente do estudo desenvolvido por Descartes sobre as Paixões – expansivas e compressivas – mas tal estudo permeou vários dos movimentos definidos nesse caso.

74   DESCREVER O INAPREENSÍVEL: OS PROBLEMAS DA DESCRIÇÃO...

incorporação (*embodiment*) de qualidades expressivas que os particularizam, qualidades que não vemos, contudo percebemos. Sendo assim, trabalhamos a partir de impulsos, variações rítmicas, níveis de energia, intensidades, dilatação e compressão de ações e fluxos, vistos em seus percursos e oscilações. Cada animal era explorado por meio de tais aspectos, gerando assim, sequências de ações. Ao final do percurso, havíamos produzido três sequências que foram gradualmente entrelaçadas.

Após entrelaçar o material produzido a partir da pesquisa com os animais, começamos a definir uma partitura, e nesse momento notei de maneira mais consistente quais eram os parâmetros envolvidos na seleção e no descarte de material. Comecei a perceber, de maneira mais clara, mecanismos que podem determinar o funcionamento ou não do material de atuação produzidos para esse projeto. Reconheci gradualmente que o material selecionado era aquele gerador de ignições psicofísicas.

Entretanto, em alguns momentos durante os ensaios, a diretora inseriu material que não tinha, inicialmente, o mesmo potencial expressivo. Nesses casos, a exploração se deu por um caminho específico, que envolveu diferentes níveis de apropriação. Em outras palavras, se em alguns casos o material selecionado foi aquele que já funcionava como ignições psicofísicas, em outros casos, o material, utilizado como "estrutura oca" foi apropriado para, a partir de então, adquirir um potencial de ignição. Nesses últimos casos, talvez seja possível dizer que o que inicialmente era uma marcação ou desenho se transformou em ação.

Um percurso semelhante parece ter acontecido com a criação de partituras vocal-corporais[14]. O trabalho com animais foi explorado também aqui. Foram eles: papagaio verde, coruja, ovelha, boi e tigre. Esse processo não partiu de uma mimese do que é visível, mas sobretudo do que é perceptível, e o trabalho envolveu a materialização de impulsos, de variações rítmicas, de intensidades, fluxos, energias, acrescido das alturas e dos timbres. Também nesse caso pude vivenciar a progressiva apropriação de material, que gerou outras ignições psicofísicas.

---

14   Refiro-me aqui à criação de partituras vocais-corporais devido à impossibilidade de dissociação entre voz e corpo.

Em *Descartes,* a produção de simultaneidades expressivas emergiu ainda de uma articulação específica, composta por elementos relacionados com o horizonte de tensões presentes nas obras e na vida do filósofo francês. Tais simultaneidades surgiram a partir do momento que as partituras foram articuladas com o texto produzido em parceria com Fernando Bonassi, sobretudo porque, nesse período, algumas tensões mencionadas acima passaram a agir como uma espécie de subpartitura, ou em outras palavras, como uma rede de estímulos geradores dos impulsos que compõem as partituras. Dentre as tensões reconhecíveis na obra de Descartes, escolhemos aquelas geradas pela noção de "dúvida metódica", pela noção de "moral provisória", e pelo desejo de "matematização do mundo". Dessa maneira, os sete movimentos referidos anteriormente, além de serem materializados pelas partituras, foram diferenciados por meio de modos específicos de articulação.

Uma camada ulterior, somada a essas tensões foi assimilada na segunda versão de *Descartes,* apresentada em 2008[15]. Tal camada foi gerada pela leitura de vários estudos, dentre eles o livro *O Caderno Secreto de Descartes,* de Amir D. Aczel, no qual, podemos perceber de maneira mais evidente as incertezas do filósofo francês e a sua relação com as assim chamadas ciências ocultas, por meio de seu contato direto com a Rosa-Cruz[16].

Uma vez articulados os materiais – texto e partituras – por meio dessas camadas, decidimos que eles necessitariam não de uma cenografia convencional, e sim de um "lugar" que teria a função de potencializar as metáforas já construídas. Definiu-se, então, após várias ideias e experimentações, a utilização de uma passarela amarela, sobre a qual estariam dispostos de maneira precisa cerca de oitenta ovos brancos. Em uma das extremidades da passarela vinte pintinhos amarelos reais permaneceriam dentro de uma caixa. O figurino foi composto de uma calça e uma camisa confeccionados com plástico transparente, e a

---

15 Além da utilização, na última cena, de uma projeção de imagens que remetiam a fluxos de consciência, essa segunda versão contou com a colaboração de Gisela Dória na preparação corporal.

16 Ordem que se tornou publicamente conhecida no século XVII e faz parte do que poderíamos chamar de tradição esotérica ocidental. Suas práticas e orientações propagam a crença na evolução espiritual da humanidade. Cf. *site* da Rosa-Cruz: <https://www.amorc.org.br/>.

iluminação foi feita com lanternas utilizadas pelos próprios espectadores. Em termos sonoros, uma trilha criada por Marcelo Pellegrini permeou a performance.

Essas são elaborações feitas até esse momento a partir do processo criativo de *Descartes*. Ao relê-las, dou-me conta de que estou na ponta de um *iceberg* que esconde uma enorme porção de seu corpo, que, para ser percebida, requer a exploração de processos de ampliação perceptiva.

DO QUE NÃO PODE SER DESCRITO

As escolhas estéticas, expressivas, sensíveis, feitas durante um processo criativo, muitas vezes, não são determinadas por justificativas intelectuais. Além disso, no caso da atuação em *Descartes* a simultaneidade de sensações, processos perceptivos e associações mais ou menos recônditas dificultam ainda mais a produção de descrições. Nesse ponto, novas dificuldades emergem, esbarro em aspectos que estão relacionados com o que poderíamos chamar de produção de materialidades da cena.

Ao atingir esse ponto de minha reflexão me pergunto: como lidar com a descrição de tais materialidades no caso de *Descartes*? Como lidar com a simultaneidade de estímulos e ocorrências que acontecem durante o processo de atuação? Penso sobre esse problema e me recordo das tentativas de dar conta da questão das materialidades feitas pela semiótica, por exemplo, em que por meio de quadros e tabelas buscava-se reconstruir as ocorrências simultâneas que acontecem em um espetáculo teatral: música/som, luz, atmosfera, gesto, conteúdo narrativo etc. No entanto, logo essas estratégias se revelaram contundentemente insatisfatórias, pois caíam em uma tentação objetivante que reforçava a sensação de aparente incapturalidade da experiência.

Volto para *Descartes*, quero ir devagar, *representificar* o estado no momento inicial em que estou deitado no chão de olhos fechados e percebo as luzes das lanternas operadas pelos espectadores sobre mim. Penso sobre o figurino de plástico e sobre a passarela amarela repleta de ovos brancos. Penso sobre o período em que eu, prematuro de oito meses, passei na incubadora do hospital da zona leste de São Paulo. Penso sobre a

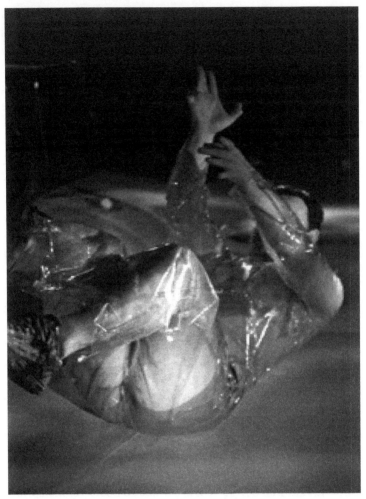

FIG. 1: *Matteo Bonfitto em* Descartes. *São Paulo, Mostra Performa, Teatro Tuca, 2011. Foto: João Maria.*

música que tocava baixinho ao mesmo tempo que os pintinhos piavam dentro da caixa colocada no outro lado da passarela. Penso sobre as pesquisas desenvolvidas por Descartes no campo da óptica, assim como percebo uma conexão entre os ovos que me circundam e a busca incessante do filósofo francês pela compreensão de uma dimensão originária, ontológica do ser humano, uma busca cega oprimida pela igreja que me ajuda a perceber o sentido e a necessidade de permanecer de olhos fechados durante a execução das partituras executadas nos dois primeiros movimentos – "Do Nascimento" e "Da Educação".

Penso sobre o encadeamento dos movimentos e sobre a relação de não causalidade entre eles. Penso sobre essas ações construídas não a fim de contar uma história, nem de representar uma personagem específica ou materializar um superobjetivo. Apesar do percurso desenhado do nascimento até a morte, a ordem interna foi definida por razões que envolveram de maneira mais palpável a dramaturgia da cena – o que poderíamos chamar de a lógica do fazer ou de lógica da prática – do que um encadeamento conteudístico. A articulação dinâmica existente entre corporeidades, sonoridades, entre os cromatismos produzidos pelos ovos, que ao se quebrarem iam revelando diferentes cores e matizes, os reflexos de luz produzidos pelos feixes das lanternas que se chocavam com o plástico transparente do figurino, a voz que despontava de estados instaurando paradoxos sonoros. Penso sobre o desequilíbrio crescente provocado pelo contato entre um par de tênis de camurça bege e sola de borracha com as substâncias saídas dos ovos e que se espalhavam pela passarela.

Percebo, então, que esse novo dado poderia ser um procedimento que materializaria exatamente a qualidade que estávamos buscando ao longo do processo criativo: a tensão entre a busca de precisão e o desequilíbrio, a busca da certeza permeada por uma camada profunda de incerteza, a necessidade de controle e a emergência do descontrole, a busca de ascensão espiritual e o dever de lidar com a gravidade do corpo que cai, irremediavelmente. Percebo que ele representava o procedimento que poderia aglutinar o feixe de tensões que ao nosso ver instauraria o universo cognitivo/perceptivo de nosso material.

Não um debate sobre o amor, o meu encontro com Deus, sobre o trabalho, sobre a dúvida ou sobre a morte, mas estilhaços de experiências, produzidos pelos fragmentos dos ovos que se quebram.

Penso sobre a luz que me cega e sobre o Iluminismo, que via na razão seu farol primordial. Penso sobre as partes que eram muitas vezes iluminadas, de meu corpo e da cena. Penso sobre a fragilidade dos ovos, sobre a fragilidade das relações, dos conceitos e da vida. Penso sobre a relativização do tempo e sobre o tempo das experiências. Penso sobre os 45 minutos que parecem materializar algo que não é possível de ser mensurado matematicamente.

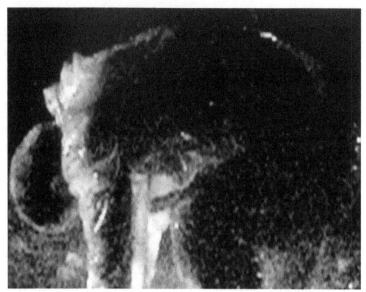

FIG. 2: *Matteo Bonfitto em "Quarto Movimento: Do Meu Encontro Com Deus". São Paulo, Mostra Performa, Teatro Tuca, 2011. Foto: João Maria.*

O ser ficcional criado nesse projeto tenta materializar a busca pela transparência já em seu figurino de plástico. Deslocando-se em uma passarela de linóleo amarelo, iluminado pelos espectadores com lanternas e circundado por ovos brancos, ele age como um cego que finge ver, como alguém que parece saber para onde vai, mas anda em círculos, como alguém que afirma algo com convicção, para em seguida afirmar algo diferente, com ainda mais convicção, como alguém que já não consegue manter o equilíbrio entre o pensar, o falar, o sentir e o fazer. A luz operada pelos espectadores, ofusca mais do que revela, confunde mais do que esclarece, engana. O "lugar" onde tal ser ficcional age é a encruzilhada entre o nascimento, a ilusão, a crença, a experiência, a reflexão e a morte. A alteridade aqui não é gerada pelo que está "fora", mas permeia e invade o próprio sujeito, tornando-o movediço, desconhecido.

Penso sobre René Descartes, sobre o fato de ele ter sido um homem de muitas facetas. Penso sobre como a história o estigmatizou e o simplificou, colocando-o na posição de bode expiatório, talvez? Penso sobre como estigmatizamos o Outro e sobre como nos estigmatizamos. Penso sobre como, diante de algo que não decodifico ou entendo imediatamente, me vejo

80 DESCREVER O INAPREENSÍVEL: OS PROBLEMAS DA DESCRIÇÃO...

diante de bifurcações. Penso sobre como nos deparamos continuamente com bifurcações, *carrefours,* que podem nos guiar para caminhos inesperados. Penso sobre as artes e as ciências, sobre como as artes anteciparam descobertas científicas e de como descobertas científicas inspiraram explorações artísticas. Penso sobre o jogo de palavras instaurado pelo título desse trabalho. Penso sobre os descartes do mundo, sobre as coisas, fatos e acontecimentos que passam totalmente despercebidos, que são literalmente tratados com indiferença. Penso sobre os pontos cegos de nosso tempo, penso sobre o "lixo do mundo" colocado por Benjamin[17], e penso que esse lixo pode ser o material privilegiado de investigação. Penso sobre o espaço ao final do espetáculo, sobre como ele se diferencia daquele do início, penso sobre os rastros de experiência que guiam os pintinhos sobre as cascas de ovos. Penso que tudo isso não emerge como um pensamento, mas como centelhas de vida. Penso sobre a relevância das artes, sobre as artes como produtoras de um conhecimento específico e insubstituível e sobre a ausência "de fato" desse reconhecimento em nosso contexto.

Penso sobre o pensar e sobre tudo o que o antecede e o desloca. Penso que talvez não seja o pensamento que me faça perceber a minha existência, ou não somente, ou não principalmente ele, o pensamento. Mas em que sentido dizemos "pensamento"? Em que sentido ele, Descartes, utilizava-se dessa palavra?

Penso também que há reflexões colocadas nesse escrito que não são somente pessoais, mas são fruto de uma interlocução extremamente estimulante ao longo de 2015 com o Daniel, a Gisela, a Tatiana, a Andréa, a Sophie, a Carminda, o François, a Claire, o Sergio, o Renato e a Ana, membros do grupo de pesquisa dirigido pelo Gilberto Icle.

E penso novamente sobre René. Mais do que o fundador do racionalismo, ele é visto nesse projeto como um catalisador de contradições, de incertezas, de tensões, que apesar das diferenças contextuais e históricas, encontram ressonâncias profundas e perceptíveis na liquefação das experiências contemporâneas.

---

17   Ver, dentre outras referências, A.B. dos Santos Neto, *A Interpretação Alegórica do Mundo na Filosofia de Walter Benjamin.*

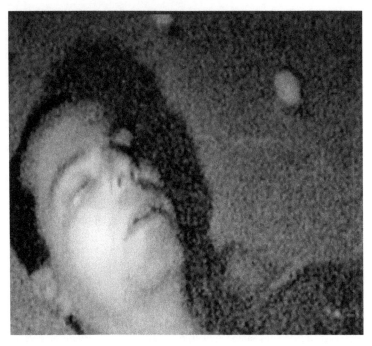

FIG. 3: *Matteo Bonfitto em "Primeiro Movimento – Do Meu Nascimento". São Paulo, Mostra Performa, Teatro Tuca, 2011. Foto: João Maria.*

BIBLIOGRAFIA

ACZEL, Amil D. *O Caderno Secreto de Descartes.* Rio de Janeiro: Zahar, 2007.
AGAMBEN, Giorgio. *O Que É o Contemporâneo e Outros Ensaios.* Chapecó: Argos, 2009.
AUGE, Mark. *Não-Lugares: Introdução a uma Antropologia da Supermodernidade.* Campinas: Papirus, 1994.
AUSTIN, J.L. *How to Do Things With Words.* Boston: Harvard University Press, 1975.
BACHELARD, Gaston. *The Poetics of Space.* Boston: Beacon, 1994.
BADIOU, Alain. *Being and Event.* London/New York: Continuum, 2005.
BARTHES, Roland. *O Grão da Voz.* São Paulo: Martins Fontes, 2004.
BAUMAN, Zygmunt. *Liquid Modernity.* Cambridge: Polity, 2000.
BERGSON, Henri. *Matter and Memory.* New York: Dover, 2004.
BONFITTO, Matteo. *O Ator Compositor: As Ações Físicas Como Eixo: De Stanislávski a Barba.* São Paulo: Perspectiva, 2002.
____. *A Cinética do Invisível: Processos de Atuação no Teatro de Peter Brook.* São Paulo: Perspectiva, 2009.
BOROWSKI, M.; Sugiera, M. *Fictional Realities/Real Fictions: Contemporary Theatre in Search of a New Mimetic Paradigm.* Cambridge: Cambridge Scholars Publishing, 2007.
BOURDIEU, Pierre. *The Logic of Practice.* Cambridge: Polity, 1990.

82 DESCREVER O INAPREENSÍVEL: OS PROBLEMAS DA DESCRIÇÃO...

CLEARY, Thomas. *Unlocking the Zen Koan: A New Translation of the Zen Classic Wumenguan*. Berkeley: North Atlantic, 1997.

DESCARTES, René. *Obra Completa*. São Paulo: Perspectiva, 2010.

ECO, Umberto. *Mentiras Que Parecem Verdades*. São Paulo: Summus, 1980.

FISCHER-LICHTE, Erika. *The Transformative Power of Performance*. London/New York: Routledge, 2008.

FOUCAULT, Michel. *As Palavras e as Coisas*. São Paulo: Martins Fontes, 1992.

____. *La Hermenéutica del Sujeto*. Ciudad de México: Fondo del Cultura, 2002.

GEERTZ, Clifford. *A Interpretação das Culturas*. Rio de Janeiro: LTC, 2008.

HEIDEGGER, Martin. *The Question Concerning Technology and Other Essays*. New York: Harper & Roll, 1977.

HODGE, Alison (org.). *Twentieth Century Actor Training*. London/New York: Routledge, 2000.

HUSSERL, Edmund. *A Idéia da Fenomenologia*. Lisboa: Edições 70, 1986.

LACAN, Jacques. *O Seminário, Livro 16: De um Outro ao Outro*. Rio de Janeiro: Jorge Zahar, 2008.

LAKOFF, George; JOHNSON, Mark. *Metaphors We Live by*. Chicago/London: The University of Chicago Press, 1980.

MARTINICH, A.P.; SOSA, David (eds.). *Analytic Philosophy: An Anthology*. London: Wiley-Blackwell, 2011.

MERLEAU-PONTY, Maurice. *Phenomenology of Perception*. London: Routledge, 1989.

____. *O Visível e o Invisível*. São Paulo: Perspectiva, 2009.

NETO, Artur Bispo dos Santos. *A Interpretação Alegórica do Mundo na Filosofia de Walter Benjamin*. Maceió: Edufal, 2007.

OIDA, Yoshi; MARSHALL, Lorna. *The Invisible Actor*. London: Routledge, 1997.

PEIRCE, Charles Sanders. *Collected Papers of Charles Sanders Peirce*. Cambridge: Harvard University Press, 1958.

QUILICI, Cassiano Sydow. *O Treinamento do Ator/Performer e a Inquietude de Si*. Portal Abrace, V Congresso, 2008. Disponível em: <https://www.publion-line.iar.unicamp.br>. Acesso em: 14 jan. 2019.

RUSSELL, Bertrand. *The Problems of Philosophy*. London: Wilder Publications, 2009.

VIRILIO, Paul. *Esthétique de la disparition*. Paris: Galilée, 1989.

YUASA, Yasuo. *The Body: Toward a Eastern Mind-Body Theory*. Albany: State University Press of New York, 1987.

Quando as Pesquisas Sobre Processos Criativos se Tornam Criações

Jean-François Dusigne[1]

AS QUESTÕES DA ARTICULAÇÃO ENTRE PRÁTICA E TEORIA

Fruto da experiência, da observação e do depoimento, as trocas orais e escritas sobre processos de criação realizados na Europa e no Brasil ajudaram a revelar, além da especificidade das práticas e seus contextos, algumas preocupações comuns: a necessidade de compartilhar e as dificuldades ligadas à tradução, às vezes, levaram a esclarecer uma série de questões sobre a maneira de delimitar, descrever e analisar um processo de criação, estimulando também a reflexão sobre as condições, modalidades e finalidades da análise.

Essas interrogações vieram ao encontro das questões colocadas no contexto da pesquisa universitária em artes, e me parecem estar em ressonância com questões recorrentes e polêmicas, debatidas atualmente (na França, ao menos), sobre as pesquisas e teses de doutorado chamadas "de criação".

Por que realizar uma pesquisa-criação em arte? Alguns se perguntam: "como uma tese de doutorado pode alimentar ou

---

1   Tradução de André Mubarack.

estimular a criação? A teoria não correria o risco de ressequir processos que evocam comportamentos sensíveis e imaginários?".

Outros consideram que suas criações falam por si mesmas e que a realização não necessita de um dossiê explicativo. Segundo eles, a arte não precisa reproduzir o modelo das mídias, radiofônica ou televisiva, que para qualquer evento ou fato social, imediatamente convidam os *experts*, esses supostos "especialistas", conhecidos do grande público, para fornecerem explicações. Do mesmo modo, alguns políticos se acostumaram a justificar suas atitudes em face de uma perda eleitoral pela falta de pedagogia, prometendo que no futuro vão "explicar melhor" suas ações. Ora, sem dúvida por um efeito de contaminação, as exposições de arte também apresentam uma tendência a realizar um esforço pedagógico ao fazer acompanhar as obras de painéis explicativos que não se contentam mais em contextualizar a abordagem artística ou em esclarecer suas questões: eles fornecem comentários que reconfortam as expectativas de "compreensão" do público.

Outros, ainda, afirmam que a reflexão deve "se aquecer" no palco: "passar por ele não seria necessário ao desenvolvimento de uma teoria? Permitindo pensar uma metodologia, conceber os conceitos e as ferramentas técnicas indispensáveis para identificar, delimitar o percurso criativo?"

Enfim, alguns pensarão em formar, em estimular os entendedores. Da mesma forma que o enólogo, em relação ao vinho, ou o perfumista, em relação às fragrâncias, desenvolvem, afinam o paladar, o gosto ou o olfato ao transcreverem sensações com palavras (contribuindo ao desenvolvimento e ao enriquecimento do vocabulário), as sensações do teorista não se tornariam mais sutis à medida que as palavras se tornam mais precisas e apresentam mais nuances?

Mas não há um paradoxo na intenção de analisar precisamente um processo criativo, sendo que os próprios artistas se colocam como desafio trabalhar sobre aquilo que escapa, trabalhar em torno justamente daquilo que eles não são capazes de compreender, de dizer, ou de nomear?

EXPERIMENTAR, TEORIZAR: DO CONCEITO À REALIZAÇÃO? DA REALIZAÇÃO AO CONCEITO?

Em sua aula inaugural no Collège de France do dia 2 de dezembro de 2010, Anselm Kiefer afirma temer "que a beleza criada pela arte se transforma em cinzas quando levada ao plano do discurso"[2]. No entanto, Kiefer não opõe necessariamente "o processo de criação ao processo da linguagem, o qual é totalmente digno de interesse", tendo, ele mesmo, se sentido "sempre dividido entre o desejo de pintar e o de escrever". Para ele, escrever é uma tentativa de, por meio "das palavras, reavivar a chama que ardia sobre a [sua] cabeça desde quando ainda estava no ventre da mãe"[3]. Comparando sua pesquisa plástica a um "peixe que desliza das mãos", ele também afirma que, "como a serpente segurada pela cauda – e que se contorce inutilmente para se liberar –, é impossível apreender a arte pela palavra". Ele acrescenta que "assim que pensamos ter encontrado a boa definição, um anjo toca nossa boca e esquecemos tudo"[4]. Ora, contrariamente a certas práticas contemporâneas, Anselm Kiefer busca partir do "próprio ato criador", sem se basear em teorias estéticas (como as "de Adorno, de Benjamin e de Lukacs") que seriam aplicadas, "como manuais de instrução", às suas próprias produções artísticas[5]. É justamente a realização que, *a posteriori*, pode revelar o conceito das obras, que não exprimem necessariamente "a ilustração de uma ideia". Seu questionamento nos interessa: "Não seria a obra que deveria preceder, vir antes do discurso, da reflexão estética ou da teorização? Como objeto, a obra inicial não deveria anteceder a teoria?" Entretanto, recusando qualquer sistematização, paradoxalmente, ele responde "não! nem sempre", encorajando a ultrapassar esse debate, visto que, para ele, em arte não existe um caminho único.

---

2   *L'Art survivra à ses ruines*, p. 25.
3   Ibidem, p. 46. O artista faz aqui referência a elementos de uma lenda hassídica.
4   Ibidem, p. 47. O artista faz aqui referência a elementos de uma lenda hassídica.
5   Ibidem, p. 32.

O SURGIMENTO DA TESE-CRIAÇÃO

Artesão, Artista, Universitário

Tradições como a hindu e outras asiáticas nos ensinam que é preciso começar pelo fazer. o corpo registra a experiência, memoriza e, ao reconhecer, compreende. Em seguida, vem o entendimento. Depois, chega talvez o momento da análise e, muito mais tarde, o de uma possível explicação. Essa última não é realmente necessária.

"Quando você faz as coisas na prática", dizia Grotowski, "você progride e você desenvolve seus instrumentos. Você trabalha e assim desenvolve a maneira de fazer... Senão, a teoria é seca quando ela antecede. As teorias que servem para esclarecer um processo de pesquisa são passageiras"[6]. Por meio dessa afirmação, Grotowski diferenciava a maneira de pensar de um artesão e a de um cientista: "o artesão utiliza termos mais simples, mais primitivos, sem se preocupar em colocá-los em um campo terminológico mais vasto"[7]. Também o artista, assim como o artesão, precisa de "ferramentas passageiras, temporárias, para poder captar um fenômeno"[8]. E eu acrescentaria que o universitário relativiza, dá precisão, cria aberturas e coloca em relação.

Nada impede que alguém seja sucessivamente artesão, artista e universitário.

Pontes Entre Escolas de Arte e Universidades

Na área das artes cênicas, a distinção entre a formação profissional, desenvolvida nas escolas ou conservatórios, e a formação em pesquisa, desenvolvida nas universidades, foi durante muito tempo uma especificidade francesa[9]. Essa delimitação entre os

---

6 J. Grotowski, Leçon inaugurale aux Bouffes du Nord, 24 de março de 1997, *La Lignée organique au théâtre et dans le rituel.*
7 Ibidem.
8 Ibidem.
9 Sobre isso, ver os artigos de Robin Nelson, que explica a organização do ensino superior no Reino Unido, e de Robert Faguy, que aborda o sujeito no contexto canadense, ambos publicados no número monográfico da revista *Ligeia. Dossiers sur l'art*, intitulado "Théâtre Laboratoires: Recherche-création et technologies dans le théâtre aujourd'hui", sob direção de Izabella Pluta e Mireille Losco-Lena, n. 137-140, janvier-juin 2015.

QUANDO AS PESQUISAS SOBRE PROCESSOS CRIATIVOS SE TORNAM... 87

profissionais da prática e aqueles da teoria parece ser menos importante em outros países (como no Canadá, por exemplo), nos quais as formações de direção ou de interpretação são feitas nas universidades, associadas à pesquisa acadêmica.

O processo de Bolonha[10], com o objetivo de aproximar os sistemas universitários europeus, teve como efeito a criação de pontes entre as instituições francesas, estimulando esses novos parceiros a questionar suas especificidades, a ultrapassar a desconfiança e a falta de consideração para comparar suas abordagens e buscar o que artistas e pesquisadores podem mutuamente trazer e produzir como mudança em seus trabalhos, tanto no plano da reflexão epistemológica quanto da metodológica.

Tendo sempre promovido a interação teórico-prática, o Departamento de Teatro da Université Paris 8 atrai muitos estudantes, inclusive estrangeiros, que já possuem uma experiência artística significativa. Importantes diretores e educadores como Thomas Richards ou Rolf Abderhalden defenderam suas teses de doutorado nessa universidade, desenvolvendo questionamentos e novas perspectivas de suas próprias abordagens.

Paris 8, Pioneira na Questão da "Pesquisa-Criação"

Fundado em 1969 com a criação do centro experimental de Vincennes, o departamento de estudos teatrais da Université Paris 8 se caracterizou, de fato, pela prioridade dada a diferentes formas de pesquisa experimental, tanto no plano conceitual quanto criativo. Assim, a partir dos anos 1980, a articulação da teoria e da prática, que permite associar reflexão, análise e experimentação em um ato artístico, foi acompanhada por uma política de contratação de professores-pesquisadores, exigindo não apenas o conhecimento, mas também a experiência concreta das realidades profissionais das artes cênicas. A competência dupla, teórica e prática, permite levar em consideração

---

10 Processo de convergência de diretrizes universitárias e aprimoramento do ensino superior que teve início com a Declaração de Bolonha, em 19 de junho de 1999, um acordo assinado pela União Europeia e outros países, para fomentar o intercâmbio de graduados, reformas curriculares, a facilitação na homologação de títulos, o prendizado permanente e novas metodologias de ensino. (N. da E.)

dimensões por enquanto pouco abordadas, como a valorização dos processos criativos, ultrapassando as pesquisas dramatúrgicas e a análise de espetáculos.

No contexto de um projeto de quatro anos apoiado pelo Labex Arts H2H, Laboratório de excelência das artes e mediações humanas, eu coordenei experimentações sobre a "direção de ator"[11] em parceria com Conservatoire National Supérieur d'Art Dramatique (CNSAD). Tratava-se de ter a experiência prática como base, de levar em conta a experiência, para questionar não apenas os métodos e processos da criação cênica, como também a própria natureza da troca, do que ocorre *entre* os participantes, das relações psicofísicas específicas que conduzem às concepções e às condições de trabalho de um grupo.

O interesse não está apenas no discurso e no que acontece por meio da palavra, mas também no que acontece no conjunto do corpo sensível, por meio de diferentes estratégias mais ou menos conscientes, assumidas, afirmadas ou não: observar os jogos ambíguos entre realidade e ficção, que permitem a realização, em um contexto específico, de uma experiência cênica compartilhada aqui e agora entre diretores ou atores e espectadores. Experiências únicas, características da atividade teatral e/ou performática, nas quais a criação joga com as diferenças entre *persona*, papel e personagem, passando da fusão dessas noções à sua delimitação radical, o que dá lugar a passagens ou atritos entre a vivência e o imaginário.

O espaço dado às abordagens performáticas emergentes, o interesse por aquelas que exploram novos territórios, em vez de excluir as experiências passadas, baseia-se também no trabalho de memória para confrontar os enfoques atuais com um movimento dialético essencial entre tradições e modernidade.

Aquecer a Reflexão no Palco

Ao articular teoria e prática, o diretor que começa uma tese-criação, na Université Paris 8 ou no SACRE (Sciences, Arts, Création,

---

11 Essas pesquisas foram pontuadas pelos Encontros Internacionais do CNSAD, na Université Paris 8 e na ARTA em março e em dezembro de 2015, bem como pela publicação, no mês de julho, do livro organizado por Jean-François Dusigne, *La Direction d'acteurs peut-elle s'apprendre?*

Recherche, programa de doutoramento em ciências, artes, criação e pesquisa)[12], opta por inscrever esse objeto em um contexto específico do trabalho artístico baseado na pesquisa científica, que é a *pesquisa-criação*. Ele decide, assim, dar-se o tempo de um percurso necessário, e espera-se iniciático, para colocar-se em jogo e colocar-se em questão, conscientizando-se dos seus próprios processos.

Movido pela curiosidade, ele se compromete a colocar entre parênteses o que já sabe, suas certezas, para realizar essa exploração, arriscando-se voluntariamente como "observador-participante", testando diferentes caminhos para chegar, distanciar, analisar, experimentar novamente em condições de laboratório, para interrogar não apenas o teatro como ele é, mas o teatro como ele poderia ser.

Na Teoria e na Prática, Promover a Pesquisa, Dar Vida à Criação: Princípios Análogos, Métodos Convergentes

"Quanto de você mesmo está envolvido nesta criação? O que o motiva a realizar esta pesquisa? Baseado em sua vivência, a partir de sua experiência, como você se situa em relação a este objeto de investigação? Você definiu um tema, uma boa ideia, mas não basta estar interessado para entrar em ação, para colocar-se em movimento: quais são seus obstáculos? O que vai além da evidência e da obviedade, o que lhe parece contraditório ou paradoxal? Ou seja, qual é o assunto, qual é o tema oculto? O que lhe parece essencial esclarecer, hoje, neste momento, para você mesmo? Quais são suas competências, quais são as ferramentas que você tem ou precisa? Como você espera trabalhar?" Tanto o doutorando, quanto o diretor de teatro-pesquisador se questionam.

---

12 Formação de doutorado inovadora de *Paris Sciences & Lettres* destinada tanto aos artistas e criadores quanto aos acadêmicos. É nesse contexto que, por exemplo, Marcus Borja realiza sua tese-criação "La Musicalité et la choralité comme bases de la pratique scénique" (A Musicalidade e a Coralidade Como Bases da Prática Cênica), sob minha direção, e que permitiu a implementação de um laboratório experimental no Conservatório Nacional Superior de Arte Dramática de Paris. Conforme Marcus Borja, L'Écoute active et le silence parlant: la musicalité comme base pour la direction d'acteur, em J.-F. Dusigne (éd.), op. cit., p. 377-402.

90 DESCREVER O INAPREENSÍVEL: OS PROBLEMAS DA DESCRIÇÃO...

Trabalhar para identificar os motores do jogo, para encontrar os impulsos de uma pesquisa, e tentar detectar o que lhe permite reagir, não levaria a um trabalho sobre princípios dinâmicos equivalentes, baseados no encontro ou no choque de forças contraditórias? Se, por um lado, o doutorando precisa formular uma problemática de forma clara, por outro, o diretor de teatro precisa identificar de forma concreta os conflitos do jogo... Assim, a experiência está sempre me fazendo perceber que a confrontação das práticas, das teorias e das disciplinas leva a abordar não apenas *processos criativos na esfera da prática*, como também *na esfera da teoria*.

Deveríamos parar de diferenciar os práticos dos teóricos: na medida em que estamos falando da dinâmica de pesquisa, em que é preciso manter-se em movimento constante, na medida em que se trata de evitar as armadilhas totalitárias da rotina, de fugir dos preconceitos e dos comportamentos estáticos, então, a teoria pode, e deve, ser compreendida como uma obra viva, orgânica, movente.

CONTRIBUIÇÕES DA ETNOCENOLOGIA

Desconfiando das armadilhas do etnocentrismo, e destacando as especificidades de nossa cultura, a etnocenologia levou à reconsideração dos estudos teatrais e coreográficos, estimulando a relativização das obras e práticas espetaculares ocidentais. A própria noção de teatro abrange, de fato, concepções e práticas em constante variação em função dos contextos, especialmente históricos, estéticos, sociais e políticos, e das condições materiais e econômicas que eles geram.

Lembremos que, fundada há vinte anos por meu predecessor, o professor Jean-Marie Pradier, essa iniciativa pretende, assim, estudar em sua diversidade, os comportamentos espetaculares organizados, as práticas performáticas e os processos criativos, optando por uma perspectiva transcultural e transdisciplinar, constantemente contextualizada.

Primeiro Especificar Suas Ferramentas Para Chegar a Um Comum Acordo Sobre O Vocabulário

A abordagem etnocenológica sugere que se leve em consideração a maneira como cada idioma concebe suas ferramentas teóricas, pois as línguas não dependem apenas de um modo de pensar, elas também produzem suas próprias normas, variáveis em função das crenças e dos conhecimentos coletivos de um meio, de um lugar e de uma época. Ela recomenda prudência ao empregar um vocabulário, seja ele conceitual ou técnico, fazendo compreender como um grande número de noções usitadas na área, e justamente por terem se tornado muito familiares, são empregadas de forma indiscriminada sem que ninguém pense em perguntar ao outro como ele compreende o termo. Ora, basta observar um dia de ensaio para verificar que, frequentemente, a mesma palavra-chave corresponde, para um grupo de futuros colaboradores, a definições diferentes, ou até contraditórias, como, por exemplo, as palavras "estado", "teatral" ou ainda "natural", interpretadas de diferentes formas. Assim como esta primeira invectiva, "Eu não quero que você atue!", dita pelo diretor que, em outro momento do ensaio, pode pedir que o ator atue ou aborde a personagem de uma determinada maneira.

É comum ver atores se preparando para entrar em cena sem fazer a si mesmos as perguntas certas e sem que o diretor seja necessariamente capaz de guiá-los. Assim, cada um monologa, discorre, especula sobre a cena de maneira literária, sem conseguir apreender precisamente a situação de jogo, ou agir concretamente no momento presente. Ora, tomar um tempo para entrar em comum acordo, ou apenas para redefinir algumas noções básicas como a de "situação"; e combinar, por exemplo, que a situação trata de um encontro marcante que vai modificar o destino de uma ou de várias pessoas, que o núcleo de uma situação é o conflito que resulta do choque entre interesses e objetivos contraditórios, pode estimular os participantes a que especifiquem suas intenções respectivas no momento de entrar em cena, buscando acentuar, exacerbar (contrariamente ao diplomata, que estaria mais propenso a nivelar ou atenuar) tudo o que pode, por meio das ações que resultam disso, fazendo com que sejam fonte de antagonismo e motor do jogo. E o que parecia simples e óbvio à primeira vista, quando nos contentamos em falar sobre, torna-se mais complexo quando passamos à ação.

O trabalho de criação pode ficar paralisado pela dificuldade de alguns participantes em estar de acordo sobre um vocabulário comum[13]. A preocupação prévia com a precisão linguística se mostraria, assim, útil aos grupos criativos. Dessa forma, é conveniente se questionar sobre as consequências e impactos dos conceitos empregados em uma dada circunstância, bem como de suas traduções: assim como o *Verfremdungseffekt* (o conceito de estranhamento), de Brecht, traduzido por efeito de distanciamento, condicionou de maneira desastrosa, na minha opinião, uma geração inteira do teatro público francês; o *perejivanie* (conceito de experiência ou de vivência) stanislavkiano, infelizmente traduzido em francês durante muito tempo por "reviver", também foi uma causa de declínio.

Relativizar, Surpreender-se, Contemplar Com um Olhar Estrangeiro Tanto o Que Está Próximo Como o Que Está Longe, ou Seja, Contextualizar

Nem sempre nos damos conta do quanto os contextos históricos, políticos, sociais e econômicos, bem como as condições materiais de criação e de realização, influenciam as modalidades de exercício das artes do espetáculo, nem o quanto essas incidências devem ser sistematicamente identificadas para podermos situar as questões estéticas, em movimento constante, que devem ser relativizadas em função disso. Contrariamente às visões essencialistas, lembrar-se de que as coisas não são imutáveis incomoda, pois isso sugere que as condições em que vivemos seguem um caminho de modificação constante e que, apesar das aparências, o estado do mundo pode ser mudado.

No entanto, como apreender, em sua alteridade, a incrível diversidade de práticas e comportamentos espetaculares

---

13 Aliás, em francês, a palavra *répétitions* ("ensaios") é muitas vezes tomada em seu sentido literal, o que pode gerar mal-entendidos.

inventados pela humanidade, sem atenuar ou reduzir sua complexidade original segundo nossos pressupostos perceptivos, ideológicos e estéticos? Certamente, as mutações sociais ligadas à mundialização, à multiplicação das trocas internacionais e às variadas experiências artísticas que resultam disso, levantam questões que, para serem resolvidas, em razão de sua complexidade, encorajam a não ficar apenas no âmbito de suas competências. Entre outras coisas, a transformação contínua, durante o último século, das categorias estéticas, das condições culturais, socioeconômicas, institucionais ou políticas, assim como as origens culturais e as competências diversificadas dos estudantes, ou as trocas internacionais, favoreceram o surgimento de abordagens abertas e plurais nas quais a avaliação e a elaboração de ferramentas de compreensão crítica passam pela busca de sinergias entre as diferentes disciplinas. Isso é feito para apreender sem prejulgamentos os fenômenos espetaculares e performáticos na sua complexidade interdisciplinar e transcultural, a fim de trazer mais força e vitalidade tanto à criação quanto às proposições teóricas que a alimentam.

Da Importância de Identificar e Considerar Diferentes Pontos de Vista

O mesmo ocorre no âmbito da prática: pensá-la sem ter experimentado gera erros estúpidos, como confundir o ponto de vista do espectador com o do *performer*. Ou a confusão habitual entre o que o diretor espera, sua vontade de resultado, e o percurso pelo qual o ator deve passar para chegar a esse resultado.

A diferença de pontos de vista pode, assim, ser fonte de equívocos e de crises. Se o diretor se coloca como "primeiro espectador", ele situa seu ponto de vista a partir da plateia. Para corresponder ao que ele quer, o ator também deve adotar um outro ponto de vista a partir do palco: ele não tem que mostrar, e sim deixar ver, perceber, preocupando-se menos com a expressão do que com o ato.

94 DESCREVER O INAPREENSÍVEL: OS PROBLEMAS DA DESCRIÇÃO...

QUANDO O DIRETOR SE TORNA PESQUISADOR, UM LUGAR EM BUSCA DE DEFINIÇÃO

Quanto de Si Mesmo Você Coloca em Jogo?

Considerando a experiência, a subjetividade e as competências do diretor de teatro-pesquisador, esforçando-se para contextualizar e definir as condições da pesquisa, e tendo como referência algumas correntes da antropologia reflexiva de Christian Ghasarian[14] e modal de François Laplantine[15], nossa abordagem se baseia em testemunhos, observação participante e experimentação. O objetivo é especificar as ferramentas, definir com precisão os protocolos mais adequados para descrever e analisar processos de encarnação do imaginário que, ao mesmo tempo em que refletem uma visão do mundo, fazem parte da vivência, da experiência relacional e da troca sensível.

Ao promover as dimensões cultural, ideológica ou ainda histórica do corpo expressivo, com base em exemplos de realizações, de manifestações, de performances, de cerimônias, de ritos que envolvem ou colocam em jogo pessoas agindo diante de testemunhas (com diferentes intenções que devem ser especificadas), trata-se de considerar o desenvolvimento da consciência de si, a maneira como a cultura, a educação e a vivência interferem para forjar comportamentos sociais e padrões corporais, que exercem um impacto na configuração do corpo sensível e na maneira de definir o espaço-tempo no qual ele evolui.

A abordagem etnocenológica propõe relativizar a pretensão de objetividade, convidando o pesquisador a não apenas considerar a atualidade da pesquisa na área, como também a situar sua visão, a especificar suas aprendizagens, competências e também suas lacunas, para apreender o assunto. Assim, ao contrário do que defendia o estruturalismo, por exemplo, a própria vivência do pesquisador, sua experiência pessoal, deve ser levada em consideração.

---

14 Cf. De l'ethnographie à l'anthropologie réflexive, *Nouveaux terrains, nouvelles pratiques, nouveaux enjeux.*
15 Cf. *Le Social et le sensible.*

Conhecer, Apreender Diferentes Vias de Passagem

É importante questionar se os conceitos à nossa disposição nos ajudam a identificar ou, ao contrário, a perturbar a percepção das linhas de força que agem pela afirmação identitária, do reconhecimento de especificidades, das trocas ou das interferências entre as culturas, podendo essas tensões serem geradas por objetivos contraditórios, evidenciando relações de poder ou de trocas recíprocas, férteis para a criatividade.

Da mesma forma que Gilles Deleuze pensava a filosofia como uma fábrica de conceitos[16], é importante verificar, para qualquer criação, quais são as ferramentas disponíveis, torná-las apropriadas, adaptá-las em função de suas intenções e inventar ferramentas, fabricar novos instrumentos.

Sem poder distinguir se é o artesão, o artista ou o universitário quem fala, eu proporia "aquecer" a teoria: pois tomar a distância necessária, ir na direção de uma suposta objetividade, não impede absolutamente de se comprazer pelo trabalho com as ideias. O diálogo, o jogo dialético, pode estimular o senso de ironia, de ludicidade, de humor, de astúcia, desde que se esteja plenamente envolvido, ou seja, sob condição de engajar-se com paixão nesse trabalho.

Nenhuma teoria é imutável. Em arte, a teoria somente faz sentido se ela se baseia na experiência e, como um marco luminoso, permite balizar um percurso artístico, dando a ele pontos de referência que ajudem tanto a estabelecer as etapas a serem ultrapassadas e os meios a serem utilizados, quanto a abrir vias de passagem.

Mesmo que o encenador deva ser sempre movido pela pergunta "certa", ou seja, uma questão essencial para ele, que o faz avançar concretamente, essa questão se mantém secreta: aliás, frequentemente, ele gravita ao redor dela sem saber formulá-la precisamente. Esse conjunto de motivações secretas, relacionadas à vivência, contribui para o ator, por exemplo, no que Georges Banu chama de "entranhas do papel"[17].

---

16 Cf. G. Deleuze; F. Guattari, *Qu'est-ce que la philosophie?*, p. 8.
17 G. Banu, *L'Acteur insoumis*. N. da T. : no original, "arrière-pays du rôle"; a expressão *arrière-pays* refere-se ao interior de uma região.

96 DESCREVER O INAPREENSÍVEL: OS PROBLEMAS DA DESCRIÇÃO...

Ao contrário do artista, o cientista deve explicitar as questões que o movem da maneira mais precisa possível. O encenador, ainda que nem sempre consiga exprimir quais são seus motores, deve, no entanto, saber identificar seus códigos, e conhecê-los, tendo pessoalmente testado e praticado, para estar consciente das convenções que utiliza: para jogar com as formas, com as formas conhecidas, é preciso ao menos ter sido iniciado a elas.

Diretores e atores, que se consideram criadores, devem, para poder colaborar entre eles, ter ao menos uma ideia do leque das possibilidades disponíveis para atingir seus objetivos. Para não se sentir preso, seguindo sempre o mesmo trilho, deve-se estar consciente que sempre é possível seguir diversas vias. Mesmo que elas pareçam opostas ou contraditórias, essas vias podem revelar-se absolutamente complementares. Aquele que toma o tempo de explorá-las adquire um conhecimento. E tomar esse tempo de pesquisa para experimentá-las pode dar uma ideia do quanto essas diferentes vias de passagem podem conduzir ao mesmo objetivo. Isso traz uma liberdade de escolha de seguir um determinado caminho, sabendo que também se poderia seguir outro.

Procurar o Pequeno Para Encontrar o Grande

O conselho é aparentemente simples. No entanto, a experiência mostra que, tanto para conduzir uma pesquisa de doutorado quanto para uma exploração criativa em um palco, esse conselho é não apenas válido, mas fundamental. Em uma conversa, dia 2 de junho de 2012, Ariane Mnouchkine me dizia que

esquecemos com frequência que tudo está contido em um detalhe, em um nada. No fundo, se você tem o bom olhar, você verá o mundo em um gesto. Também podemos decidir que tudo é mantra. Esta taça de café, se eu a observo realmente bem, se eu deixo minha imaginação ir deste reflexo que eu vejo entre três folhas de árvores até o céu, eu também penso no céu, e se eu penso no céu, eu penso em Deus, se eu penso em Deus, eu penso na sua criação, eu retorno ao mundo, eu penso na luta, na maneira como desafiamos constantemente a criação, seja ela qual for, que ela tenha sido divina ou científica, nós a depreciamos, nós a desafiamos, nós a corrompemos. Enfim, podemos partir em uma longa meditação sobre esse objeto que é como um mantra tibetano, ou seja, um objeto de meditação[18].

Ora, é preciso lutar constantemente contra a tendência de lançar um olhar globalizante à nossa volta. Contra os atalhos simplificadores e o ponto de vista generalizado, o universitário e o artista dividem uma missão comum: a de abandonar o olhar global a fim de especificar suas visões, trata-se para eles de dedicar uma grande atenção sobre o mínimo, e específico, elemento que estrutura uma matéria, sobre o detalhe ínfimo, mas que é, no entanto, indispensável.

O universitário deve, ou deveria, tecer conexões, colocar em relação, estabelecer correspondências, suscitar analogias. Assim, também o artista, seja ele diretor ou ator, tem o compromisso de despertar todo o seu ser, de mobilizar o conjunto das antenas sensíveis de seu ser não apenas para captar, mas para registrar no corpo, e colocar-se em movimento para que seu corpo possa memorizar, e proceder, por meio de um jogo de reminiscências, a todos os tipos de associações, a partir das quais o poeta, por exemplo, ao deixar-se guiar, pode tecer metáforas.

Em Seguida se Coloca a Questão das Escolhas Conscientes de Procedimento

A atenção especial dada a um aspecto do processo leva à desconstrução. Todavia a dissociação, durante uma etapa de trabalho, não deve fazer com que se perca a percepção do todo, e sua intenção geral. Assim como Stanislávski falava da ação transversal, que faz com que não esqueçamos porque estamos criando, nós convidamos constantemente o encenador a guardar o seu fio condutor, como o fio vermelho de Teseu no labirinto, a fim de não esquecer ou perder sua intenção principal.

A questão consiste, então, em ligar cada detalhe, percebido com acuidade extrema, ao mesmo tempo em que se desenvolve uma visão completa e coerente do conjunto: não justapor, ou enumerar, mas articular, tornar coerente, dinamizar a condução,

---

18 A. Mnouchkine; J.-F. Dusigne, La Célébration de l'instant, conversation, em C. Naugrette, *Les Voyages ou l'ailleurs du théâtre*, p. 36-52.

ou seja, encontrar os meandros, identificar as junções, fazer as transições, pontuar as etapas, ir até o final da intenção, sustentar, deixar repercutir, em suma, agir de forma que o pensamento continue em movimento.

Quando o doutorando apresenta um plano em que tudo já está elaborado, construído, o que sobra para criar? O ato da escrita não é mais, assim, um ato de reflexão, porém um ato entediante de preenchimento, um ato morto.

Ao inverter conclusão e introdução, muitas teses caem na petição de princípios, apenas simulando fazer uma pesquisa, como o ator, que às vezes simula as ações, imita sem fazê-las realmente, organicamente. Nesse caso, não há mais exploração e descoberta possíveis, e sob a aparente pesquisa, acaba-se por explicar, ou até demonstrar, argumentar a favor de suas próprias convicções. Retomando a expressão bastante conhecida de Grotowski: Stanislávski talvez não tenha trazido todas as respostas, no entanto ele fez sistematicamente as perguntas apropriadas.

O diretor, ou o ator, deve diferenciar uma abordagem que busca a eficiência em primeiro lugar, o resultado, daquela que aposta na experimentação, na exploração, na descoberta. Abandonar seus hábitos, confrontar-se com o desconhecido, envolve um risco, supõe um engajamento, ligado à vontade de abrir portas e de descobrir a si mesmo sem máscaras.

Ousar contradizer-se, para reformular, esclarecer sua reflexão, é uma questão de ética.

A PESQUISA QUESTIONADA PELA CRIAÇÃO

Que Objeto, Que Forma Escrita Conceber?

Quem começa uma tese-criação na via da pesquisa-criação decide dar-se o tempo de um percurso necessário para colocar-se em jogo e colocar-se em questão[19]. Trabalha de forma consciente e intencional com as diferentes vias e ferramentas

---

19 Sobre pesquisa-criação na França, ver "Théâtre Laboratoires: Recherche-création et technologies dans le théâtre aujourd'hui", número sob direção de Izabella Pluta e Mireille Losco-Lena, revista *Ligeia, Dossiers sur l'art*, n. 137-140, janvier-juin 2015.

QUANDO AS PESQUISAS SOBRE PROCESSOS CRIATIVOS SE TORNAM... 99

que escolhe, desenvolve e aplica. A teorização permitirá o estabelecimento de marcações para abrir e explorar novas pistas. Movido pela curiosidade, aceita colocar entre parênteses o que já sabe, suas certezas, para dar-se o tempo da exploração em situações nas quais ele pode tornar-se "observador-participante" e ousar estabelecer a distância crítica necessária à análise, à tentativa, ao questionamento.

Perspectivas ainda pioneiras no mundo acadêmico, as pesquisas-criação de mestrado e doutorado realizadas no âmbito universitário devem corresponder às exigências da dissertação ou da tese escrita e apresentada em defesa, o que certamente incita uma revisão das modalidades e normas habituais de tal objeto.

Em complemento ao trabalho escrito necessário, a defesa de tese do artista cênico pode constituir-se pela apresentação dos atos e partes de encenações, de esboços feitos especialmente para esclarecer uma questão determinada. Maquetes e trabalhos visuais ou sonoros também podem ser incluídos desde que sejam referenciados e legendados. Eles devem ser plenamente considerados como elementos constitutivos da dissertação.

Sem dúvida deveria abandonar-se esse esquema no qual é necessário realizar uma produção escrita e uma prática para constituir a "dissertação" ou a "tese", como uma combinação interativa entre escrita e trabalho prático de palco. Nessa perspectiva, os elementos performáticos, visuais e sonoros não podem ser reduzidos a ilustrações ou acompanhamentos acessórios. A obra escrita pode, por exemplo, ser idealizada para permitir leituras com diferentes acessos, com cartografias, vinhetas, brochuras com fotos, vídeos, esboços[20], gerando uma escrita na qual narrativa, análises e relatórios de processos criativos podem estar lado a lado. Outro exemplo é a criação de uma bobina que se desenrola para ilustrar uma concepção do mundo, de uma cultura na qual o tempo não é compreendido de maneira cronológica: a possibilidade de uma leitura simultânea pode, assim, permitir a desconstrução e a definição dos diferentes elementos constitutivos. Inserções

---

20 Por exemplo, as teses de Virginie Johan, *Du je au jeu de l'acteur: Ethnoscénologie du Kutiyattam, théâtre épique indien*, defendida dia 20 de maio de 2014, ou de Rolf Abderhalden, *Mapamundi: Plurivers poïétique*, Mapa Teatro (1984-2014), defendida dia 8 de dezembro de 2014.

DESCREVER O INAPREENSÍVEL: OS PROBLEMAS DA DESCRIÇÃO...

de áudio ou vídeos também oferecem possibilidades múltiplas. O desafio é elevado, tendo em vista que, na Europa, o texto foi durante muito tempo o único objeto aceito, enquanto o que dizia respeito ao espetáculo, à "representação", era deixado na esfera do entretenimento.

Trata-se, então, de encaminhar-se a uma construção que valorize da melhor forma possível a pesquisa idealizada e realizada com uma interação teórico-prática real, associando escrita e atividade de encenação. É nesse sentido que a concepção do objeto tese-criação deve poder liberar-se dos modelos vigentes para adaptar seu formato e, eventualmente, criar o protótipo que corresponda, de maneira mais adequada, às exigências de seu objeto de pesquisa. Com total conhecimento das regras acadêmicas, o pesquisador pode, assim, assumir a transgressão, desde que ele seja capaz de justificar e defender suas escolhas.

Realizar uma tese-criação envolve, então, para um diretor (ou um ator, ou um *performer*), um processo exigente que solicita capacidades específicas: este capítulo apresentou, assim, o quanto essa escolha requer a comprovação de uma experiência artística consistente, e a disposição de desenvolver, durante o processo "pesquisa-criação", competências que permitam alternar intuição criativa e distância analítica, combinar controle e espontaneidade, sem perder a liberdade. Essas competências levam o pesquisador a conceber e a experimentar a fiabilidade de novas ferramentas, que podem ser compartilhadas. As capacidades de relatar, de analisar obstáculos encontrados, falhas e vitórias e de tirar suas conclusões a fim de lançar novas pistas, bem como a maneira de compartilhar a experiência por meio da transmissão de metodologias, de ferramentas e de técnicas, fazem parte igualmente das modalidades que podem ser examinadas por um júri, podendo ser incluídas na constituição dos critérios concretos de avaliação.

A pesquisa conduzida por um artista cênico (diretor, cenógrafo, orquestrador, ator, dançarino, *performer* etc.) não trata mais apenas *da* criação, mas é em si criação.

BIBLIOGRAFIA

ARTAUD, Antonin. *Œuvres*. Paris: Gallimard, 2004.

BANU, Georges. *L'Acteur insoumis*. Paris: Gallimard, 2013.

DELEUZE, Gilles; GUATTARI, Félix. *Qu'est-ce que la philosophie?*. Paris: Minuit, 1991.

DUSIGNE, Jean-François (éd.). *La Direction d'acteurs peut-elle s'apprendre?* Besançon: Solitaires Intempestifs, 2015.

GHASSARIAN, Christian. *De l'ethnographie à l'anthropologie réflexive: Nouveaux terrains, nouvelles pratiques, nouveaux enjeux*. Paris: Armand Colin, 2002.

GROTOWSKI, Jerzy. *La Lignée organique au théâtre et dans le rituel*. Cesson-Sévigné: Le Livre qui parle, 2008. Coll. Collège de France CD.

KIEFER, Anselm. *L'Art survivra à ses ruines*. Paris: Collège de France/Fayard, 2011.

LAPLANTINE, François. *Le Social et le sensible: Introduction à une anthropologie modale*. Paris: Téraèdre, 2005.

_____. Théâtre Laboratoires: Recherche-création et technologies dans le théâtre aujourd'hui, *Ligeia – Dossiers sur l'art*, n. 137-140, janvier-juin 2015.

NAUGRETTE, Catherine (éd.). *Les Voyages ou l'ailleurs du théâtre: Hommage à Georges Banu*. Paris: Alternatives théâtrales/Sorbonne Nouvelle-Paris, 2013.

PARTE II
**AS POSSIBILIDADES
DA DESCRIÇÃO DO
PROCESSO DE CRIAÇÃO**

Cartografia dos Corpos em "SerEstando Mulheres"

Ana Cristina Colla
Renato Ferracini

PRÉ-PARA-AÇÃO

Partimos da pergunta: como descrever um processo de criação? E daí fomos desenovelando, tateando, rodeando, ouvindo a si e a outros, jogando com as palavras, convidando-as para brincar.

O texto que segue nasce desse jogo. Circula por várias texturas e vozes, algumas vezes a voz é singular – *eu*, aquela dita primeira pessoa do singular –, quando o texto navega pelos interiores de um processo criativo que somente *aquele* ator ou atriz seria capaz de escrever, descrever, suar em palavras. Outras vezes é plural – *nós*, aquela dita primeira pessoa do plural –, quando a busca do conceito se faz em coletivo, em comparação, em análise. Saltita, portanto, do *nós* para o *eu* e para outros eus. Meio esquizóide, meio manco, meio por incapacidade, meio por escolha. E, dessa forma, subtraímos da nomenclatura da gramática o singular e o plural das "pessoas" e focamos o texto na *primeira* pessoa, como voz primeira, liberta de suas pluralidades e singularidades.

Na partida elegemos um recorte: SerEstando Mulheres[1] enquanto processo criativo a ser revisitado, com a intuição de

---

1   *SerEstando Mulheres* é uma criação cênica de Ana Cristina Colla. Nesse processo de criação, a atriz revisita sua trajetória de vinte anos como pesquisadora ▶

que ele nos conduziria a uma seresta em palavras, friccionando a pergunta inicial. Mas, aqui, se a voz é singular, os corpos são plurais. Quantos corpos há em um processo criativo? Descrevemos alguns deles fluindo livremente em uma constatação quase óbvia: para além do território dual corpo-mente, não encontramos um corpo uno ou bloco unitário, e sim um corpo formado por singularidades corpóreas infinitas, multiplicidades complexas, partes infinitas externas e internas em relação e atravessamentos afetivos dinâmicos. É justamente a essa dinâmica infinita e complexa que chamamos, de forma reduzida, *corpo*.

E lá fomos nós: primeiro, de mãos dadas, passeamos pelo corpo das palavras e pelas dificuldades de descrever o que não é possível descrever. Discutimos depois o corpo-desmontagem e finalmente apresentamos o Corpo-Mãe, CorpoDona Maria, Corpo-Mariquinha, Corpo-Rua.

E finalizamos voando. Pois em criação o corpo voa. Sempre voa.

CORPO-PALAVRAS. PALAVRA-CORPO. O CORPO DAS PALAVRAS

> *Escrever e criar constituem, para mim, uma experiência radical de nascimento. A gente, no fundo, tem medo de nascer, pois nascer é saber-se vivo – e, como tal, exposto à morte.*[2]

Como descrever o que não é possível descrever?
Por aproximações?
Adapta aqui, corta ali, aperta um pouquinho acolá.

▷ do Lume Teatro, focando nas figuras femininas gestadas nesse período. "SerEstando Mulheres, enquanto escritura cênica, é uma história que fiquei com vontade de dançar, minha, de outras mulheres, de um grupo, de uma vida. É uma colcha de retalhos, pedaços conhecidos e sempre ressignificados, espalhados por diversos espetáculos, oito ao todo. A matéria que o compõe surge de momentos distintos do meu caminhar de atriz e mulher no Lume Teatro. Passeia por diferentes metodologias e linhas de pesquisas, momentos de vida, cada fragmento refletindo o momento em que foi gestado: mimese corpórea, dança pessoal, butô, *clown*, mãe, filha, atriz."

2   Hélio Pellegrino, em E. Brum, *A Menina Quebrada e Outras Colunas de Eliane Brum*, p. 33.

E no final, o que ficou foi o vivido ou foi uma nova criação?

O ato de descrever nos remete a minúcias, meandros. Algo que se vê, tornando-se possível de ser narrado e, portanto, descrito. Quais passos foram dados?

No caso de um processo de criação em que começo, meio e fim são borrados, como seguir as pegadas? E elas são tantas e vem de tantas direções. E tem o barro seco da pegada gasta e o galho verde, rama recém-cortada.

Como descrever? Por aproximações?

Adapta aqui, corta ali, aperta um pouquinho acolá.

E no final, o que ficou foi o vivido ou foi uma nova criação?

E o que não é possível descrever?

O vazio. O caos. O êxtase. O medo. A dor. O prazer. O encontro. O suor. O muro. A porta que se abre e nem se sabe por que hoje abriu, já que há meses estava fechada. E amanhã? A certeza de que nada garante que ela se abrirá novamente. Mesmo assim, repetimos passos, recriamos caminhos, organizamos procedimentos e erguemos pilares para dizer o fazer. Por vezes, é aqui que secamos, perdemos o viço. Tornamos quadrado o que é redondo. O líquido, em matéria rija. E vale? Claro que vale. Assim aprendemos a conceituar, organizar, criar pontes e fundir qualidades diferentes, partilhar. Desde que não se tornem amarras. Desde que não busquemos receitas que funcionem.

O que não podemos é nos ater a uma maneira de descrição, já que falamos de um plano de força composto por infinitas linhas. A descrição objetiva, em si, só é capaz de abarcar algumas camadas do trabalho criativo.

Alerta: não excluir o que deu errado. O que saiu torto. O desvio. O possível fracasso. O cheiro ruim. Do aparente "erro" pode ter brotado o acerto.

Desafio: como organizar procedimentos de maneira a auxiliar sua visualização, análise e avaliação, bem como sua transmissão, mantendo o princípio do frescor da experiência?

Desejo: recriar experiências e abrir experiências em quem lê. Falar da experiência criando uma experiência.

A briga constante com a "imaterialidade" do sensível, da arte teatral, do caminho percorrido. Elaborar uma narrativa, também ela, capaz de provocar uma experiência em quem a recebe. Organizar uma experiência singular de maneira a ser plural.

108   DESCREVER O INAPREENSÍVEL: AS POSSIBILIDADES DA DESCRIÇÃO...

Recontar é sempre um ato de criação, pois envolve a memória e seu fluxo circular e contínuo, em constante atualização. Toda narrativa se desenvolve no tempo, fala do tempo e no tempo. Ou em outras palavras, "explicar é sempre uma reformulação da experiência que se explica"[3]. E essa reformulação ou recriação é intimamente relacionada com quem a formula e ao momento em que a formula. Explicar, replicar, complicar, descomplicar. Palavras que advêm da raiz latina *plic,* que indica dobra, vinco. Explicar seria, nesse contexto, desdobrar, mostrar o que há por dentro da dobra. Assim, explicar uma experiência é uma experiência distinta da experiência que se pretende explicar.

Memória e criação aparecem interligados quando desejamos narrar uma experiência viva que vá além do registro formal de procedimentos, ambicionando que ela permaneça pulsante e possa contaminar. "Não existe memória pura. Toda memória é ficcional. Porque a memória é um espaço interno da gente, um espaço íntimo, onde a fantasia conversa com a realidade o tempo inteiro. Onde o vivido e o sonhado conversam na fantasia."[4] Estaremos sendo menos científicos e precisos ao trazer para a conversa, entre/sobre/com o vivido, uma pitada de fantasia? Sim, se pensarmos no contexto cientificista e objetivista do mundo. Não, se ampliarmos a noção de academia, recolocando-a no conceito de conhecimento universal – *universidade* –, desatando os nós que vinculam academia e científico. Inventamos outros nós: aqueles que vinculam academia ao conhecimento. Arte como conhecimento prático e conceitual. Arte como criação e reinvenção de outros modos de sentir, pensar, narrar, escrever.

Quando nos propomos a uma narrativa escrita sobre um processo de criação de um espetáculo teatral, os procedimentos que envolvem essa investigação e a apresentação cênica resultante desse processo, circulamos entre duas narrativas distintas, cujos receptores também possuem diferentes expectativas: os que acessam por meio da escrita, esperam encontrar "viabilidade", comprovação, verossimilhança nos procedimentos aplicados, e o receptor da poética pretende ser encantado.

3   H. Maturana, *Cognição, Ciência e Vida Cotidiana*, p. 42.
4   Bartolomeu Campos de Queirós, em entrevista ao programa *Imagem da Palavra*, parte 2, 2012, disponível em: <http://youtube.com>.

CARTOGRAFIA DOS CORPOS EM SERESTANDO MULHERES 109

Racional e sensível. Como unir as duas vias na narração escrita, sendo também ela uma criação poética capaz de seduzir, conduzindo o leitor aos meandros da criação, associando a ela a informação, compreensível em si?

Aqui chegamos ao "como" descrever o que não é possível descrever:

Primeiro a palavra, o verbo. Nossa prisão?

É mais verdadeiro desenhar o verdadeiro ou escrevê-lo?

Poderá parecer ridícula a pergunta, mas o fato é que a ciência considera que é mais verdadeiro escrever o verdadeiro.

Ou outra questão: é possível escrever aquilo que é verdadeiro sobre um fenômeno e é impossível desenhá-lo ou fotografá-lo?

Será o bom pintor incapaz de pintar a verdade?

Será que as letras, será que o alfabeto se encontra mais próximo da verdade – será que é mais verdadeiro que as manchas, os traços e a cor?

(E o mais estranho de tudo isso é que há uma infinidade de línguas [uma infinidade de associações de letras para a verdade de uma coisa] enquanto se desenhares um corpo humano todos entenderão.)

Há algo de estranho, diremos até: há algo de místico na convicção de que a palavra descreve melhor a verdade do mundo (ou de que se aproxima mais dela).[5]

Mas temos o outro lado da palavra, do verbo. Nosso voo?

Convidar o verbo para dançar. Sem dureza ou rigidez. Arejando espaços. Formal quando necessário. Mas com respiros, espaços em branco, desvios, metáforas. Não é assim nossa criação? Por que quando usamos a palavra para descrever procedimentos criativos nos tornamos, por vezes, áridos? Preto no branco? Os poetas, os contadores, os novelistas, os prosadores já torcem a poética do verbo.

Devemos namorar com a palavra, sem leviandade e com um respeito desrespeitoso. Mergulhar na escrita, nas palavras, como quando exploramos ações físicas na sala de trabalho. As palavras têm som, cor, ritmo, temperatura. Também comunicam no espaço da invisibilidade, no espaço "entre", não apenas entre uma linha dupla entre a pessoa que escreve e a que lê. Estamos defronte a um mínimo de quadro triplo e dinâmico: quem escreve, o universo aberto pelas palavras e quem a recebe.

---

5   G.M. Tavares, *Breves Notas Sobre a Ciência*, p. 95.

110 DESCREVER O INAPREENSÍVEL: AS POSSIBILIDADES DA DESCRIÇÃO...

Será que assim diríamos melhor o que não é possível ser dito?

Em *Ao Farol*, Virginia Woolf pretendia que se ouvisse o mar ao longo de todo o texto. E, como destaca Alan Pauls no Prefácio de *Mrs. Dalloway*, ela escreve em seus diários: "o que eu gostaria de fazer é saturar cada átomo"[6]. Ou seja, podemos ambicionar uma escrita microscópica, instável, que não é visível nem consistente, uma escrita molecular. Explorar todo um leque de possibilidades que cada partícula nos oferece.

Perceber a diferença entre o "falar de dentro (do vivido), partindo do dentro (do lugar da experiência)" e o "falar de fora sobre o dentro", que é o que mais comumente acabamos por fazer.

Absorver os conceitos, necessários e bem-vindos, como parceiros dessa criação. Absorvê-los e internalizá-los e não falar "sobre" eles, mas "com" eles, em atravessamento mútuo.

Não somos Virginia Woolf! Mas podemos, ao menos, correr riscos.

E LÁ VAMOS NÓS

Inicio esta escrita – esta aqui e agora, que pretende abarcar uma pequena parte do processo de criação de *SerEstando Mulheres* – como se adentrasse a sala de ensaio vazia, no primeiro dia de uma criação. Em busca... À espera... Com desejo de... Em alerta. Entre espera e ação.

Expectativa. Suspensão. Que portas serão abertas? Quais vozes irão surgir? Palavras velhas, enrodilhadas em mantas de tricô, cheirando a mofo? Palavras novinhas, de pernas curtas, se enroscando nos móveis, titubeando? Palavras mascaradas, que dizem sem dizer, disfarçando-se em outros, com medo de se expor? Sabe-se lá!

Já suspiro a suspensão, anseio por ela. Pela vertigem do salto no vazio, nesse escuro da linguagem-carne, do corpo-língua.

---

6 *Mrs. Dalloway*, p. 209, a partir de citação de Deleuze e Guattari em *Mil Platôs*.

LANÇO

Caio flutuando na biblioteca vazia de uma escola pública na pequena cidade de São João da Boa Vista. Se é que podemos chamar de biblioteca uma sala abarrotada de pilhas de livros empoeirados. Desordenados. Entregues à própria sorte. Machado de Assis apoiando seu peso em Monteiro Lobato, que meio desfolhado, meio Emília descabelada, despenca sobre um *Manual de Física Aplicada*. Mas todos alegres pela visitante inesperada, em tempos de visita rara. Entre poeira, mofo e raios de sol que teimam em vazar pelas janelas estreitas.

A descrição pode parecer desoladora a princípio, mas, na criança que eu era e que agora atualizo neste fragmento, só vejo fascínio. Sorriso nos lábios, ajeito os óculos de míope, guardo a chave da sala no bolso e percorro as pilhas, fuçando, cheirando, tateando. Uau, *O Morro dos Ventos Uivantes*! E dali já me transporto para o alto de uma montanha, frio intenso, cabelos ao vento, prestes a ser resgatada por algum rapaz belo, também ele de cabelos ao vento. Saio da sala com o livro embaixo do braço, coração saltitando.

Meu encontro com as palavras veio de miúda, herança do pai semianalfabeto, que devorava manuais de ensino a distância. Juntos líamos meus livros de português da escola primária (os únicos disponíveis em nossa casa), como se fossem clássicos da literatura, nossos únicos exemplares de leitura na casa. As histórias do semestre eram consumidas avidamente em uma semana, restando após apenas o vazio da repetição. Mundos eram visitados, meu quarto se expandia e assim eu nem ouvia os gritos da mãe. Ela se apavorava: "Vai brincar na rua, menina! Vai ficar cega de tanto ler! Depois do sarampo essa menina nunca mais foi a mesma, ficou lerda [dramática ela!]." Lerdo também era o meu pai aposentado que não saía da cadeira, emplastrado todo o tempo com um livro na mão.

112   DESCREVER O INAPREENSÍVEL: AS POSSIBILIDADES DA DESCRIÇÃO...

Aprendi aí a respeitar as palavras. Delas me enamorei. Poderosas em criar mundos, não somente os internos, da fantasia, que me transportavam e silenciavam a dor dos gritos da mãe, mas a criação de novos mundos – talvez tão fantasiosos quanto e, justo por isso, reais – que sacodem, desacomodam, apontam direções. Por meio das palavras me reinvento, crio a minha maneira de *serestar* no mundo.

"Escrevo porque acredito no poder da narrativa da vida em transformar a própria vida. E acredito mais ainda no poder de transtorná-la."[7]

Mas tenho um defeito (claro, tenho vários): só sei falar, lançar o olhar para fora, partindo do meu quintal. Só ali encontro coragem para me lançar e olhar o mundo. Só encontro palavras para dizer sobre o que me atravessa, desconcerta, move e tira do eixo. De cada experiência, seja ela como atriz ou narradora de processos, saio sempre esfolada, com pedaços a mais ou a menos. Sentindo-me viva. Com ares de Clarice: "de qualquer luta ou descanso me levantarei forte e bela como um cavalo novo"[8].

"Não escrevo para apaziguar, nem a mim nem a você. Para mim só faz sentido escrever se for para desacomodar, perturbar, inquietar."[9]

Por isso quando falo do estado de suspensão e expectativa antes da escrita, antes da travessia que começo agora, é porque assim entendo a escrita: como criação. E como toda criação não sei onde vai dar, só posso confiar e me entregar. Entrar no caos, no meio da matéria bruta, eleger fragmentos e desacelerar, mantendo ainda a pulsação e ali me refastelar. Claro que mergulho de mãos dadas com outras pessoas, palavras, imagens, experiências. Não sou suicida. Aperto forte a mão que me apoia. Às vezes brinco de me soltar, para me perder um pouco, vertiginar. Depois respiro, faço pausa, empresto vozes.

O que carrego como desafio é esvaziar o olhar e garimpar, em cada processo de criação de cena, a narrativa que lhe é particular.

7   E. Brum, op. cit., p. 18.
8   C. Lispector, *Perto do Coração Selvagem*, p. 155.
9   E. Brum, op. cit., p, 18.

CARTOGRAFIA DOS CORPOS EM SERESTANDO MULHERES   113

Como agora tento fazer com o processo de criação de *SerEstando Mulheres*. Que corpo de palavras essa experiência pede? Qual ritmo, cheiro, espaço, tempo? Ou quais ritmos, cheiros, espaços, tempos? Assim no plural e tudo misturado. E ainda amplio o desafio, que ela seja uma escrita-corpo, que me revele/provoque sensações também enquanto escrevo e quem sabe em quem lê. Desejo antigo e já verbalizado. O que me obriga, enquanto desejo, a esvaziar o olhar e a ampliar a escuta. Expandir afetos. "Afastar da língua estando sempre possuído pelos sentidos."[10] Linguagem associada à sensação, germinada no próprio campo da experiência, devendo ser tocada com a ponta dos dedos para não se esvaziar quando trazida para a consciência.

Dar nascimentos a palavras-corpo, não é algo simples, é até bem complicado. Eu coloco aqui como desejo, toda metida, não por me sentir capaz, mas por desejar tanto e crer que o desejo aliado ao suor pode me ajudar a fazer pequenos nascimentos.

E como ambiciono encontrar palavras com qualidades de som, boas para ouvir e dizer, espero que elas ressoem, que vibrem no espaço entre. Uma língua capaz não só de dizer mas de escutar, "uma língua na qual as coisas mudas me falam"[11].

Esse contrato é encarado com muita seriedade por mim. Algo que não negocio. E se me vejo mentindo, ou sendo rasa, martirizo-me (e minto tanto!). É minha aposta sobre uma maneira de estar no mundo. "A narratividade como posição política que tomamos em relação ao mundo e a nós mesmos."[12] Como espaço de atuação no mundo. Um espaço de forças, nascimento e morte, rupturas com a acomodação, com os velhos clichês pessoais, com o já pensado e estabelecido, e romper para ir além, criar novos parâmetros, exige esforço, o corpo sai doído. É preciso piscar os olhos várias vezes, para que a poeira se dissipe e uma nova paisagem possa surgir.

"Falar por afeto, por experimentação, falar em nome próprio, falar no singular."[13]

---

10   K. Uno, *A Gênese de Um Corpo Desconhecido*, p. 64.
11   Ibidem.
12   E. Passos; V. Kastrup; L. Escóssia (orgs.), *Pistas do Método da Cartografia*, p. 151.
13   S. Rolnik, *Cartografia Sentimental*, p. 40.

114 DESCREVER O INAPREENSÍVEL: AS POSSIBILIDADES DA DESCRIÇÃO...

Entendo o processo de criação do *SerEstando Mulheres* como uma experiência única e particular. Desconfio até que não partilhável, enquanto experiência, como algo não transferível, mas acredito que sua narração/reflexão possa provocar ressonância, eco, contaminação, possível de inspirar outros processos. Do contrário, qual sentido teria estar aqui sentada escrevendo enquanto meus filhos brincam sozinhos no quintal?

CORPO-DESMONTAGEM

O desejo.
De novo ele, sempre ele.

Pode um homem apaixonado provar algo? Devemos acreditar nele, na sua objetividade (como se diz)?
E pode um homem não apaixonado provar algo?
Mas há outro modo de pensar no assunto: entender a paixão como método de prova. ― Para mim, o facto está mais que provado: eu amo o facto.[14]

O desejo veio do tempo ou da percepção dele. Veio do olhar para trás e ver vinte anos. "Uma vida!", como diria Rouca[15]. Uma vida. Vinte anos de pesquisa contínua, debruçada sobre as especificidades do trabalho do ator, circulando entre a pesquisa de técnicas que potencializam a presença do atuador, a construção e a apresentação de espetáculos, cursos, demonstrações de trabalho coletivas e publicações.

Dá para sentir o peso nas costas, no joelho que falha, no ombro que dói. Dá também para sentir no gosto bom de estar em cena (antes medo, hoje um pouquinho menos), no ter o que dizer e acreditar no que diz e, principalmente, no "ser" o que se diz ser (mesmo porque em matéria de ser em cena pouco se consegue mentir).

Há quatro anos, no processo de construção do espetáculo solo *Você*, a crise era a acomodação do corpo, meu corpo velho de si mesmo:

14 G.M. Tavares, op. cit., p. 54.
15 Personagem do espetáculo *O Que Seria de Nós Sem as Coisas Que Não Existem*, interpretada pela atriz Raquel Scotti Hirson.

CARTOGRAFIA DOS CORPOS EM SERESTANDO MULHERES

Aos poucos fui percebendo que a paisagem se repetia, eu me deparava com o mesmo chão pisado e já gasto pelos meus passos. Tentei caminhos novos, andar de costas, subir na árvore e, quando relaxava, lá estava eu de novo, afundando no mesmo chão[16].

Busquei, vertiginosamente, o dizer-me diferente.

Hoje, mais apaziguada, caminho no sentido contrário: reconhecer-me no já dito. Esse é o desejo.

E quando olhei para trás, para o vivido, cheguei a elas: minhas mulheres. E novamente me enamorei.

Quando o desejo brotou forte, de mapear um caminho percorrido, percebi que as corporeidades que mantiveram sua intensidade, mesmo com o passar dos anos, foram as femininas. Talvez contaminada pelo desenvolvimento de um olhar focado no feminino, após ter participado em 2008, 2010 e 2014, do Encontro e Festival de Teatro Feito por Mulheres Vértice Brasil[17], em que a questão do fazer teatral feito por mulheres é amplamente discutido. Talvez por ter me tornado mãe e, assim, me ressignificado enquanto filha. Esse cruzamento com a atriz ter potencializado os diferentes territórios pelos quais nós, mulheres, circulamos e as diferentes sensibilidades que cada um deles nos exige. Talvez por me ver espelhada em cada uma delas, mulheres observadas e recriadas por mim ou construídas no fervor da sala de trabalho. Talvez pelo colorido, tão singular de cada uma; da penumbra da velha acamada, da cor rosa da menina velha com rugas, do ocre cru e intenso das ruas, do *pink* fútil da loira Nataly. Quantas mulheres somos! E pelo prazer de me ver vestida de todas elas.

Esses foram os sentimentos, partes potentes da criação – diamantes – que dão sentido e calor, por vezes relegados em nome das objetivações, perigosas e matreiras e que, quando nos

---

16 A.C. Colla, *Caminhante, Não Há Caminho. Só Rastros*, p. 51.

17 O Projeto Vértice Brasil é uma iniciativa que visa ampliar e sedimentar uma versão brasileira para o Projeto Magdalena (The Magdalena Project) – uma rede internacional de mulheres de teatro contemporâneo, criada em 1986 pela atriz e diretora Jill Greenhalgh no País de Gales. O Projeto Magdalena tem o compromisso de fomentar a consciência da contribuição da mulher ao teatro e apoiar a experimentação e a pesquisa, oferecendo oportunidades concretas para o maior número possível de mulheres. Ele conta com uma estrutura singular que lhe permite funcionar internacionalmente e de ser adotado e ampliado por mulheres em todo o planeta.

116 DESCREVER O INAPREENSÍVEL: AS POSSIBILIDADES DA DESCRIÇÃO...

descuidamos, nos levam a pasteurização, cegando-nos para as diferenças.

Uma ciência que não investiga os sentimentos serve para quê?
Serve para tudo aquilo que não é sentimento.
Serve, pois, o homem?
Serve toda parte do homem que não é sentimento.[18]

Farei agora um breve relato objetivo sobre como o trabalho foi se desenhando.

Impregnada do desejo, enamorada pelas mulheres, de mãos dadas com o Fernando[19], proseando com a Raquel, o Simioni e o Renato[20], o caminho foi se desenhando rumo a criação do que seria uma demonstração de trabalho nos moldes já realizados por mim junto ao Lume.

Nesse primeiro momento, um outro foco era construir algo que possibilitasse a visualização do processo de construção de uma técnica pessoal de representação, partindo do pressuposto de que técnica é uma compilação de procedimentos e elementos organizados de maneira particular. E que a experimentação e desenvolvimento desses elementos só podem ser assimilados individualmente, para assim tornarem-se próprios. E que nunca uma pessoa fará igual à outra, porque os sujeitos são diferentes entre si e sua relação com os procedimentos é particular. Podemos, assim, considerar que a organização pessoal de procedimentos experienciados pode ser denominada de uma técnica pessoal, individual, mesmo que ela possua pontos de contato com outros. Evidenciando principalmente a coleta realizada por meio da mimese corpórea e da dança pessoal, bem como a relação da dança pessoal com a dança butô, processos que vem sendo experienciados no Lume desde sua criação. Cada uma das mulheres, *personas*, figuras, corpos que compõem o material elegido sintetiza uma fase específica da construção e desenvolvimento dos procedimentos mencionados, o que permitiria ao espectador, seja ele estudioso do teatro ou não,

---

18 G.M. Tavares, op. cit., p. 16.
19 Fernando Villar, querido amigo, autor, encenador, diretor e professor universitário (UnB). Parceiro criador na construção de SerEstando Mulheres.
20 Raquel Scotti Hirson, Carlos Simioni e Renato Ferracini, atores e parceiros de vida e criação junto ao LUME Teatro.

visualizar o caminho percorrido. E as primeiras experimentações seguiram nessa direção.

No final do primeiro encontro de criação, em Brasília, com o Fernando Villar, já nos arriscamos e abrimos o processo para os alunos de teatro da UnB, em que o Fernando é professor. Tínhamos um esboço com começo, meio e fim, do que queríamos dizer. O retorno dos alunos, após a apresentação, foi extremamente receptivo, com colocações que nos auxiliaram nas definições dos próximos passos. Verificamos que algumas cenas eram por demais extensas, dificultando o fluxo entre elas. Outras eram potentes, principalmente aquelas que não tinham uma costura muito definida e que, justamente por isso, abriam espaço para o improviso e a relação direta com o público. O bate-papo final se mostrou fundamental para o esclarecimento de dúvidas, procedimentos e panorama histórico do Lume (criação de espetáculos, dinâmica de funcionamento, especificidades sobre cada linha de pesquisa).

Mostrei a gravação em vídeo da apresentação em Brasília para os atores do grupo, Raquel Scotti Hirson, Carlos Simioni e Renato Ferracini e nos reunimos para dividir impressões sobre a primeira experimentação prática realizada. Para mim, esse tempo de distanciamento entre a apresentação realizada e meu encontro com os parceiros foi fundamental para a conquista de um olhar mais distanciado sobre a proposta em que havíamos chegado.

Muitas das colocações feitas por eles vieram a confirmar impressões que já pulsavam e outras nos deram coragem para assumir alguns pontos que considerávamos importantes e para os quais ainda não havíamos encontrado saída.

Consideração básica que norteou nosso olhar: no roteiro 1 havia um excesso de explicações sobre cada um dos procedimentos, o que acabava por conduzir a demonstração para um distanciamento não desejado. O que nos levou a reflexão de que as demonstrações do Lume realizadas até então, e criadas em anos anteriores, necessitavam desse formato explicativo em função de muitos termos e procedimentos serem desconhecidos do público. Hoje com a propagação de publicações, cursos e palestras, muitas dessas informações já se encontram acessíveis, o que nos permite arriscar em direção a novos formatos. Essa seria uma oportunidade de testarmos essas impressões.

Partindo desse princípio resolvemos radicalizar e extrair todas as informações técnicas (que seriam colocadas e compartilhadas com o público na conversa posterior a demonstração), permitindo que as matrizes se interliguem de maneira poética, elegendo opções que potencializassem a cena.

Ao radicalizar, extraindo as informações objetivas sobre as técnicas envolvidas – mesmo elas estando subjacentes ao fazer –, o que foi para o primeiro plano foi justamente o que mais pulsava em mim como desejo e que aqui se impõe como presença: a diluição de fronteiras. Entre a técnica e a vida, entre a atriz e a mulher, entre o pessoal e o privado, entre o real e o ficcional, entre a atriz e o espectador. E, sem essas fronteiras, o encontro, a relação (seja ela a relação entre os materiais, seja ela com o público) ganhou o centro da cena.

E o que acabou por se desenhar é algo tão íntimo e caro para mim, que o prazer se tornou a palavra chave quando é preciso defini-lo. O prazer na vulnerabilidade. Algo por demais precioso.

Digo tudo isso pra tentar chegar ao ponto em que me encontro. Nas dúvidas. Será *SerEstando Mulheres* uma demonstração técnica como nomeamos a princípio e de onde partimos para sua criação? Ou será uma demonstração de trabalho, já que não é uma exposição de técnicas e envolve mais claramente uma trajetória? Entretanto, onde fica seu caráter espetacular, uma vez que utilizamos recursos cênicos como figurino, luz e som que, apesar de sua simplicidade, ajudam a compor uma atmosfera sensível? Seria então uma demonstração-espetáculo? Ou uma aula-espetáculo?

Não se trata apenas de definir se é isso ou aquilo para compor um *release* e melhor defini-lo enquanto produto, mas sim a que essa criação se alia no seu fazer/estar no mundo. E partindo dessas inquietações me embrenhei – ou esbarrei meio sem querer ou saber – no termo/conceito "desmontagem cênica".

Em conversas com Simioni, que havia acabado de assistir ao trabalho *Confesiones* da atriz Ana Correa, do grupo peruano Yuyachkani, achei pontos em comum com o que desejava. Depois veio um encontro com a Tânia Farias, atriz do grupo Ói Nóis Aqui Traveiz, que também vivia o desejo de construir uma demonstração de trabalho sobre sua trajetória de quase vinte anos no grupo e que me trazia novamente a notícia do termo desmontagem,

CARTOGRAFIA DOS CORPOS EM SERESTANDO MULHERES 119

contaminada pela conversa com a atriz Teresa Ralli (Yuyachkani) e cujo resultado tive o prazer de assistir, um tempo depois, no Festival Internacional de São José do Rio Preto. Eu, a princípio, com toda minha ignorância, julguei que a diferença de nomenclatura – desmontagem em vez de demonstração – se devia apenas às diferenças de idiomas de origem e não a uma ampliação dos princípios. Aos poucos, fui percebendo que existiam algumas diferenciações importantes e fiquei com o desejo de aprofundar. E reforço, o interesse veio menos pelo desejo de encontrar uma nomenclatura que abarcasse o processo do *SerEstando* e encaixá-lo em algo já existente, mas em busca de reconhecer as opções feitas em sua construção e o quanto elas determinavam seu lugar de pertencimento e vibração.

Chego então a Ileana Diéguez, da Universidade Autônoma Metropolitana do México. Ileana é curadora dos projetos Desmontajes: Processos de Investigación y Creación (Instituto Nacional de Bellas Artes y Literatura – INBA) e Des/montar la Re/presentación (Universidad Autónoma Metropolitana – UAM) e autora do livro *Des/tejiendo Escenas – Desmontajes: Processos de Investigación y Creación*[21].

Encontro a seguinte definição:

A proposta de desmontagem carrega consigo um histórico baseado nas demonstrações de trabalho, mas surge com outros aspectos relevantes, como "uma investigação interessada em fazer visível o tecido criativo por meio dos depoimentos, desconstruções e reconstruções dos próprios autores". Nesse sentido, diferencia-se das demonstrações, pois está interessada em desvelar questões mais profundas dos processos de criação, questões de cunho, muitas vezes, pessoal e memorial. Não busca somente uma mostra do trabalho processual ou técnico, é mais vertical, implica em relações políticas, sociais e contextuais da criação cênica.[22]

Sem pretender aqui desenvolver um estudo mais aprofundado sobre o conceito desmontagem, vejo que *SerEstando* se

---

21 Chego a ela por meio de conversas com Narciso Telles, da Universidade de Uberlândia.

22 Apud B. Bellinazzi Peres, Desvelando Memórias: Afetos e Autobiografia na Criação Cênica, *Rascunhos* – Caminhos da Pesquisa em Artes Cênicas, v. 1, n. 1, jan./jun. 2014, p. 77. A revista *Rascunhos* dedicou uma edição inteira ao tema da desmontagem, podendo ser encontradas diferentes narrativas e reflexões a respeito.

liga a ele enquanto desejo de criar uma narrativa cênica que desvele, revele, exponha. Por meio do recorte de procedimentos que ganham novas roupagens e adquirem autonomia poética em outro contexto. Acrescentando ainda a função de registrar e refletir sobre obras passadas, agora recontextualizadas. Revelando além do como, os porquês de cada escolha. Sem o objetivo de perpetuar modelos, já que cada experiência cênica de desmontagem vem impregnada da vivência de cada criador que a originou.

O que conecta a narrativa cênica, ao menos em *SerEstando*, aos processos que envolvem a autobiografia[23] como deflagrador de processos que ultrapassam a questão da subjetividade, criando um jogo de forças entre memórias, sejam as minhas, as do outro, ou as geradas pelo encontro. Processos que buscam uma cena expandida, cujas fronteiras entre ficção e realidade são diluídas, propondo/fuçando/inventando narrativas que deem conta de uma vivência, redefinindo ou ampliando a relação com o espectador, que muitas vezes, acaba por ser convidado a adentrar na cena de maneira passiva ou não, de acordo com a potência de contaminação que se estabelece.

E é com o rompimento e diluição dessas fronteiras que me delicio *serestando*.

CARTOGRAFIA DOS CORPOS

> *Não há portanto corpo único* [...]
> *mas múltiplos corpos. O corpo do bailarino* [...]
> *é composto de uma multiplicidade de corpos.*[24]

Quando digo CORPO, digo multiplicidades, atravessamentos, contaminações, linhas de forças múltiplas, ressonâncias, devires, afetações, emergências, experiência, encontro, memória, criação, carne, língua. Tudo junto e misturado. De boca cheia.

---

23 As reflexões referentes a autobiografia vieram de apontamentos partindo da fala da Gabriela Lírio, da UFRJ, em mesa temática do grupo de trabalho Territórios e Fronteiras, Abrace, 2014.

24 J. Gil, *Movimento Total: O Corpo e a Dança*, p. 44.

Essa sou eu vestida de todas essas mulheres.

Assim termino ou assim começo.

Tantas somos.

Para encontrá-las, habitantes de anos, fui me descamando. Esfarelando a pele. Tateando de olhos fechados, passeando por cheiros e densidades, sabores. Caminhei muito, quilômetros, dias, anos inteiros. Sol, chuva, chuvisco, frio, secura. Entre mata alta, casebres abandonados, praças públicas com chafariz, prédios fantasmas, fábricas escuras regadas a suor, até mesmo zoológicos.

Às vezes nua, outras vestida, de festa, de homem, de menina, de bicho, de medo, de vermelho, de árvore.

CORPO-MÃE

A mãe demorou pra chegar. Foi a última delas. Não encontrava espaço nem lugar. Tive que abrir um buraco para que ela pudesse passar. Sangrou. Sangra até hoje, cada vez que ela chega.

Milagro a cada dia o sangue em água para não machucar quem me olha.

O buraco por onde ela passa apertadinho fecha a cada vez. Cicatriza e deixa de doer. Mas para uma nova visita, tenho que enfiar o dedo de novo e alargar. Dói sempre, mas eu gosto da visita.

Na verdade, a demora dela em chegar foi porque não a convidei. Não sei se me esqueci ou fingi esquecimento.

Só quando ouvi os gritos dela lá fora foi que a deixei entrar. Tive medo da braveza que, por culpa do esquecimento, ela pudesse estar.

Mas ela veio de mansinho, alojou-se em um canto e ganhou a honra de ser a primeira.

Tratei de apresentá-la a todas e todos:

"A primeira das minhas mulheres, minha primeira mestra, foi minha mãe. Que me ensinou a dor de existir."

Vi que ela sorriu, de lábios finos, orgulhosa. Afinal não viveu em vão. Havia me marcado, a ferro, fogo e água.

Presenteei a ela um tapete, cheio de flores, buriladas por várias mulheres, jovens e velhas. Eu mesma fiz uma, de crochê, lã fininha vermelha.

Chamei-a pra dançar. Ela sem corpo se enovelou no tapete e aceitou a dança. Fez-se corpo por meio do tapete azul redondo. Assim bailamos a cada encontro. De mãos dadas. Nesse encontro dança partilhamos intensidades, amores, volteios, certa dose de raiva, fúria, tourada, suspensão.

Até que nos fundimos no final, casulo-ninho-útero.

No escurinho morno que ali se instala, a memória rasga fresca, também querendo dançar: "memória primeira, de infância miúda, a voz da mãe ecoando lá no fundo 'eu vou me matar, mas primeiro eu vou matar você. O que você faria sozinha nesse mundo sem mim?'"

A pergunta ecoa, pulsante, ainda hoje, quarenta anos depois.

CORPO DONA MARIA

Dona Maria, a primeira[25].

Corpo entrevado, coberto por roupas multicores. Osso e pele, quase negra. Cheiro forte, de tempo, de mofo, de fumo, saliva negra, cuspida no pote de margarina ao lado da cama. Na latinha, a urina, que o ânimo já não alimenta o corpo até o banheiro. Na mesa, entre quinquilharias, a xícara com o resto da refeição, entrelaçada em fios de cabelos brancos, resquícios de vaidade perdida. Tudo sob o olhar de Nossa Senhora que tudo vê, habitante antiga, há anos compartilhando a parede com Santa Teresa e São Cosme e São Damião. Oi Dona Maria, vozinha fina, carinhosa, meio tímida, invadindo um território que não me pertencia, mas me convidei para entrar. Porta aberta, fui entrando. Quarto escuro, só uma fresta de luz. Oh, minha filha, faz tempo que não recebo umas visita, que eu num vejo gente. O mundo vai acabar e nóis temo que vivê muitia coisa, nóis ainda num viu nada. Graças a Deus, né. Nóis ainda num viu nada. Mais pro fim do mundo vai vim o Cristo e o Anticristo, ce já num viu falá disso? O Cristo e o Anticristo. O Cristo veio

---

25 Conheci Dona Maria em minha primeira viagem de pesquisa de campo, em 1993, partindo da metodologia da mimese corpórea desenvolvida no Lume Teatro. A mimese, como denominamos, busca a poetização e teatralização dos encontros afetivos entre um atuador-observador e corpos/matérias/imagens. O pressuposto é de que esse encontro potencialize a transformação e recriação do corpo singular daquele que atua-observa.

CARTOGRAFIA DOS CORPOS EM SERESTANDO MULHERES   123

fazê (pausa) curano aquelas doença infadível, aquelas doença braba, tudo, né. E o Anticristo vem (baixinho) fazê ruindade. Fazê ruindade. É, é perigoso. Esse chama saci-pererê, é, uai, esse é o saci-pererê. Faz ruindade, ele vem pra fazê aquelas coisa maldade. Diz que é um mosquitinho, a gente num tá sabendo o que é que é, né. Ele aparece em qualquer lugar. É preciso a gente pedi a Deusi pr'ele nunca atentá, nunca atentá. Quando ocêis for embora, ocêis vão se lembrando dessa véia feia, oh, véia feia (risada). Tô gostando muito d'ôceis, tô achando ôceis umas moça muito preparada. E ocêis traz um retratinho d'ocêis pra mim, fiquei querendo bem ocêis. Pode gravar aí, a véia Maria quer bem nóis.

Eu menina-moça me doía. Era a primeira vez que via meu país e seu povo tão de perto. Pela primeira vez ampliava o olhar, além do meu pequeno mundo. Vivi aconchego, desespero e solidão.

Era aprendiz do olhar. Esse era meu maior desafio. Buscava ver além do que era dito ou visto por meus olhos. Um olhar que age e aproxima, envolvendo os objetos numa atmosfera que também me envolva, me faça parte. Não bastava ver, tinha que carregar na pele a imensidão do vivido. O cheiro (urina, fumo, comida, pó, clausura), a cor (da pele, das paredes, da penumbra, do fumo, da roupa, da comida, da urina, das unhas), a risada (aguda, fresca, de qual idade?), as mãos trêmulas (tagarelas, remexendo tecidos, escondendo a boca, gelada no toque), a língua sibilando em uma boca sem dentes, o cuspe, o olhar cego, a pele seca, a lentidão, o saci-pererê (meu Deus, como apareceu aqui ao lado do Anticristo?). Tanto para carregar que precisei de máquina fotográfica, caderno, gravador, minha memória, meu sentir.

Para vesti-la me desnudei. Ou tirei de mim tudo o que não era Dona Maria. Comecei pela voz, fita cassete em mãos (é, naquele tempo, menino, a gente usava fita cassete!), vai para frente, vai para trás, ouve, transcreve, seleciona, ouve de novo, repete, busca o timbre, estranha, irrita-se, dá uma volta, ouve de novo, repete a mesma frase infinitas vezes, uma voz semelhante se sobrepõe à voz de dona Maria, repetição para não perder, tenta outra frase e assim, peça por peça, voz e texto ganharam forma. Maxilar relaxado, musculatura facial frouxa,

124 DESCREVER O INAPREENSÍVEL: AS POSSIBILIDADES DA DESCRIÇÃO...

língua sibilante saindo da boca. O ar sai pressionado, impulsionado pelo abdômen. As palavras saindo até o final do ar, entremeado com longos suspiros. A tentativa da fala com uma pequena sobra de ar. Essa descoberta me trouxe a sensação de cansaço e peso, característicos da idade.

O corpo escorreu da voz. Pequenas ações, foco principal nas mãos e pés ressequidos, síntese de toda expressão do corpo, já que esse, entrevado, encontrava-se recoberto. Mas o que fazer com meu corpo vivo embaixo das cobertas? Chego à respiração da musculatura, procuro a passagem do ar pelo corpo cansado, inerte, sonoro. Assim, meu corpo se aquieta, a pele se gruda aos ossos, meus músculos se retesam, entre vibração e tremor.

CORPO MAROQUINHA

Dona Maroquinha[26].

Chegou de fininho. Encolhida dentro de si em um canto da sala abarrotada de gente festiva. Meu olhar só conseguia vê-la. Vestido rosa, uma menina com rugas e marcas, olhar tímido, voz miúda. Moradora da casa rosa de madeira ao lado da prefeitura. Na geladeira vazia, reinava uma lata de leite condensado. Na sala, uma rede, o resto eram paredes. Médica de boto desde o nascimento. Diagnóstico informado a sua mãe por Dona Julieta, olha essa bichinha, não judei dela, ela é médica de boto, não judei. O que lhe rendeu tristeza e choro nas noites de quinta para sexta, quando sentia o boto lhe fazendo visita. O remédio? Banhos de folha de alho, sete, folha de maturacá, sete, folha de araticum, sete, todos sete. A gente esfrega, lava bem e joga pro danado do boto. Afeição mesmo tem pelo Joãozinho, desde menina, mas casar não pode porque tem o fígado branco e o que acontece nesse caso é que o marido morre.

Nela vi minha mãe. Dolorida.

---

26 Compõe o espetáculo *Café Com Queijo*, criado coletivamente com mais três atores do Lume, Renato Ferracini, Jesser de Souza e Raquel Scotti Hirson, em 1999. Uma "colcha de retalhos" de relatos coletados em viagens realizadas para o Amazonas em 1997.

Carreguei-a na mochila de Novo Airão a Campinas. Rastros no caderno, nas fotos, fragmentos de voz. Na sala, aproxima-mo-nos. Estamos juntas há dezessete anos.

Como não era a primeira, tive menos respeito e me apropriei. Não precisava provar mais nada, fidelidade à técnica ou capacidade de realizá-la. Suavizei.

Maroquinha me chegou fortemente por meio das palavras. Sua narrativa, partilhando pedaços da vida, foi por onde entrei. Editei um texto que para mim sintetizava nosso encontro e onde a visse refletida. Aos poucos, a musicalidade do texto foi se desenhando, agudos, pausas, respiros, acentos. Uma partitura musical com uma notação particular, ouvida e repetida exaustivamente.

Por meio das fotos, transpus imagens para o corpo. Maroquinha andando, Maroquinha sentada olhando as mãos, Maroquinha tampando os ouvidos, Maroquinha coçando a cabeça, Maroquinha com as mãos no joelho, Maroquinha sorrindo, Maroquinha se encolhendo. Primeiro as imagens estáticas, e a cada vestir um novo habitar. Como em um quebra-cabeça, voz e corpo foram sendo costurados. O impulso dado por um se ligando ao outro, originando outro. Pequenas ações de ligação foram surgindo, originárias da costura voz e corpo ou nascidas da memória do nosso encontro.

A respiração trouxe o que faltava. O timbre da voz adquiriu uma textura aerada, pela qual vazava a fragilidade infantil da velha menina. Ditando também o ritmo das ações e sua coloração. O ar me escapava veloz, entre os lábios semicerrados, lado esquerdo grudado.

Desse estado surgiu o olhar, tímido, de baixo para cima, ora esgueirado.

Nesse período opero minha miopia e percebo a dificuldade em olhar vendo o olhar que me olha. Até então, durante os espetáculos uma névoa cobria tudo o que eu via. Ao tirar os óculos na cena, libertava-me do olhar do outro e nadava livre em meu próprio mar de imagens e sensações. A relação com o público não passava pelos olhos. O outro era uma pasta informe que eu absorvia pelos sons, pelo calor, por algumas movimentações. O sentido do coletivo predominava sobre a percepção individual. Ser vazada pelo olhar do outro me fez

126 DESCREVER O INAPREENSÍVEL: AS POSSIBILIDADES DA DESCRIÇÃO...

reforçar o olhar para o meu próprio olhar e o que por ele era refletido. Mentir me pareceu mais difícil.

Com a Maroquinha fecho uma partitura fixa, o que eu julgava impossível. Quando o Burnier[27] me pediu em 1993 que eu elaborasse uma partitura do Seu Renato Torto, em que texto e ações se repetissem, incluindo direcionamento do olhar, entre outros elementos, julguei que essa rigidez me faria perder a situação de jogo e relação direta com a plateia que a cena pedia. Retomo esse desafio no ano de 1999 e percebo que a organicidade das ações não foi comprometida.

Sob um abajur verde, sentada em uma cadeira de madeira, Dona Maroquinha partilha a história de sua vida no espetáculo *Café Com Queijo*.

E U M E S M O

O OU T R O O O U T RO
O
U É uma presença que se integra a nossa textura sensível, tornando-se,
T assim, parte de nós mesmos.
R
O OU T R O O O UT R O

E U M E S M O[28]

CORPO RUA

Fomos para as ruas. São Paulo e Rio de Janeiro. Praça da Sé, estação da Luz, Anhangabaú, Glória, Lapa, praça da República, Laranjeira, Candelária, Cinelândia, praça xv. E nem precisava ter ido tão longe, bastava olhar para o lado.

27 Luís Otávio Burnier, quando da montagem do espetáculo *Taucoauaa Panhé Mondo Pé*.

28 S. Rolnik, *Cartografia Sentimental*, p.12.

Além das pessoas em situação de rua, visitamos zoológicos, em busca dos macacos, esse bando enjaulado em pequenas ilhas de terra cercadas de água, coçando-se uns aos outros, copulando, caçando piolhos, comendo, expostos ao nosso olhar. Alguma semelhança?

Tentei ficar invisível. Por medo. Pensei que pudesse olhar sem ser vista. Por medo. Eles estão todos aqui, expostos (comendo, defecando, tomando banho, dormindo, namorando), ninguém vai me ver. Mas meu cheiro era forte, de limpeza, cama quente, comida no prato. De medo. Que tá me olhando? Tu é sapatona, é?

Tive que redescobrir o contato. Transpor o medo. Elaborei perguntas: qual é seu sonho? (Hoje me parece uma pergunta cruel, mas não é isso que buscamos? A carne exposta?) E fui abrindo feridas. Luciana, Titina, Rosângela, Laura, Beatriz e dezenas de sem nome.

Dona Laranjeira, Madame Pacaembu, Luciana, nelas estão reunidas fotos, textos, vozes, ações, do todo observado e absorvido. A ambição era transformar em matrizes ou formas de força, as qualidades de energia encontradas, possíveis de serem compartimentalizadas segundo suas dinâmicas e níveis de tensões musculares, passíveis de dançarem diferentes ações físicas. Séries de ações divergentes que se integrariam tendo um fundo matizado de diferentes padrões energéticos (corpo louco, corpo drogado, corpo mole, corpo esquizofrênico, entre outros), provenientes todos dessa macro qualidade Corpo Rua.

Até então a codificação passava pela incorporação das ações observadas de determinada pessoa. O Corpo Dona Maria tinha sua origem na corporeidade da Dona Maria, buscando uma fidelidade a seus gestos e expressões. Longe de ser algo fechado e rígido, as experiências, já nessa época, expandiam-se para colagens múltiplas, o que também nos possibilitava, depois de codificadas as ações, colar ações oriundas de diferentes pessoas para compor uma nova. A fisicidade de um, com a ação vocal de outro, dando voz às palavras de um terceiro, criando um corpo híbrido. Com a pesquisa nas ruas, ao dar ênfase às qualidades de energia, estávamos focando nos conteúdos vibratórios, com suas texturas, ritmos, respiração, níveis de tensão muscular e não na forma da ação no espaço. Estávamos mais

128 DESCREVER O INAPREENSÍVEL: AS POSSIBILIDADES DA DESCRIÇÃO...

livres para dançar e dessa dança deixar brotar as ações, fossem elas observadas em campo ou nascidas da situação de jogo. As ações iam sendo memorizadas, ou formalizadas para uma possível repetição, também em situação de jogo. Importante frisar que essa apropriação não passava, em nenhum momento, pela repetição mecânica das formas, correndo o risco de um esvaziamento. A retomada "em vida" fazia com que somente as ações, ou formas de força, que mantinham sua intensidade após terem surgido e que continuavam a aparecer na situação de relação entre as atrizes ou objetos ou na relação entre materiais, é que passavam a compor uma espécie de repertório de ações.

O que faz com que esse Corpo da Rua, essa multiplicidade de corpos, criado a partir desse foco, crie um corpo expandido, com um repertório de ações ampliado. Antes, o desafio era circular de uma mimese para outra sem contaminá-las, diferenciando-as claramente entre si. Agora a contaminação era a própria pesquisa. Partindo de conteúdos vibratórios de determinada comunidade de indivíduos e chegando a um corpo híbrido, ganhávamos uma liberdade maior para a dança das ações, muitas delas oriundas da relação de jogo entre as atrizes. A situação de jogo, partindo de códigos e qualidade incorporadas, conduz o ator a responder o estímulo enviado dentro de determinada qualidade, sendo que a recepção e sua resposta posterior é a própria transformação da qualidade inicial.

Multiplicidades. Devires.
Qual o seu nome?[29]
Luciana Avelinho da Silva, apelido por profecia Ana Estéril, outro José, um Jacó, código de guerra. Meu apelido em Recife é papa-léguas. (Luciana, SP.)
Meu nome é Cristina. Bem, olha, pra dizer a verdade, meu nome num é Cristina não. Eu já tive vários nome. Já fui Elza, já fui Maria da Glória, é, já tive vários nome. Por último agora é Cristina, meu apelido é Titina. É apelido do meu nome, diminutivo, é melhor do que o nome. (Dona Titina, RJ.)

---

29 As respostas a seguir foram coletadas em pesquisa de campo, juntamente com as atrizes Raquel Scotti Hirson e Naomi Silman. São vozes de mulheres que vivem em situação de rua.

Rosângela. É Rosângela. É Elisângela. É dos Anjos. É. É língua. Língua dos anjos. Acho que ninguém conhece essa língua. É eu, é minha família. É língua dos anjos, né. É língua americana. Portuguesa de Portugal. Miami. Roma. Londres. É vários tipos de língua.

Eu tive tanto sonho...

eu tive tanto sonho...

que acabei dormindo e esqueci dos sonhos...

esqueci dos sonhos... (Rosângela, RJ.)

Quando em viagem de pesquisa paro para escutar o outro, expando-me. Quantas línguas! Quantas palavras para nomear o mundo que nos cerca! Quantos poetas semianalfabetos, inventando mundos, pulando cercas. Fabulando sua história, nomeando-se, fazendo-se gente "esse fui eu, eu que era errado e até hoje num sô certo"[30]. Trançando as palavras, trupicando e seguindo em frente. A mãe já dizia "tô com urça no estâmigo"[31]. E a Dona Maroquinha em resposta a quem queria que ela se "juntasse" com o Joãozinho: "eu não, num tô espaiada!".

Ao parar para ouvir quem nunca tem voz, o outro também se expande. Ganha ares de importância, apruma-se. Apossa-se da própria história. História miúda, de pequenos grandes feitos, de um cotidiano que necessita se reinventar para ter sentido em continuar. Abrem as portas de si e me deixam entrar. Eu estrangeira. Visita passageira.

E não é isso que queremos todos? Sermos ouvidos?

Quando volto para casa, trazendo na mala esses fragmentos de vida, dou-me conta da preciosidade do que me foi partilhado. E da responsabilidade imensa que terei ao recriá-los na cena. Cada um se expôs em seu espaço mais íntimo, como ser fiel a eles a não ser me expondo também, na mesma intensidade?

É o que tento fazer em *SerEstando*. Em agradecimento.

---

30 Sr. Cassimiro, coleta em pesquisa de campo na cidade de Paranã, estado de Tocantins, 1993.

31 Ana Gonçalves Colla, minha mãe, semianalfabeta, não deixou nenhuma página escrita.

VOOS

Escrever e descrever um processo criativo, ou parte dele, não é somente um desafio, mas uma invenção. E por isso esse texto foi inventado, reinventado, torcido, singularizado, pluralizado, EM-CORPORADO. Foi a busca de um texto COM-CORPORADO. Sabemos ser impossível descrever uma experiência em palavras e, portanto, não fomos por esse caminho. Mas, acreditamos, ser possível, com as palavras, fazer emergir uma OUTRA experiência a partir de um processo criativo. Uma experiência (do comungar estético corpóreo) que promove outra experiência (do comungar inventivo com palavras). Um escrever COM e não escrever SOBRE. Pensamos "com" o processo criativo e não "sobre" ele. Com essa partícula – COM –, mantemos a autonomia de ambos os territórios criativos: por um lado, a escrita promovendo encontros com as palavras, ecoando verbos que se corporificam em afetos; do outro lado, corpos que suam relações afetivas em blocos dinâmicos de sensação. E os dois se completam no plano da inventividade.

De forma mais precisa, nesse texto, pensamos e escrevemos COM corpos. Mas com que corpos voamos na escrita? Seria o Corpo Mãe, um corpo encontrado na essência interior da atriz? Ou o Corpo Dona Maria, um corpo que transcende de forma superior o corpo dito mundano da atriz? Ou o Corpo Maroquinha seria um corpo radicalmente subjetivado em um solipsismo de ação? Não acreditamos em nada disso! Cada vez mais aprendemos em nosso cotidiano de atores-pesquisadores em trabalho no Lume que o corpo em presença cênica é construção e composição na relação com o outro. Nunca um corpo transcendente, nem essencialista, nem solipsista, nem endógeno, mas um corpo atravessado por forças que estão territorializadas nos entremeios dos dualismos realidade/ficção, interpretação/representação.

Ao realizar uma fuga tanto do território essencialista (a conexão com algo interno do corpo, essencialmente humano, capaz de atingir um comum entre os homens), como do terreno dualista (separação corpo x mente, corpo cindido, dividido, compartimentalizado e hierarquizado), podemos definir o corpo, os corpos, pela sua potência, ou seja, sua capacidade de afetar e

CARTOGRAFIA DOS CORPOS EM SERESTANDO MULHERES 131

ser afetado. Potências afetos no corpo são as coordenadas desse voo final que tocam o pensamento de Spinoza[32] pois – permitindo-nos uma simplificação de seu pensamento – a definição de corpo para esse pensador é a de um conjunto de partes que na sua relação definem aquele corpo. Um corpo é definido, em última instância, pela relação de suas partes em composição e não pela identidade ou função de seu conjunto. Um corpo sempre propõe um processo de composição em ato desse mesmo corpo em uma criação dele mesmo, processo autocomposicional inventivo que Maturana e Varela definem como autopoiese[33]. No entanto, o mais importante em Spinoza é que nesse processo de composição-corpo existiria – ou deveria existir – uma ética de intensificação qualitativa e aumentativa de potência na qual as partes envolvidas na composição ampliam sua capacidade de ação no mundo. O pensador da imanência nos propõe um éthos, uma postura, enfim, uma ética na qual, nos encontros e nas relações, no plano concreto da experiência, buscássemos uma ampliação de potência de todas as partes envolvidas. Nunca a potencialização do MEU corpo, pois essa postura promove a identidade e o individualismo hedonista tão em voga em nossa contemporaneidade, mas a intensificação de meu corpo em relação ao outro corpo que constrói, nesse processo, um corpo "Eu-Seu-Nós" que deve ser pensado enquanto ampliação de potência: a intensificação de um certo afetar e ser afetado.

A esse processo de composição em ato de um corpo que amplia a capacidade de ação no mundo das partes envolvidas, Spinoza vai dar o nome de alegria[34]. Ao contrário, quando no encontro as partes diminuem a sua capacidade de ação no mundo, ele dará o nome de tristeza. Temos aqui uma questão ético-política muito instigante. Todos os encontros, todas as partes, todo fluxo de experiência em uma coletividade deveria buscar a ética da alegria, ou seja, promover uma composição em ato de um corpo – social, político, estético, pedagógico, amoroso etc. – no qual todas as partes envolvidas ampliem sua capacidade de ação no mundo. Gumbrecht nos lembra que o conceito de presença se define pela relação de materialidades que geram, nessa

32 Cf. *Obra Completa* IV.
33 Cf. *De Máquinas e Seres-Vivos – Autopoiese – A Organização do Vivo.*
34 Cf. B. Spinoza, op. cit.

132 DESCREVER O INAPREENSÍVEL: AS POSSIBILIDADES DA DESCRIÇÃO...

composição, efeitos de presença. Ele pressupõe pensar experiências de presença ou ainda efeitos de presença no qual qualquer tipo de relação afetiva com seus elementos materiais "tocará" os corpos que estão em relação de modos específicos e variados, ou seja, essa interrelação material entre-corpos está sempre sujeita a efeitos de maior ou menor intensidade[35]. Podemos aqui realizar uma ponte entre Gumbrecht e Spinoza: efeitos de presença alegres que ampliam a capacidade de ação no mundo, ou efeitos de presença tristes que diminuem essa capacidade[36]. Porém não sabemos nunca, *a priori*, quais são os encontros alegres e tristes, quais são os encontros que nos potencializam ou despotencializam. Única saída: entrar de forma eticamente alegre ao fluxo de experiência da vida e sacar daí, prudentemente, a alegria dos afetos. Assim, como não existe uma fórmula fixa, uma receita do caminho certo e seguro, temos que ir provando, testando, inventando composições, maneiras de vida, sempre atentos em descobrir o que nos potencializa. É, vida dura! E altamente estimulante!

Coordenadas dadas, façamos um recorte para estabelecer nossa rota: a mimese corpórea enquanto espaço de experiências/potências e seu encontro com o butô, tendo como tensionamento *SerEstando Mulheres*. Aviso: será um voo livre, sem chegada definida.

A mimese corpórea, tal qual a entendemos no Lume, tem como um dos seus pressupostos primeiros lançar o ator em uma zona de experiência intensiva no contato direto com o outro, seja esse outro uma pessoa, um objeto, um animal, uma imagem, um prédio, uma palavra. E ambicionando que esse encontro potencialize a transformação e recriação do corpo singular daquele que atua-observa.

Um dos mecanismos práticos adotados que potencializa o encontro é colocar o ator em situação de viagem. Aqui, viagem no sentido literal: fazer sua malinha e ir para o mundo, de preferência levando um repelente. Deixar o seu lugar de conforto,

---

35 Cf. H.U. Gumbrecht, *Produção de Presença: O Que o Sentido Não Consegue Transmitir*, p. 39.

36 É óbvio que essa relação, longe de ser dualista, é múltipla e complexa. Em uma mesma composição, há partes que podem se potencializar enquanto outras partes se despotencializam. Essa simplificação aqui é apenas de ordem didática.

CARTOGRAFIA DOS CORPOS EM SERESTANDO MULHERES 133

sua cama quente, sua comida preferida, seus entes queridos, suas acomodações e ir ao encontro do desconhecido, do não explorado, de novos mundos, outros corpos. Normalmente partimos em viagem com um roteiro apenas esboçado, deixando que o caminhar redefina o próprio caminhar a partir das afetações do campo: encontros alegres, partida prorrogada, encontros tristes, "quando sai o próximo ônibus?" (ou barco, avião, carona, balsa, metrô). Lançamo-nos, de peito aberto, a uma zona de experimentações, bem turbulenta na maioria das vezes. Atentando que, nesse caso, encontros alegres que potencializam, nem sempre são aqueles que nos acariciam, muitas vezes são aqueles que doem ou causam repulsa, mas chacoalham e desacomodam, provocando a potência da ação em uma direção não esperada.

E é desse território de experiências que partimos em busca. Não em busca de um comum, de uma identidade nacional, de uma catalogação de gestos e trejeitos, seja dos idosos, dos povos ribeirinhos ou dos moradores de rua. Vamos em busca de singularidades, de multiplicidades, da diferença. E de sermos afetados, afetando por consequência. Estamos em busca do encontro.

Se entendemos o corpo como âncora de experiência, como memória, como potência-outro-corpo, intensificado nele mesmo e partindo dessa desterritorialização que a pesquisa de campo provoca, ao voltar para sala de trabalho impregnado de toda vivência desses encontros múltiplos (de novo reforçando: sejam esses encontros com pessoas, cheiros, paisagens, sabores, ausências, sensações), esse mesmo corpo se reterritorializa, dando passagem a matrizes ou formas de força (formalizações singulares de cada ator), virtualidades e intensidades atualizadas em *continuum* no tempo-espaço cênico mais potentes, ou ao menos, múltiplas, com novas aberturas e possibilidades de combinações.

O ator faz um recorte no fluxo do acontecimento e na velocidade da experiência vivida e busca agenciamentos singulares para dizer-se a partir desse novo lugar. Se revira em busca de elementos que materializem as afetações ocorridas nesse território da experiência, ações, palavras, estados, olhares, a dança pura que transborda desse corpo em vida no qual as afetações, linhas de força, continuam a circular, atualizando-se continuamente.

Aí surge a pergunta: o que difere a formalização do Corpo Maroquinha do Corpo Rua? E para nos aproximarmos dessa pergunta, não para encontrarmos uma resposta fechada, devemos pensar cada uma delas enquanto um território particular, um espaço de forças múltiplo. E para melhor delimitar esse território temos que mapear os atravessamentos que compõem esses Corpos, quais são os seus contornos – ao menos os que forem possíveis e visíveis aos nossos olhos ou consciência (sabendo que, mesmo assim, ficarão de fora todas as forças que a nossa consciência não conseguir nomear ou nossos olhos do visível não puderem ver).

Para que essa visualização fosse possível surgiram os "mapas de afetações" que antecedem a introdução de cada Corpo nessa escrita. Nesses, cartografa-se o fundo em que essa forma de força se originou. A paisagem que deu origem a ela. Procedimentos de criação, diferenças na condução, momentos de vida, interlocutores, processos distintos que a originaram e que interferem em sua poetização. Não são distintos pelo fato de terem surgido da mimese ou de contaminações com o butô, não é uma diferença de natureza, mas de gradação. De níveis de tensão e propagação.

Dona Maria e Dona Maroquinha são frutos do encontro em campo. Revivem no instante da cena, por meio de um pequeno fragmento congelado de suas vidas recriado pelo olhar da atriz. O Corpo híbrido da rua é composto por personagens do mundo, provocam, escorregam, Luciana, Madame Pacaembú, Laranjeiras, babuíno, dançarina bêbada, entre tantos sem nome. Não dividem passado nem futuro. Para encontrá-las, todas, a atriz precisou sair de si mesma e habitá-las ou escavar mais e mais, descendo até as profundezas, como na imagem de Hijikata. Romperam-se as fronteiras de um espaço confortável e buscou-se a incorporação do outro-pessoa, como expansão do universo próprio do corpo singular da atriz. Partindo da concretude da fisicidade, chegou-se à corporeidade observada, por meio da criação de um espaço de confluência entre o corpo da atriz e o corpo do outro, as ações que surgiram foram recriadas dentro dessa zona de contágio e dessa tensão. Assim, a busca do devir-outro dá continuidade a ser o que se é, mas em um plano intensificado.

O Corpo *SerEstando* é um devir contínuo de novas forças e agenciamentos entre as linhas e formas de força que o constituem. É uma ação dinâmica de compor com o outro, na relação entre as partes que se atualizam a cada encontro, a cada

CARTOGRAFIA DOS CORPOS EM SERESTANDO MULHERES 135

nova composição. Não no macro, na materialidade formalizada, mas sim, no micro, nas pequenas percepções, que permitem a circulação de intensidades, uma máquina autopoiética que se retroalimenta, autogera-se na relação.

Talvez *SerEstando Mulheres* em sua composição seja uma linha de fuga em uma trajetória pessoal de pesquisa, que após tantos anos tende à acomodação, a um conforto excessivo, caso não seja revirada e arejada. A mimese, nesse caso, proporcionou um encontro alegre no mais puro sentido spinoziano. Dos corpos emergiram inventividades e relações, e desses corpos nasceram essas palavras e pensamentos em composição COM essa trama poética de encontros e suores. E assim, mais uma vez, tentamos descrever o que não é possível descrever. Criando e correndo riscos.

BIBLIOGRAFIA

BRUM, Eliane. *A Menina Quebrada e Outras Colunas de Eliane Brum*. Porto Alegre: Arquipélago, 2013.

COLLA, Ana Cristina. *Da Minha Janela Vejo... Relato de uma Trajetória Pessoal de Pesquisa no Lume*. São Paulo: Aderaldo & Rothschild/Fapesp, 2006.

COLLA, Ana Cristina. *Caminhante, Não Há Caminho. Só Rastros*. São Paulo: Perspectiva/Fapesp, 2013.

DELEUZE, Gilles. *Mil Platôs Capitalismo e Esquizofrenia*. V. 1. Trad. Aurélio Guerra e Célia Pinto Costa. São Paulo: Editora 34, 1995.

FERRACINI, Renato. *Ensaios de Atuação*. São Paulo: Perspectiva/Fapesp, 2013.

_____. *Café Com Queijo. Corpos em Criação*. São Paulo: Aderaldo & Rothschild/ Fapesp, 2006.

_____. *A Arte de Não Interpretar Como Poesia Corpórea do Ator*. Campinas: Editora Unicamp, 2001.

FERRACINI, Renato; RABELLO, Antonio Flávio Alves. Recriar Sempre. *Art Research Journal*, v. 1-2, jul./dez., 2014.

GIL, José. *Movimento Total: O Corpo e a Dança*. São Paulo: Iluminuras, 2001.

_____. *A Imagem Nua e as Pequenas Percepções – Estética e Metafenomenologia*. Lisboa: Relógio D'Água, 2005.

GUMBRECHT, Hans Ulrich. *Produção de Presença: O Que o Sentido Não Consegue Transmitir*. Rio de Janeiro: Contraponto/Editora PUC-Rio, 2010.

LISPECTOR, Clarice. *Perto do Coração Selvagem*. 9. ed. Rio de Janeiro: Nova Fronteira, 1980.

MATURANA, Humberto. *Cognição, Ciência e Vida Cotidiana*. Belo Horizonte: Editora UFMG, 2001.

MATURANA, Humberto; VARELA, Francisco. *De Máquinas e Seres-Vivos – Autopoiese – A Organização do Vivo*. Trad. Juan Açuña Llorens. Porto Alegre: Artes Médicas, 1997.

136 DESCREVER O INAPREENSÍVEL: AS POSSIBILIDADES DA DESCRIÇÃO...

PASSOS, Eduardo; KASTRUP, Virgínia; ESCÓSSIA, Liliana (orgs.). *Pistas do Método da Cartografia. Pesquisa-Intervenção e Produção de Subjetividade.* Porto Alegre: Sulina, 2009.

PELBART, Peter Pál. Elementos Para uma Cartografia da Grupalidade. In: SAADI, Fátima; GARCIA, Silvana (orgs.). *Próximo Ato: Questões da Teatralidade Contemporânea.* São Paulo: Itaú Cultural, 2008.

REVISTA Rascunho. Dossiê Desmontagem, v. 1, n. 1. Universidade Federal de Uberlândia, Uberlândia, jan./jun. 2014.

ROLNIK, Sueli. *Cartografia Sentimental. Transformações Contemporâneas do Desejo.* Porto Alegre: Sulina/Editora da UFRGS, 2011.

SERRES, Michel. *Variações Sobre o Corpo.* Trad. Edgar de Assis Carvalho, Mariza Perassi Bosco. Rio de Janeiro: Bertrand Brasil, 2004.

SPINOZA, B. *Obra Completa IV: Ética e Compêndio de Gramática da Língua Hebraica.* São Paulo: Perspectiva, 2014.

TAVARES, Gonçalo M. *Breves Notas Sobre a Ciência.* Florianópolis: Editora da UFSC/Casa, 2010.

UNO, Kuniichi. *A Gênese de um Corpo Desconhecido.* Trad. Christine Greiner, com a colaboração de Ernesto Filho e Fernanda Raquel. São Paulo: n-1 Edições, 2012.

WOOLF, Virginia. *Mrs. Dalloway.* Trad. Claudio Alves Marcondes. São Paulo: Cosac Naify, 2012.

A Presença da Palavra na Descrição dos Processos de Criação Cênica

Andréa Lobo
Micael Côrtes

Neste texto, o desafio se constitui em produzir reflexões a partir das análises dos dossiês de pesquisa[1], nos quais uma das questões centrais se configurou em torno das possibilidades de descrição dos processos criativos da cena. Assim, a própria escrita sobre essas análises se torna também um dispositivo de estudo e reflexão, tendo em vista tratar-se de questões epistemológicas sobre nosso campo de investigação no âmbito da formação tanto de artistas como de professores e professoras de teatro na universidade.

Constata-se, na maioria das descrições contidas nos dossiês da pesquisa, a presença de uma prática atravessada pelo ambiente acadêmico. Nesse sentido, percebe-se entre um instante e outro como nós, da área de artes, navegamos, nem sempre de forma confortável, nesse oceano da vida acadêmica, principalmente no Brasil. Verifica-se também, em alguns procedimentos de pesquisa descritos no corpus de análise desse estudo, como a dicotomia entre sujeito e objeto rompe-se consideravelmente, revelando o quanto nesse diálogo eles são absolutamente indissociáveis.

---

1 Estudos da Presença: Investigação Coletiva Sobre Processos Criativos de Práticas Performativas. Proposta inicial de pesquisa em rede. Porto Alegre, 2012.

138   DESCREVER O INAPREENSÍVEL: AS POSSIBILIDADES DA DESCRIÇÃO...

Cabe ressaltar a característica complexa e provocadora da questão central desta pesquisa em rede, que nos convida coletivamente a deslocamentos de nossos lugares marcados (inclusive lugares geográficos) no contexto social e acadêmico, ou seja, somos artistas? Somos pesquisadores? Somos docentes? Somos artistas/docentes/pesquisadores? E isso nos conforma? De que lugar falamos? Ora, interessante pensar que a palavra aí também se faz presente, demarcando um território não só teórico, mas político.

Tal provocação feita por Gilberto Icle incomoda porque revela o fato de que continuamos num processo contínuo e, às vezes, naturalizante e isolado, de produção de saberes sobre o teatro na universidade e, em alguns casos, fora dela. Em um certo sentido, talvez nos neguemos a sentir o desconforto causado quando nos debruçamos verdadeiramente sobre essa questão: o que nos constitui nesse espaço acadêmico? O que fazemos? Para quem fazemos e por quê?

Por fim, neste texto, o que nos inquieta consideravelmente é, justamente, discutir sobre a palavra como dispositivo de descrição e criação na produção de conhecimento no campo dos processos criativos da cena.

Em um primeiro momento, desafiamos a palavra como tradução das manifestações físicas desencadeadas pela cena, suas limitações e possibilidades. Desconsideramos o aspecto explicativo e conceitual da palavra como tradução literal das práticas performativas, contudo provocamos reflexões sobre a capacidade transformadora e produtora de imagens e significados diversos da palavra em contato com o outro, o leitor, constituindo assim um outro objeto para além das práticas artísticas descritas.

A PALAVRA: TRADUÇÃO OU TRAIÇÃO DOS PROCESSOS CRIATIVOS DA CENA?

Ao analisarmos as descrições dos processos criativos apresentadas nos textos produzidos por pesquisadores da Rede Internacional de Estudos da Presença, nos questionamos sobre como a palavra fornece pistas para descrevermos o processo

A PRESENÇA DA PALAVRA NA DESCRIÇÃO DOS PROCESSOS...   139

artístico/cênico. Para tanto, percebemos que o processo de criação cênica se desfaz rapidamente ao encontrar a palavra, revelando lacunas que, nos espaços de criação, são preenchidas pelos gestos, corpo, voz, ações e emoção. Antonin Artaud, em uma carta a Louis Jouvet, problematiza a palavra como elemento para traduzir uma prática teatral, as formas criativas, intuitivas e poéticas dizendo que:

Essa concepção encantatória da Palavra faz parte de toda uma concepção oriental. Nós, no entanto, limitamo-nos à experiência e não nos arriscamos a ir tão longe. Entretanto, não é demasiado temerário afirmar que essa sujeição ao já conhecido, pelas limitações que impõe em todos os domínios, é a causa absoluta, direta, e não há, em suma, nenhuma outra, da queda quase orgânica do teatro ocidental atual. [...]
Se o teatro não ultrapassa o domínio daquilo que as palavras, tomadas em seu sentido mais corrente, em sua acepção mais normal e ordinária, podem atingir, isto se deve às ideias do Ocidente sobre a Palavra [...].[2]

Para o autor, o teatro como linguagem é dinâmico. Portanto, se organiza em uma configuração para além das palavras ditas, que se tornam corpo e poesia na cena. Nesse sentido, a nossa pergunta (desafio) gira em torno de como podemos traduzir de forma criativa um processo cênico a partir das observações dos ensaios ou aulas, considerando a palavra como desencadeadora de imagens, visto que:

Imagem (em latim: *imago, -nis*, a que correspondem os nomes gregos = ícone, retrato, estátua, reprodução, simulacro, ídolo...) em sua função definiente dicionarizada, remete-nos para diversificada sequência de significados de que salientam, entre outros, os seguintes: criação, construção ou produto da imaginação; análogo, sucedâneo, substituto ou sinal das coisas que pode conservar-se independentemente das próprias coisas; representação sensório-mental de alguém ou de algo; reprodução mais ou menos fiel do "original"; cópia, réplica, desenho, retrato, fotografia, ícone, simulacro, reflexo, aparição, aparência, recordação, evocação, descrição, ideia, visão, fantasia, fantasma, criação, ficção, figuração, fingimento, figura, fábula, parábola, sinestesia, personificação, símile, comparação, analogia, metáfora, símbolo, alegoria.[3]

---

2 *Linguagem e Vida*, p. 71.
3 F.P. Baptista, *A Rede Lexical do Imaginário: Clave Para uma Leitura Deste Conceito*, p. 12.

140 DESCREVER O INAPREENSÍVEL: AS POSSIBILIDADES DA DESCRIÇÃO...

Sendo assim, para discutir tal questão levanta-se outra, referente à produção de um discurso próprio no que se refere à investigação cênica. Esse discurso envolve principalmente a tradução da presença do corpo, como mediação expressiva na cena e no encontro com o outro, em palavras escritas. Diante disso, o que nos inquieta são ainda as produções mediadas pela palavra na elaboração da escrita desse processo. Então, pergunta-se: qual o lugar da palavra na descrição do corpo no processo de criação e investigação a partir de movimentos, gestos e ações? Para nós, faz sentido retomar ainda as pistas em que Antonin Artaud nos alertava acerca da Palavra, ou seja, não a suspender, mas transformá-la em *imagem*.

Nesse esforço, compreendemos que encontrar o termo exato que denomine a transposição do trabalho cênico, expresso nos gestos, deslocamentos, diálogos e relações para o texto escrito, já é, em si mesmo, uma problemática. Ou seja, a palavra-tradução carrega uma carga de significados que caracterizam o exercício da descrição da cena como se fosse a produção de outro texto, que poderá tangenciar a cena, mas jamais defini-la para o leitor em termos de experiência vivida no contato direto com o ato artístico. Tal compreensão nos remete a considerar com maior cuidado de análise o termo *tradução*, fato que em um primeiro momento de nossa análise não obteve a devida atenção. Assim, trata-se de definir como compreendemos aqui a tradução.

A palavra tradução, em seu significado mais comum, trata da conversão de um determinado texto escrito de uma língua para outra. Nesse processo, cabe uma certa interpretação por parte de quem traduz, tendo em vista que certos vocábulos e expressões são característicos de culturas específicas e, portanto, totalmente desconhecidos em outros povos. Considera-se também o aspecto dinâmico de toda língua[4], que se transforma de acordo com o tempo, os deslocamentos e as práticas de seus falantes. No processo de interpretação de uma língua para a outra muito se perde e muito se ganha. Nessa prática

---

4   Cf. A.M.F. Lobo, *A Leitura Dramática na Formação do Artista Docente*, p. 41-51.
     A linguagem pode ser compreendida numa perspectiva em que a cultura
     escrita e a língua falada são articuladas no contexto social dos indivíduos.
     Nessa concepção, as condições históricas e sociais dos sujeitos da linguagem
     interferem na produção dos sentidos produzidos por eles em suas interações
     sociais. Tal perspectiva é encontrada na abordagem da *análise do discurso*.

A PRESENÇA DA PALAVRA NA DESCRIÇÃO DOS PROCESSOS... 141

são produzidos significados diversos e às vezes equivocados, distanciando o leitor do texto original do autor. Muitas vezes, o tradutor é considerado um traidor do que alguns denominam de ideia original. Como um pequeno exemplo tomemos as expressões *amar menos* e *odiar*. Vejamos, uma coisa é odiar e os impactos que essa emoção provoca na relação entre duas personagens, outra coisa é amar menos uma pessoa em detrimento de outra, amar menos necessariamente não é odiar. Imaginemos então, um texto traduzido por dois tradutores diferentes, em que um dos tradutores optasse por uma das expressões e o outro pela palavra *odiar*, seriam provavelmente dois textos diferentes e duas interpretações diferentes, assim como ocorre nas traduções para a língua portuguesa (do Brasil) da literatura dramática. Encontramos diferenças significativas em algumas traduções de peças teatrais escritas em outras épocas, dependendo do tradutor. Na leitura dessas obras, percebemos como algumas traduções nos facilitam a vida no trabalho com o texto. Em outras palavras, é mais fácil dizer um texto traduzido por um determinado tradutor do que por outro.

Após a leitura das descrições do dossiê n. 1 da pesquisa, realizamos uma análise prévia e organizamos nossas reflexões selecionando alguns aspectos que se revelaram recorrentes no corpus em questão, a saber: (1) descrição a partir da recepção do espetáculo; (2) descrição dos procedimentos de ensaio; (3) descrição a partir das observações dos procedimentos de ensaio (exercícios e discussões) e dos processos de criação (seja do próprio artista-criador, do diretor ou propositor).

Nas descrições dos procedimentos de ensaio, das proposições de exercícios ou mesmo da preparação dos trabalhos apresentados, são relatados aspectos exteriores inerentes aos movimentos, gestos, deslocamentos e expressões dos corpos em jogo ou em preparação para cena, assim como as percepções dos aspectos emocionais, da relação dos sujeitos entre si ou dos sujeitos consigo. As observações descritas pelo propositor ou diretor ou mesmo do espectador/pesquisador também são atravessadas por aspectos emocionais e traduzidas em alguns textos de maneira poética, caracterizando uma escrita específica no campo desses estudos, isto é, no âmbito das pesquisas em arte/teatro.

142 DESCREVER O INAPREENSÍVEL: AS POSSIBILIDADES DA DESCRIÇÃO...

Citemos como exemplo a descrição de nosso relato no dossiê número 1:

O espaço ainda é uma praça, na praça uma quadra gradeada por todos os lados e apenas com uma pequena entrada na lateral, esse é o espaço de apresentação do Sétimo Circuito de Quadrilhas. Ao redor encontrava-se o público local, quase como uma torcida organizada de futebol, pessoas da comunidade, integrantes, parentes etc. É fogo saindo do chão! *O clima é vibrante*, primeiro anuncia-se a quadrilha, depois se apresenta o casamento e logo em seguida, a dança.[5]

O momento da entrada dos brincantes no espaço de apresentação, a energia que se deslocava entre os participantes e a preparação para o início do espetáculo foi descrito com a utilização da expressão que nos remete à imagem de algo pegando fogo. Necessariamente não há relação direta com a situação observada no plano real. Não havia uma fogueira concreta e nem um incêndio acontecendo no momento do início daquela manifestação espetacular. A descrição tenta capturar a experiência vivida pelo observador por meio da imagem do fogo saindo do chão. Na utilização da metáfora emerge um outro tipo de texto que tangencia a ação observada e na continuidade apontam-se pistas para a sensação do momento por meio de outra expressão, agora mais direta: "O clima é vibrante!"

Na descrição do processo de criação desenvolvido pelo grupo Lume[6], por meio do trabalho de observação e pesquisa do cotidiano (visita à Dona Maria), destacamos a forma como a autora constrói a descrição inicial de seu processo criativo. O campo de possibilidades se revela em uma escrita que aos poucos nos aproxima das percepções da autora no encontro com Dona Maria. O sabor desse texto nos alimenta com um saber sobre a vida, mas também nutre o desejo de criarmos as nossas próprias experiências como leitores que também visitam a Dona Maria, compartilhando de forma intensa aquele ambiente.

5　Texto descritivo de um processo criativo que compõe o dossiê da primeira etapa da pesquisa em rede (Andréa Lobo/UFAC). Grifo nosso.

6　Núcleo Interdisciplinar de Pesquisas Teatrais, Universidade Estadual de Campinas, coordenado por Renato Ferracini.

Ora, estamos no campo da linguagem, em se tratando da palavra escrita percebemos que, longe de uma tradução exata, as lacunas deixadas no processo de deslocamento de uma linguagem para outra ou de uma língua para outra são preenchidas pelo tradutor/autor com interpretações sobre o texto (mesmo se tratando de um texto visual). A tradução exige não só uma competência na língua original do texto, como também uma inserção na própria área a ser traduzida. Nesse aspecto, não se trata de uma busca pela origem e considera-se a potência geradora de significados e compreensões pelo leitor expressas pela dimensão e alcance criativo do tradutor/autor.

Nosso interesse neste texto não passa pela análise crítica da tradução literária, até porque não é nosso objeto de estudo, mas pelo empréstimo de certos elementos presentes no ato da tradução para discutirmos a *tradução* do processo artístico em palavras. Compreendendo o ato cênico não em uma perspectiva a ser traduzida em termos de um código a ser decifrado pelo leitor/espectador, e sim numa linguagem específica a ser transposta em palavras manifestas no texto escrito e engendrando um outro objeto.

Diante disso, o que nos inquieta são as produções mediadas pela palavra na elaboração da escrita desse processo. Então, pergunta-se: qual o lugar da palavra na descrição do corpo no processo de criação e investigação a partir dos movimentos, gestos e ações? Compreendemos, portanto, que as escolhas para compor essa escrita (textos, pontuações, pausas) devam considerar os deslocamentos entre o gesto e a palavra, traduzindo-se numa *poiesis* que favoreça uma ampla discussão sobre o processo da descrição dos atos criativos e, assim, das lacunas inerentes aos obstáculos da tradução do ato em palavra.

Nessa perspectiva, trata-se de uma forma de escrita mais ambígua do que objetiva, mais poética do que estritamente acadêmica. Em outras palavras, uma maneira fundamental para uma escrita que se proponha a tangenciar os processos criativos do artista-criador. Assim, nossa reflexão se encaminha para apreender como os procedimentos, as técnicas e os saberes se constituem para o processo de criação artística aqui presentes e, portanto, nos potencializar como pesquisadores, artistas e estudantes para a compreensão do ato de descrever,

144 DESCREVER O INAPREENSÍVEL: AS POSSIBILIDADES DA DESCRIÇÃO...

ler e discutir o ato artístico cênico como um outro processo criativo, paralelo ao processo observado e /ou vivido, isto é, a compreensão de um objeto artístico-científico.

É nesse contexto também que, como formadores de uma universidade pública brasileira na Amazônia, nos perguntamos: como os procedimentos de produção desse discurso poderiam contribuir na formação de professores-artistas de teatro no âmbito do curso de licenciatura em que atuamos?

Grotowski amava repetir – para dizer a verdade com o passar do tempo – que as palavras e as definições não têm grande importância, que de bom grado podia substituir uma fórmula ou uma palavra. Porque só a prática, só o ato conta. No entanto, a ideia de fixar as próprias experiências na palavra talvez não o tenha jamais abandonado. E também no papel impresso anunciou ao mundo os seus propósitos reformadores e rebeldes, sobretudo na juventude.[7]

Traduzir o processo do ato artístico utilizando as palavras, eis o grande desafio. Dizia Clarice Lispector "escrever é procurar entender, é procurar reproduzir o irreproduzível, é sentir até o último fim o sentimento que permaneceria apenas vago e sufocador"[8], portanto encontrar o lugar em que construiremos a escrita do processo criativo sem trair a *poiesis* do próprio processo com a tradução por meio de certa redução acadêmica é, a nosso ver, o desafio para pensar a ideia de um campo epistemológico *aberto*, que permita apreender nesse movimento artístico o não racional, o subjetivo, o estranho, o confuso, o intuitivo como vestígios para traduzir por meio das palavras ("reproduzir o irreproduzível") os processos criativos – processos esses da *elaboração da obra artística*, pois:

O teatro é um campo amplo e profundo para investigar; sua riqueza de situações, teorias, práticas e processos formam parte de um material que permite iniciar distintas investigações. [...] Assim sendo, há possibilidade de se pensar na investigação teatral entendendo-a dentro de um sistema aberto que a as ciências do teatro formam. O teatro é um campo de estudos que contém fenômenos, problemas e processos que

7 J. Frotowski; L. Flaszen; E. Barba, *O Teatro Laboratório de Jerzy Grotowski: 1959-1969*, p. 18.
8 *A Descoberta do Mundo*, p. 191.

constituem em si mesmos o material para realizar investigações em diferentes perspectivas.[9]

Nessa perspectiva, a nossa aventura é lançar-nos sobre essa elaboração que movimenta o ato artístico e, portanto, captar, observar, refletir, representar, nomear, contrariar, distanciar, sensibilizar para *sistematizar*, na medida do possível, o processo artístico. Eis o nosso grande desafio, a palavra como pista para descrever o processo artístico. O que fruímos ou aquilo que produzimos artisticamente se desfaz em ínfimos minutos ao encontro da palavra certa ou certeira, a lacuna tão preciosa nos espaços de criação que para nós são lacunas preenchidas pelos gestos, corpo/voz, ações como um silêncio soprado pelo brilho da luz que atravessa a alma e, portanto, não se faz bem--vinda nos textos descritivos, nas análises objetivas e muito menos em pesquisas acadêmicas.

Eis então nosso principal desafio em iniciar este estudo: o que pode ser descrito do processo criativo? Tudo. O que não pode ser descrito? Tudo. Nesse tudo que se faz poesia e nesse tudo/nada que se faz texto isento de ambiguidades. A preocupação de Grotowski, e também de Stanislávski, em relação à pobreza das palavras, que num ato intocado sequer tangencia a cena, o gesto, a performance, o espetacular, também se apresenta para nós.

O esforço de descrição dos processos criativos produz outro objeto que, em suas ausências, inaugura uma linguagem própria de se pesquisar aspectos cênicos que envolvam principalmente a presença do corpo como mediação expressiva. O que nos inquieta não são as impossibilidades da descrição dos processos de criação no imediato de sua realização performática, mas principalmente as produções mediadas pela palavra na escrita desses processos. Assim, a palavra se torna corpo na descrição dos movimentos, gestos e ações desenvolvidos por esse corpo e as escolhas para compor *o gesto da palavra*, seus deslocamentos em textos, pontuações, pausas, enfim, são também elementos de um outro processo artístico: a descrição dos atos criativos e as lacunas inerentes aos obstáculos da tradução do processo de criação em palavras.

---

9   A. Florentino, A Pesquisa Qualitativa em Artes Cênicas: Romper os Fios, Desarmar as Tramas, em N. Telles (org.), *Pesquisa em Artes Cênicas*, p. 11-12.

146 DESCREVER O INAPREENSÍVEL: AS POSSIBILIDADES DA DESCRIÇÃO...

A BUSCA DA POTÊNCIA NA PALAVRA ESCRITA

Durante o encontro presencial entre os pesquisadores da Rede Internacional de Estudos da Presença[10], destacamos alguns aspectos em torno do campo da linguagem. Principalmente a questão de como os seres humanos percebem os contextos nos quais estão inseridos e como se comunicam uns com os outros, isto é, a capacidade dos seres humanos em se apropriarem do mundo que os cerca no campo das relações e da *vida que se vive*.

Quando destacamos a linguagem, não reduzimos às palavras as possibilidades de comunicação humana. Trata-se também da cena sem palavra, do ato do corpo em expressão, assim como da dimensão comunicativa de tais práticas artísticas, independentemente de seus estilos ou formas, desconsiderando inclusive um rigor na própria estrutura lógica do texto escrito e dito, ou seja, um possível discurso com um significado a ser compreendido e decodificado pelo espectador.

Roland Barthes em sua aula inaugural no Collège de France, cuja temática, *como viver junto*, também inspirou a Bienal de Internacional de Arte de São Paulo de 2006, nos convida à interessante reflexão sobre as possibilidades de conviver com o outro neste mundo, questão também que, em um certo sentido, nos atravessa durante nossa pesquisa em rede a partir de diferentes percepções, registros e reflexões sobre o material produzido e analisado coletivamente, assim como na descrição de um dos trabalhos presentes no primeiro dossiê analisado nesta pesquisa[11]. Sobre esse aspecto, no prefácio de Claude Coste destaca-se o seguinte comentário: "Em toda a sua obra, Barthes descreve a linguagem como o próprio lugar da sociabilidade,

---

10 Trata-se do encontro presencial entre os pesquisadores da Rede de Estudos da Presença, pesquisa em Rede coordenada por Gilberto Icle da Universidade Federal do Rio Grande do Sul. Esse encontro ocorreu na cidade de Porto Alegre em setembro de 2015.

11 Dessa forma, a ocupação da Estação Férrea, naquele momento, procurava *Existir Junto* com os artistas proponentes em suas obras, questionando como, onde e quando é possível fundar e manter certos fluxos potencializadores de mudanças no ser, no pensar e no agir humanos por um período de existência em arte. Nos dias atuais, as dinâmicas da existência são complexas, pois, coexistem diferentes planos, níveis e dimensões da atuação humana (Universidade Federal de Santa Maria; Grupo de pesquisa: Performances: Arte e Cultura; Título: Performance Existir Juntos; Autora: Gisela Reis Biancalana).

A PRESENÇA DA PALAVRA NA DESCRIÇÃO DOS PROCESSOS... 147

quer se trate de exercer o poder pelas palavras ou de emancipar-se do código pela literatura."[12] Trata-se de questão premente em nosso trabalho de pesquisa pensarmos que a tradução/transcrição/descrição de nossas angústias e indagações, seja como artistas, pesquisadores, discentes ou docentes, passam inexoravelmente pelo campo da linguagem. Nesse sentido, a palavra nos intercepta a todo instante, seja na escritura deste trabalho ou, antes disso, nos resultados de nossas percepções e mesmo no registro de nossas discussões teóricas. Cabe perguntar: a quem serve essa escrita? Pois não podemos de forma alguma, pelo menos nesse contexto, nos libertar dela. No espaço delimitado ao qual nos associamos quando decidimos enveredar pelo campo acadêmico, assinamos o contrato da legitimação simbólica da multiplicação de nossas produções. Tomando distância de nossa prática como artistas acadêmicos ou *pesquisadores do efêmero*, revela-se o panorama em que rascunhamos nossos percursos avaliando as direções a tomar.

Nessa perspectiva, a questão que nos atravessa possui também uma dimensão estética e ética, retomando e reelaborando a questão posta por Barthes na década de 1970 e ainda hoje tão atual: *como viver junto?*[13] Como conviver com nossos obstáculos artísticos e teóricos? Quais as possibilidades de transformação e libertação de uma escrita que tem como ponto de partida ou elemento estimulador o processo criativo? Pensar nessa escrita remete a pensar para quem escrevemos e com qual finalidade? Resulta disso a possibilidade de encararmos de frente nossa principal angústia nesse processo que, para além da dificuldade descritiva, se insere na reflexão de Claude Coste sobre o trabalho de Barthes, ou seja, sobre "a solidão do escritor e a comunidade de seus leitores"[14]. Pensar nessa escrita sem refletir sobre isso significa desconsiderar a perspectiva colaborativa da produção de conhecimento, pois o que fazemos aqui é um esforço na direção de produzir dispositivos para ampliarmos nossas percepções e práticas como artistas e professores no campo acadêmico (tratando-se do Brasil) a partir daquilo que

12 Prefácio, em Roland Barthes, *Como Viver Junto*, p. 30.
13 Ibidem, p. 23-39.
14 Ibidem, p. 29.

148 DESCREVER O INAPREENSÍVEL: AS POSSIBILIDADES DA DESCRIÇÃO...

nos aprisiona e nos liberta num paradoxo constante, porém potencializador. Pois:

Oposto ao caráter implacável da conduta dialética, "o traço" vale igualmente como recusa de qualquer aprofundamento. Começo de pensamento, simples esboço, ou aproximação puramente descritiva, cada "traço" cada "dossiê" desiste de ser exaustivo, para favorecer o investimento pessoal dos ouvintes.[15]

Como infere Coste a respeito da obra de Barthes, o traço dá abertura para produção de outras perspectivas sobre a temática discutida pelo autor, o próprio texto de Barthes se apresenta como *traços*, na medida em que é escrito a partir de anotações e reflexões de aulas, pistas de uma prática em que o autor abre portas para que a arte chegue antes da ciência. Com uma boa mirada no romance, distraindo-se propositadamente de intensas imersões na teoria, provoca o leitor/aluno a entrar pela porta da literatura e não da ciência.

Tomamos de empréstimo esse movimento de Barthes para tecermos a teia que tanto pode nos aprisionar como nos incitar a processos criativos atravessados pelas palavras que, para além da tradução, no sentido restrito do termo, nos remetem à elaboração de traços provocativos e convites ao leitor, não apenas sobre o trabalho que se apresenta efêmero, mas também como um convite à imersão no próprio texto produzido a partir da provocação artística de um ato ou processo cênico. Ora, esse movimento não seria também um outro produto? Um outro processo, não absolutamente independente do objeto que o incitou, não somente um registro anatômico, um dossiê de análise sobre aquilo que se pode ou não descrever no ato criativo, mas o esforço material de criação de um objeto artístico híbrido entre ciência e arte.

Em outras palavras, na solidão em que a escrita nos posiciona quando sentamos para elaborar um texto que se aproxima daquilo a que assistimos ou participamos como espectador/pesquisador, ator, emergem tensões em que os limites entre nossas percepções e nossa escrita se configuram como nosso campo de criação.

15 Ibidem, p. 35.

No entanto, a principal questão parece ainda não ter sido respondida: para quem escrevemos? E qual o objetivo de nossa escrita? Passar por essas questões significa considerar o desenho das palavras e dos silêncios que se mostram nas lacunas e na forma que o texto se constrói. O texto/traço, marca de uma escrita produzida por Barthes em sua obra *Como Viver Junto?*, nos provoca a inventar maneiras de lidar com os processos que nos atravessam no campo das relações humanas. São algumas pistas a respeito de nossas próprias inquietações como artistas, professores, pesquisadores, subjetividades que se forjam num embate de forças entre ciência e arte, entre os espaços de atuação artística e os espaços da academia, entre os silêncios e as palavras.

CONCLUINDO

As discussões apresentadas aqui, oriundas de uma desafiadora experiência de trabalho coletivo, longe de nos posicionar num lugar de conforto nos instigam a pensar em nossas práticas como artistas-pesquisadores, seja no Brasil ou na França. Ao mesmo tempo, tais questões nos desafiam a criar caminhos que possam provocar o leitor, nosso leitor, esse leitor cujo fio de Ariadne se inicia na recepção do texto. Escrevemos para nos certificar que existimos e que resistimos como artistas-pesquisadores? Escrevemos para multiplicarmos? Pois acreditamos que nossa arte é tão efêmera que não resistirá ao tempo e não se perpetuará no coração das pessoas? Escrevemos porque acreditamos na força das palavras recheadas de vida e ato como dispositivo de transformação de si e do outro? Escrevemos para preencher requisitos profissionais? Refletir sobre tais questões significa procurar quais palavras nos cabem ou não, inventando-as ou reinventando-as se necessário.

Um segundo desafio seria como dar o texto a ler. Como oferecer esse texto a nosso leitor? A quem interessa esse texto? E como ele poderia se constituir? Pois como nos diz Larrossa:

– Receber as palavras, e dá-las. – Para que as palavras durem dizendo cada vez coisas distintas, para que uma eternidade sem consolo abra

DESCREVER O INAPREENSÍVEL: AS POSSIBILIDADES DA DESCRIÇÃO...

o intervalo entre cada um de seus passos, para que o devir do que é o mesmo seja, em sua volta ao começo, de uma riqueza infinita, para que o porvir seja lido como o que nunca foi escrito... há que se dar as palavras que recebemos. – Talvez dar a ler?[16]

"Dar as palavras que recebemos." Suprimindo, incluindo desmontando, reconfigurando as palavras em uma liberdade em que o limite do processo é o outro, pois esbarramos novamente na questão: para quem escrevemos sobre os processos criativos?

Nesse exercício de reflexão sobre os desafios da tradução dos processos criativos de práticas performativas em palavras, talvez possamos construir outro objeto não menos artístico, nem tanto acadêmico, e daí reinventemos uma nova maneira de se fazer ciência na arte descortinando a arte como uma outra ciência, mais sensível e humana.

BIBLIOGRAFIA

ARTAUD, Antonin. *Linguagem e Vida*. São Paulo: Perspectiva, 2008.

BAPTISTA, Fernando Paulo. *A Rede Lexical do Imaginário. Clave Para Leitura Deste Conceito*. Lisboa: Instituto Piaget, 2007.

COSTE, Claude. Prefácio, In: BARTHES, Roland. *Como Viver Junto: Simulações Romanescas de Alguns Espaços Cotidianos*. São Paulo: Martins Fontes, 2013.

GROTOWSKI, Jerzy; FLASZEN, Ludwik; BARBA, Eugênio. *O Teatro Laboratório de Jerzy Grotowski: 1959-1969*. São Paulo: Perspectiva, 2007.

FLORENTINO, Adilson. A Pesquisa Qualitativa em Artes Cênicas: Romper os Fios, Desarmar as Tramas. In: TELLES, Narciso (org.). *Pesquisa em Artes Cênicas: Textos e Temas*. Rio de Janeiro: E-Papers, 2012.

LAROSSA, Jorge. *Linguagem e Educação Depois de Babel*. Belo Horizonte: Autêntica, 2004.

LOBO, Andréa; FAVILLA, Maria. A Leitura Dramática na Formação do Artista Docente. *Moringa: Artes do Espetáculo*, João Pessoa, UFPB, v. 2, n. 2, dez. 2011.

---

16   J. Larrossa, *Linguagem e Educação Depois de Babel*, p. 15.

Paisagens

Carminda Mendes André

Em memória de Jorge Schutze.

Neste artigo, objetiva-se refletir sobre a escrita científica, principalmente sobre os relatos de experiência tão comuns nos mestrados em artes da atualidade. A problemática se dá quando o pesquisador está diante da comunicação de experiências que não cabem na escrita descritiva acadêmica convencional. Neste texto, isso que não se pode descrever será aproximado à noção de presença, mais usual quando se trata das artes do corpo e menos usual quando se trata da escrita.

No campo específico, *Cacarecos no Fio* é uma investigação poética que indaga relações entre as escolhas dos proponentes e o resultado formal da ação com a cidade que recebe a intervenção urbana. Ou seja, o quanto podemos ler a cidade projetada no processo e na ação poética. No campo expandido da Rede Internacional de Estudos da Presença, *Cacarecos no Fio* torna-se um dos processos criativos que compõem o *corpus* dos dossiês formados ao longo da pesquisa da Rede.

Para a construção da argumentação desejada propõe-se a tessitura de uma cartografia composta por três pontos conceituais, a saber: a modernidade pensada por Charles Baudelaire, a noção de paisagem criada por Nelson Brissac Peixoto e o contemporâneo apresentado por Giorgio Agamben.

152 DESCREVER O INAPREENSÍVEL: AS POSSIBILIDADES DA DESCRIÇÃO...

Como material para as análises desse artigo, serão utilizadas descrições dos processos de criação de *Cacarecos no Fio* e de outros processos descritos nos dossiês com a finalidade de se aproximar do acontecido neles.

CARTOGRAFIA URBANA

Para a produção dos dossiês, cada grupo de pesquisa escreveu dois textos. O primeiro tratou da descrição do processo criativo escolhido. Para uma inicial análise de discurso, das tendências de escrita do grupo de pesquisadores, podemos observar o esforço pela descrição, no sentido fenomenológico do termo (detalhamento do processo para pintar um quadro mais aproximado do ocorrido). Quando adentramos o dossiê número 1, observamos que dos dez textos produzidos, sete seguem a escrita da descrição realista com o intuito de produzir mapas do processo. Mesmo que esteja implícito tratar-se de uma interpretação do real, os enunciados são elaborados de forma a nos convencer afirmativamente de que se trata do que verdadeiramente ocorreu.

Contudo, três textos fogem à regra. Em um ensaio escrito por Sérgio Andrés, o objeto da descrição é um processo de iniciação teatral e, no entanto, o que está se compondo à frente do leitor é um professor de teatro com suas inseguranças e finalidades alcançadas. O segundo, um texto composto parte em formato poético, parte descritivo, assinado por Ana Cristina Colla e Renato Ferracini. E, por fim, nosso texto que, neste momento, apresenta-se em forma dialogada.

A título de argumentação do que aqui se expõe, analisar-se-á somente este texto, suas intencionalidades ora realistas, ora não, para a parte em diálogo. Optou-se por compor o texto de descrição do processo montando um diálogo transcrito por debates escritos entre os artistas participantes no intuito de representar, sem mediação, o dissenso que brotou desde o início do processo. A forma dramática, por sua natureza, apresenta a autonomia do mundo em ato, da vida social como um movente em que nossa autonomia é relativizada pela própria autonomia da vida. Desejou-se mostrar quão pouco controle se tem dos

PAISAGENS

conflitos que surgem quando os coletivos apresentam suas ações e interpretam as ações alheias.

MILENE (ao comentar a ideia de Elder de amarrar-se ao poste com flores): Eu acho interessante considerar que cada um pode pensar melhor o espaço que habita... ao mesmo tempo fico pensando o que, da sua ação, vá agora dialogar com a nossa... só o fato de acontecerem ações em lugares diferentes com flores? Porque o que unia a nossa ação inicial era a ideia de fechar uma rua com flores (que já é uma ideia bastante impactante) e observar o que as pessoas fariam com essa situação... como lidariam com as flores...

JORGE: Será que importa mesmo que as ações tenham similaridades formais? Será que o fato das ações serem resultado de conversas com pessoas de partes distintas do país com foco na militarização do comportamento humano, não são já de enorme importância? Será que a forma como cada um de nós vê e pensa as coisas não tem uma validade, por si mesma? Será que para dançar é preciso seguir uma coreografia? Questões... Receio que por falta de uniforme não nos sintamos em grupo. Por falta de coerência formal não nos sintamos coerentes naquilo que a forma não tange.

CARMINDA: Queridos todos! Muito bom o que Jorge disse, acho que a gente precisa sempre ficar alerta com nossa mente domesticada. Acho que a ação das flores tem como similaridade o confronto entre flores e carros. Como cada grupo fará, tem que partir dos sentimentos *in loco*. Em Sampa, acho o "cordão das flores" fechando a rua muito pertinente. É isso, cada qual faz uma coreografia similar (e não igual).[1]

Pode-se dizer, ainda, que se optou por esse formato dramático para que a polêmica inevitável e os próprios sujeitos pudessem apresentar os sucessos e percalços do caminho. Também para mostrar o dissenso quanto ao pensar a arte na rua para os coletivos envolvidos.

Ainda nessa fase, observa-se, nos textos do dossiê número 1, a preocupação com o registro detalhado do processo, um mapeamento das fases e elementos constituintes.

Em *Cacarecos no Fio*, os executores criadores das intervenções foram Carminda Mendes André, Milene Valentir Ugliara, Marose Leila e Silva, Diga Rios e Daniela Hernandez (grupo paulistano), Elder Sereni Ildefonso (coordenador do grupo mineiro) e Jorge Schutze (coordenador do grupo alagoano).

1   Rede Internacional de Estudos da Presença, Dossiê Descrição de Processos de Criação, Dossiê número 1.

Essa ação artística foi constituída pelas cidades de São Paulo (sp), Uberlândia (mg) e Maceió (al), que se uniram para criar uma cartografia entre o presencial e o virtual. O nome *Cacarecos no Fio* surgiu, talvez, resultante da imagem entre o moderno e o pós-moderno, referência aos fios de telefone, fios de comunicação que uniram artistas de distâncias tão longínquas umas das outras. Porém, tais fios foram tecidos pelo invisível fio eletromagnético da transmissão via satélite: Skype, Facebook, *e-mails*. Fios ondulantes invisíveis e sensíveis.

Em debate, elencaram-se três elementos possíveis de união entre as intervenções urbanas: uso da rua, uso de flores e, inicialmente, o nome da rua Duque de Caxias. Dos três elementos comuns, somente os dois primeiros estiveram nas três intervenções. Para a ação de São Paulo, o grupo não achou conveniente realizar a ação na própria rua Duque de Caxias, escolhendo em seu lugar a rua Bartira, principalmente por sua topografia. Na cidade de Maceió, foi criada uma ação de intervenção urbana em que os integrantes dançam entre os carros, em um semáforo da rua Duque de Caxias, entregando flores a todos que se abriram ao convite.

A ideia era entregar flores vivas para os carros, mas os vasos com flores crescidas era muito caro para o orçamento do grupo. Então compramos ramos de flores dos quais tirávamos uma por vez para entregar a cada motorista, como está no vídeo. Acharam que se tivéssemos flores pra mais ação, seria legal. Dava pra ficar ali até umas cinco horas. Eu considero positiva as respostas dos passantes. Ninguém se irritou conosco, muitos até queriam receber as flores e não se incomodavam de receber a buzinada dos demais ao parar o carro. Alguns até disseram "que pena que está morta" (Jorge Schutze).[2]

Alagoas evidencia a dança, a atitude de colocar os corpos dos artistas em risco entre os automóveis e a faixa de pedestre, lá se opta pela roupa branca e por uma solitária margarida branca nas mãos a ser oferecida àqueles que estão dentro dos carros.

Acredito que uma ação é total quando se torna tão viva a ponto de colocar o cotidiano em conflito, a cultura em xeque, a vida em êxtase e, até onde sinto, isso é possível quando o *performer* se arrisca. Arrisca toda a construção cultural de si mesmo, pelo menos (Jorge Schutze).[3]

2 Ibidem.
3 Ibidem.

Na cidade de São Paulo, um cordão de vasos de flores foi colocado na faixa do semáforo da rua Bartira e abandonado pelos *performers*, criando uma provocação aos motoristas.

Bem, a ideia de fechar uma rua paulistana com flores tomou conta de todos. Como não teríamos dinheiro para encher a rua, pensamos em uma fileira de flores, que nos levou até o Ceasa para buscar os vasos mais baratos e mais bonitos. Duas pessoas filmavam: Daniela, em cima e de costas para a ação, e Diga, de frente. A rua Bartira foi escolhida por sua topografia e pelo bairro (classe média). Uma vez as flores colocadas nas esquinas, a coreografia era composta pelo tempo de três faróis fechados. No primeiro, as três mulheres (Carminda, Milene e Marose) só desfilavam com as flores (colocá-las na cabeça foi invenção feita no calor da hora); no segundo, seguimos a intuição de Milene em perfilar também entre os carros, criando uma espécie diálogo; no terceiro, colocamos as flores enfileiradas e saímos, fomos embora. Só ficamos sabendo o ocorrido quando o vídeo apareceu (Carminda M. André).[4]

FIG. 3: *Cidadão desconhecido recolhendo vasos de flores da Intervenção Urbana Bartira, São Paulo, Rua Bartira, 2013. Foto: Diga Rios.*

São Paulo evidencia a espacialidade (rua em declínio e sem horizonte), a ausência dos corpos dos *performers*, a participação dos habitantes.

Na minha opinião, colocar as flores na faixa é questionar o uso do espaço público... e o imperativo dos carros nesses lugares (com seu ritmo, fluxo, velocidade). As flores são uma provocação a esse lugar compactado... o motorista pode passar por cima, mas pode também,

4 Ibidem.

156 DESCREVER O INAPREENSÍVEL: AS POSSIBILIDADES DA DESCRIÇÃO...

rever esse imperativo de uso do espaço e fazer algo diferente do que deveria... (Milene Valentir).[5]

Na cidade de Uberlândia, um *performer* se amarra ao poste, no semáforo da rua Duque de Caxias, com os pés enterrados em um saco de terra, uma mordaça e um cartazete afixado à camisa com o escrito: "Por que Duque de Caxias?" Enquanto isso, outros *performers* entregam flores aos motoristas convidando-os a pensar quem foi Duque de Caxias.

A proposição se encaminhou para a ideia de levar flores para uma rua homenageada com o nome de alguém que foi ativo em guerras, genocídios, ditaduras, entre outros. No caso experienciado em Uberlândia, foi eleita a rua Duque de Caxias na zona central da cidade, lugar de intenso movimento, por onde transitam pessoas das mais diversas características. [...] os cidadãos com flores ganham território pela fragilidade em oposição a história dos feitos de Duque de Caxias e a partir deste instante o que não pode ser dito pode ser feito. Simultaneamente eu me encontrava amarrado no poste com o seguinte escrito: "por que Duque de Caxias?" (Elder Serene).[6]

Na busca por imagens sínteses das cidades performadas, aparecem indicativos de diferentes procedimentos criativos.

Fico pensando nas diferenças de impulso poético (não sei como chamar isso!) de cada grupo e de que modo isso tem um diálogo com as cidades. Em São Paulo fizemos uma intervenção poética urbana? Em Maceió fizemos uma composição poética urbana? Em Uberlândia fizemos terrorismo poético? (Carminda M. André).[7]

Percebe-se que os coletivos aproximam cidade, estética e ética. A arte aí não é tratada como obra (processo finalizado). A arte é apropriada como exercício para o conhecimento de si (dos *performers*) e da cidade (os cidadãos).

A cidade que recebe a intervenção urbana tem seu cotidiano alterado, convidando o cidadão a desacelerar. A arte que se compõe na cidade busca a adesão e a harmonia com o disparate, convidando o cidadão a buscar sentido no que parece agradável, mas fora de lugar. O terrorismo poético ataca os cidadãos

5   Ibidem.
6   Ibidem.
7   Ibidem.

FIG. 4: *Performer Elder Serene realizando performance urbana, sem título, Uberlândia (MG), 2013. Foto: arquivo pessoal do performer.*

com as armas simbólicas do questionamento da homenagem ao militar.

Em cada cidade, uma imagem apresenta a cidade vista e vivida pelos coletivos sob meus olhos (perspectiva pessoal).

158 DESCREVER O INAPREENSÍVEL: AS POSSIBILIDADES DA DESCRIÇÃO...

Em Maceió: Lindo mar verde ao fundo. Figurino branco. Um homem oferecendo uma flor a outro homem. Um na rua, outro no caminhão. Em São Paulo: Uma rua sem horizonte. Uma fileira de flores trancando a rua cheia de carros.
Em Uberlândia: Um homem plantado e amarrado ao poste, amordaçado, com um cartaz: Por que Duque de Caxias?, na esquina da rua Duque de Caxias. (Elder Serene)[8]

Elder Serene analisa as três ações observando relações entre as urgências de cada cidade e as "táticas" de ações utilizadas por cada coletivo. O indescritível que emerge dessa cartografia urbana pode aproximar-se da "presença da urgência" invisibilizada pelo cotidiano. A arte, ao intervir, cria um deslocamento no fluxo naturalizado do cotidiano urbano, inventando uma outra dimensão no tempo e no espaço público.

A PROCURA DA "PAISAGEM"

Interessante perceber que os mapas traçados por esses primeiros textos da pesquisa da Rede já apontam momentos de uma escritura (e não de escrita descritiva), aproximam o leitor do poético alcançado nos processos descritos. A busca pelo rigor científico cartesiano, no entanto, acaba por levar os(as) autores(as) a posicionarem-se no lugar do sujeito do conhecimento, apartado do objeto a ser conhecido (tal como na clássica divisão dos modelos do conhecimento). Ainda são poucos os momentos em que o sujeito do conhecimento se dissolve no descrito. Poucos são também os momentos em que o leitor sofre deslocamentos conceituais ou afetivos com as descrições do dossiê número 1.

O que falta na escrita descritiva fenomenológica quando se deseja que o leitor participe para além do conhecimento informativo? Ao observar o conceito de "paisagem" de Nelson Brissac Peixoto[9] entende-se que o mapa, que é a finalidade da descrição científica, pode nos afastar da presença do acontecimento poético.

8 Ibidem.
9 Cf. Ver o Invisível: A Ética das Imagens, em A. Novaes (org.), *Ética*, p. 425-453.

Peixoto estuda tipos de imagens cinematográficas que não se podem descrever, imagens do impensável, pesquisa um cinema que faz ver o indiscernível. Coleciona imagens que não precisam de explicações, que não necessitam de linguagem mediadora, imagens que falam por si sós. Ao refletir sobre rostos e paisagens (aqui no sentido da natureza) representados (seja na fotografia, na pintura ou no cinema), nos remete a uma presença invisível que se manifesta e nos arrebata. A "paisagem" de um rosto, assim como a da natureza, conta a história de quem o possui.

O autor, ao compactuar com as teses de Walter Benjamin[10] nas quais se problematiza a perda da aura da arte, entende que a arte, ao deixar de ser sagrada, deixa de expressar as "paisagens" dos rostos, dos gestos, da vida cotidiana. O artista, nessa perspectiva, seria um buscador de presenças do invisível nas imagens. Essa presença, "nunca se oferece inteira e imediatamente", é "algo que reside na profundidade da imagem, que nos é invisível"[11].

Sob as asas de Roland Barthes[12], Peixoto nos apresenta aspectos do conceito de paisagem de um rosto fotografado. O autor nos faz ver uma presença, um olhar que imprime a expectativa de ser retribuído. Portanto, para ver o invisível, o artista buscador aproxima-se de uma ética do olhar.

Imagens que procurem olhar o mundo nos olhos, que tentem deixar as coisas nos olhar. Perceber aquilo que faz as coisas falarem, a sua luz, o seu rio subterrâneo. Essa atitude, esse respeito pelas coisas – é ética.[13]

É na interpretação de *As Cidades Invisíveis* de Calvino que Brissac se aproxima de nessa problemática sobre a escrita descritiva de nosso dossiê número 1:

O aventureiro [Marco Polo] lança mão, para assinalar uma cidade, de pantomimas e objetos os mais variados, que é preciso interpretar. A relação entre os símbolos decifrados e os lugares visitados, porém, resta sempre incerta. Aqueles estranhos símbolos podem representar inúmeras coisas ou acontecimentos diferentes. Mas tudo o que ele

10   Cf. *Obras Escolhidas I.*
11   N.B. Peixoto, op. cit., p. 435.
12   Cf. *A Câmara Clara.*
13   N.B. Peixoto, op. cit., p. 437.

160 DESCREVER O INAPREENSÍVEL: AS POSSIBILIDADES DA DESCRIÇÃO...

mostra acaba ganhando o poder dos emblemas, que uma vez vistos não podem ser mais esquecidos.

[...]

Mas o que o imperador considera interessante nos fatos referidos por seu inarticulado informante – diz ainda Calvino – é "o espaço que resta em torno deles, um vazio não preenchido por palavras". Aquilo que não se poderia traduzir em linguagem, os limites da descrição, a possibilidade de nela se perder ou abandoná-la a meio caminho. Tanto é que, com o passar do tempo, as palavras – que servem melhor para apontar as coisas mais importantes – foram substituindo os objetos e gestos nas narrativas de Marco. Todavia, quando conta como devia ser a vida – esse indescritível – naqueles lugares, as palavras escasseiam e ele volta a fazer uso de gestos e caretas.[14]

Brissac Peixoto defende que Calvino anuncia outro modo de escrita, diferente da descrição dos românticos e realistas. Calvino exercita dois tipos de descrição. Uma delas faz com que tudo na cidade se torne símbolo, se torne linguagem (ícones, estátuas, placas, letreiros, anúncios, nomes), "tudo se presta de imediato à descrição, ao mapeamento da cidade"[15] tal como nossos pesquisadores no dossiê número 1. "O olhar percorre as ruas como se fossem páginas escritas: a cidade diz como se deve vê-la". Nessa abordagem, "o que conta e o que esconde, parece impossível saber"[16].

Quando não mais é possível a descrição convencional, outro tipo de escrita aparece no livro de Calvino, em que a natureza se mostra como "paisagens mudas" e "árvores e pedras são aquilo que são". "Seria preciso saber ouvir o seu silêncio, como se fosse uma paisagem feita apenas de árvores e pedras"[17]. Nessa segunda escrita, será preciso que o narrador deixe as coisas falarem por si mesmas para fazer emergir as cidades invisíveis. Quantas cavernas e vilas estão invisíveis nas cidades de São Paulo! Uberlândia! Maceió! Santa Maria! Porto Alegre! Rio Branco! Novo Airão! Paris!

Com o auxílio de Lyotard[18], o pesquisador brasileiro afirma que a paisagem é desprovida de função e de um proprietário,

---

14 Ibidem, p. 438-439.
15 Ibidem, p. 439.
16 Ibidem.
17 Ibidem, p. 440.
18 Cf. *L'Inhumain*, p. 200.

PAISAGENS

e que é preciso que o caminhante silencie seus desejos e pensamentos para sentir sua presença. "Não é preciso ter experiência ou opiniões sobre a paisagem. Ela existe sem associações ou sínteses. É preciso emudecer o espírito para que possa aparecer a paisagem. Aqui não há, definitivamente como falar dela."[19]

No texto de Ana C. Colla e Renato Ferracini, os autores descrevem a pesquisa de campo (vistas, fotos, entrevistas) e a posterior composição corpórea. Em "Dona Maria, a primeira" e "Dona Maroquinha", o leitor deleita-se com a paisagem da pesquisa de campo. O que se vê não tem nome e as coisas, as entrevistadas, os sentimentos, tudo fala por si mesmo, pois não há precisão realista no escrever. "Cheiro forte, de tempo, de mofo, de fumo, saliva negra, cuspida no pote de margarina ao lado da cama" é Dona Maria descrita pelo olhar de quem pressente o invisível. As coisas falam sem mediação. Ou então "O corpo escorreu da voz" outra descrição de Dona Maria que já não sabemos tratar-se do modelo vivo ou da técnica da atriz em busca da mimese corpórea; uma dissolve-se na outra.

A presença do acontecimento, seja nos encontros, seja na composição corpórea dos atores é pressentida no silêncio dos narradores diante do real, dando passagem para que seres e coisas desse real tomem a palavra na língua dos seres e das coisas. A paisagem que se forma é rastro do acontecimento (no encontro, no conhecimento, na corporeidade da atriz).

EXERCITANDO A ESCRITA DA PAISAGEM

Outro texto foi produzido para compor o dossiê número 2 da pesquisa da Rede. Nesse, os pesquisadores foram provocados a descrever o que não era possível descrever dos processos descritos anteriormente. Dos dez textos que compõem esse segundo documento, a tendência da escrita da maioria é a linguagem abstrata da conceituação teórica que tende ao filosofar. Apenas um tangencia a linguagem poética (Ana Cristina Colla) para teorizar e outro assume a resposta à provocação do coordenador da Rede pela linguagem da narrativa literária.

19 N.B. Peixoto, op. cit., p. 443.

162 DESCREVER O INAPREENSÍVEL: AS POSSIBILIDADES DA DESCRIÇÃO...

A finalidade de produzir três narrativas para descrever o que não pode ser descrito do processo de *Cacarecos no Fio* seria a de aproximar o leitor das "paisagens" das cidades que as intervenções urbanas formaram na visão da narradora. A mordaça, o cartaz, o poste, os pés enterrados, o questionamento do uso do nome de Duque de Caxias suscitam a memória da violenta história do racismo de Uberlândia, onde se produziu a narrativa "O Homem do Esparadrapo na Boca". A faixa de pedestre, as fases do farol, o alinhamento dos vasos de flores, o menino dos malabares, transeuntes, os carros concretizam o grito daqueles que reclamam o uso do espaço público que foi sequestrado pelo estado paulista, onde se produziu "O Menino e as Flores". Por fim, o branco das vestimentas, o mar verde ao fundo, a margarida solitária, a dança entre os carros, os caminhões cartografam o patriarcado dos cabras-machos e da imagem de exportação do nordeste primitivo e, por isso, religioso, produziram a narrativa "O Homem da Flor na Mão".

PAISAGEM UBERLANDENSE: O HOMEM DO ESPARADRAPO NA BOCA

Já vi muitas esquisitices, mas igual àquela na cidade de Uberabinha ainda não. Até hoje tenho guardada na memória aquela imagem do homem replantado em um saco de terra e amarrado ao poste. Fiquei intrigado para saber o que aquele caboclo queria nos dizer com a boca tampada por um esparadrapo muito largo, que eu mesmo nunca vi na farmácia. Fiquei vagueando sobre a história do lugar. seria algum caso misterioso? A cidade de Uberabinha foi mais um rebento da força colonial: versava ali a moral missionária e seus instrumentos de tortura psicológica, assim como a moral escravagista com seus instrumentos de suplício carnal. Será que o corpo amarrado ao poste se referia a esses tempos do antigamente? No início do século xx, Uberabinha já era Uberlândia para orgulho da velha oligarquia e da nova burguesia. Não caía bem ser o diminutivo de outra cidade. Mesmo depois de mais de meio século de abolição, Uberabinha, tal como Uberaba Mãe, orgulhava-se por manter a proibição dos negros de frequentar os clubes das elites brancas. Será que o rapaz referia-se a isso? Uberabinha tem hoje uma universidade federal excelente. Gente de fora chega por ali com esquisitices... O rapaz parecia mais um estudante em protesto. Nítido que não era da região. Feições delicadas e cabelão de Tiradentes, só poderia ser estudante. Naquele dia eu passava pela esquina da rua Duque de Caxias e deparei-me com ele de pés plantados em saco de terra e corpo amarrado ao poste. Sua boca amordaçada segurava um ramo de folhagem com uma flor branca e no peito a inscrição: "Por que

PAISAGENS 163

Duque de Caxias?" Me lembro bem dessas palavras porque as li várias vezes e pensei nelas várias vezes: mas é óbvio, é uma homenagem ao grande militar Duque de Caxias! Mas em momento seguinte surge na cabeça a pergunta: mas quem é Duque de Caxias? No livro de história que consultei, o duque combateu os que eram contra o Império. Deve estar envolvido em revoltas sangrentas contra negros, índios e outros que não concordavam com a política imperialista dos Pedros de Portugal! Será que a terra nos pés e as flores nas mãos do sujeito queriam dizer sobre as sepulturas dos familiares mortos por Caxias? Bem, se assim é, fico a perguntar por que reverenciamos um sujeito como esse duque? Talvez o rapaz quisesse nos chamar a atenção para isso. E quando quase esquecia o rapaz... mas o que tinha que ver o duque com Uberabinha? Teria ele passado por ali?

Ah! Por que um sujeito perde seu tempo e me faz perder o meu com uma ação extravagante dessas!?[20]

PAISAGEM PAULISTANA: O MENINO E AS FLORES

O pivete paulistano pensava: "Que saco! Venho lá de longe com meus malabares pra ganhar uns trocados no meio dos bacanas; escolho uma rua que não tem muito movimento para não chamar muita atenção dos polícia e, de repente aparecem umas madames cheias de vasos de flores. Será que vão vender? Justamente nessa rua? Será que não poderiam ir para a outra esquina? Vão atrapalhar meu negócio. Ó lá, as três passando pelos carros, será que vão oferecer as flores? Estão estragando nosso trampo! Quem vai dar troco pra gente com essas sem-noção aí? Olha lá, elas nem sabem vender, passam pelos motoristas e nem param ao lado do vidro. Como querem ganhar a vida assim? Ai meu deus! Estão rodando em volta dos carros! Não vai dar tempo de vender nada! Olha lá, não falei? O sinal abriu e as babacas estão com os mesmos vasos na mão. Que comédia. Fechou o sinal. E agora? Elas vão ficar desfilando na faixa, com os vasos na cabeça?! Será que é um tipo de pegadinha? Será que estão fazendo propaganda de algum produto? Sei lá, o melhor é eu ficar aqui no canto, isso aí não vai dar boa coisa. Ó lá, fechou o sinal. Ei, pera aí, elas estão fazendo uma fileira de vasos de flores na faixa de pedestre!? Estão fechando a rua toda!? Será que é uma tática de venda? Meu deus, quero ver só no que isso vai dar. Fizeram uma fileira certinha, ficou até bonito. Flores caras, tenho certeza. Será que elas vão oferecer para os motoristas? Não!!! Elas estão indo embora!!!! Mas o sinal já vai abrir? Ei, quem será que vai tirar as flores? Estão buzinando! O sinal abriu! Quem vai ... ai, os motoristas passam pela lateral para atropelar poucas flores... ainda bem. Mas, qual, ai ai ai! Filho da puta daquele motorista do carro de serviço! Fez questão de atropelar um monte de flores, que falta de respeito com a vida!"

20   Os vídeos das três performances urbanas estão disponíveis no YouTube.

164 DESCREVER O INAPREENSÍVEL: AS POSSIBILIDADES DA DESCRIÇÃO...

Fecha o sinal. Silêncio. Tristeza. Indignação. Interrogação. Vários vasos atropelados e vários ainda intactos. Teve gente que saiu do carro para tirar as flores sobreviventes do asfalto, teve gente que ajudou, o menino também. Todos se interrogavam sobre a ação. O que era? Por que aquelas mulheres teriam provocado tanta destruição? O que significa aquelas flores? Será macumba? Promessa? Luto? E o menino se indagava: "Se fosse eu quem tivesse ali, no lugar daquelas flores, eles teriam passado por cima de mim?"

PAISAGEM ALAGOANA: O HOMEM DA FLOR NA MÃO

Lá estavam eles, eram uns quatro. Cinco. Todos vestidos de branco, oferecendo flores aos motoristas dos carros. Ou seria para os carros? Seriam religiosos em paga-promessa? O dia estava radiante, quente, o mar no verde que só tem na cidade de Maceió. Parece idiotice o que vou dizer, mas o que pareciam fazer era dançar entre os carros. Não, na verdade, pareciam dançar com os carros. É loucura o que estou dizendo, eu sei, mas era o que pareciam fazer. No sinal fechado, uns invadiam a faixa de pedestre enquanto outros, os corredores. Evoluía o que pareciam passos de dança com a lataria motorizada. Corpos de carne em contradança com corpos de lata. Corpos do asfalto. Ofereciam flores sem distinção: carros grandes, pequenos, caminhões, ônibus, motos. Militantes pela paz? Atravessei a rua e fiquei de longe a observar. Maceió estava em pleno verão de janeiro, fiquei de costas para observar o mar. A brisa boa roçou meu rosto e quando voltei para ver os dançarinos do asfalto, vivi o que não se explica. Seria obra do tinhoso? Ou de Nossa Senhora? Ali estava o rapaz oferecendo uma flor ao caminhoneiro. A janela estava fechada e o rapaz de branco mantinha certa distância respeitosa do caminhão. Não parecia estar preocupado se seria correspondido ou não. Foi então que aconteceu. Um silêncio absoluto tomou conta. O silêncio da flor, do gesto, da distância respeitosa, do vidro da janela do caminhão, do entreolhar caminhoneiro-homem de branco congelou o tempo do mundo. Ninguém percebeu, mas o tempo parou. No olho no olho, reflexo do reflexo, o primeiro homem olhou pela primeira vez para Deus, que também contemplou pela primeira vez o homem. Tudo parou. Era a contemplação final o que sentíamos na pele. Na espera, uma angústia forte tomou conta do sol, do mar, dos corpos das gentes e num quase explodir de dor sem corpo, o motorista dá um cutução em seu ajudante que, no susto próximo da primeira respiração do bebê, abriu a janela e acolheu o gesto e a flor do homem de branco. O cutução do motorista seria falta de ar? Não queria fazer desfeita com Deus? Foi simpatia? Foi superstição? E, como uma descompressão cósmica, um alívio, a janela foi aberta e a mão morena e forte que segurava a flor delicada e frágil recebeu a mão morena e endurecida que havia sido convidada a experimentar a delicadeza e a fragilidade da flor. Eu teria lembrando dos tempos em que podíamos ficar no colo da mãe ou da avó recebendo cafuné até cansar. Sinal verde. Sorriso de menino. Cara de bobo. O sujeito e eu fomos com a flor (ele com a flor na mão, eu com a flor na imaginação) sem saber exatamente o que é a vida.

Sem o deslocamento do pesquisador da posição de sujeito do conhecimento para a de narrador nada disso teria sido dito, pois essas paisagens surgiram na narrativa e com ela.

A escrita científica padrão ou o modo como produzimos o discurso científico tendem a apresentar os fenômenos em seus elementos objetivamente. Para isso, busca distanciar o sujeito do conhecimento de afetações emocionais, na tentativa de retratar com fidelidade o fenômeno (no caso aqui, os processos criativos). Há a crença de que os fenômenos existam independentemente dos sujeitos que o notificam. Esse distanciamento faz com que o pesquisador procure uma escrita que possa servir como um bisturi cirúrgico, aproximando a descrição de uma autópsia.

No entanto, quando nos deparamos com pesquisas que são a própria experiência artística e nas quais o saber desejado é uma possível aproximação do incomensurável/impensado, ou seja, daquilo de que não se sabe nem mesmo em hipótese, surge o problema da escrita para o pesquisador. Como descrever o que não se conhece, senão por aproximação? Como escrever sobre o que não tem nome, senão lançando-se na invenção de modos de escrita compatíveis ao saber aproximado? Outros parâmetros surgem para o sentido do termo "científico". Nesse, a experiência não mais é compreendida como acumulações do passado. Em alguns casos, a escrita científica aproxima-se da escrita literária. Muitos exemplos desse tipo de escrita podem ser observados em pesquisas produzidas a partir de epistemologia feminista ou pós-colonialista.

PARA CONCLUIR, UMA INTERPRETAÇÃO POSSÍVEL PARA O INDESCRITÍVEL

Nas conversas com a Rede, a questão acerca do "que não se pode descrever da descrição dos processos criativos" aproximou-nos de conceitos como presença, presente e acontecimento.

166 DESCREVER O INAPREENSÍVEL: AS POSSIBILIDADES DA DESCRIÇÃO...

A pergunta fundante para os artistas da Rede desdobrou-se em indagação filosófica: "como descrever a presença, o presente, o acontecimento nos processos criativos"?

Modernidade Como o Presente

Baudelaire chama seu presente de modernidade. Busca capturá-la aproximando "belo" e "moda", entendendo a moda, a vestimenta, como uma representação estética da moral sonhada de uma época (histórica)[21]. A moda aí é equivale ao que a sociedade que a produziu "gostaria de ser". Ou seja, a utopia do seu bem-viver estaria expressa na moda. Ética e estética inseparáveis. "A ideia que o homem tem do belo imprime-se em todo o seu vestuário, torna sua roupa franzida ou rígida, arredonda ou alinha seu gesto e inclusive impregna sutilmente, com o passar do tempo, os traços de seu rosto. O homem acaba por se assemelhar àquilo que gostaria de ser."[22]

O belo não é forma, modelo estético, mas modelo de moralidade. O traje, ao ser corpo (o visível, o palpável), traz a alma da época (o invisível, impalpável). Baudelaire, sem considerar a funcionalidade ordinária da roupa, dá ao traje o *status* de símbolo da modernidade do tempo presente. O traje é mais do que aquilo que vemos nele, carrega duplas dimensões: eterna e histórica; poética e ordinária; moral e ética. O belo, que compõe a moda, é constituído pelo elemento eterno, invariável, e pelo elemento relativo, circunstancial, que é a época, a moda, a moral, a paixão. Esse último é, para o autor, "como o invólucro aprazível, palpitante, aperitivo do divino manjar, o primeiro elemento seria indigerível, inapreciável, não adaptado e não apropriado à natureza humana"[23]. O belo é a promessa da felicidade de uma época, porém, sem a forma que dá corpo a esse pensamento moral, os homens não teriam acesso ao belo, ou seja, não teriam possibilidade de exprimir, de representar, de traduzir em linguagem (comunicar) a felicidade; sem a forma não teriam possibilidade sequer de pensar a felicidade.

21 Cf. C. Baudelaire, *Sobre a Modernidade*.
22 Ibidem, p. 8-9.
23 Ibidem, p. 10.

PAISAGENS

Baudelaire nos oferece uma espécie de pedagogia do olhar para observar a moda e ver, nela, a modernidade que aí se mostra. Para o autor, é preciso desenvolver a mesma curiosidade e o mesmo espanto das crianças diante do mundo, curiosidade que coloca a criança diante de um mundo como lugar para incessantes descobertas e a vida como uma sucessão de novidades. Aquele que assim procede é alguém que ama a multidão, ama o desconhecido, a multiplicidade; ama a viagem, ama as novidades. A multidão aí seria o diferente do "eu".

O "homem da multidão" busca no mundo "esse algo, ao qual se permitirá chamar de modernidade; pois não me ocorre melhor palavra para exprimir a ideia em questão. Trata-se, para ele, de tirar da moda o que esta pode conter de poético no histórico, de extrair o eterno do transitório"[24]. O desejo do homem da multidão é eternizar a vida no que ela tem de belo (vidas e liberdades urbanas, paisagens, acontecimentos).

Em outra passagem, afirma que "a modernidade é o transitório, o efêmero, o contingente, é a metade da arte, sendo a outra metade o eterno e o imutável. Cada época tem seu porte, seu olhar e seu sorriso"[25]. Cada época tem suas formas estéticas para possibilitar que a alma de seu tempo, que é eterna, possa presentificar-se *com*[26] a forma do momento (tempo histórico, regionalidade, cultura).

Baudelaire adverte que as técnicas antigas não servem para exprimir a modernidade do poeta, posto que a originalidade poética "vem da inscrição que o tempo imprime às nossas sensações"[27]. Ou seja, a modernidade acontece na dialética entre o singular e o eterno de uma época. A modernidade é o que nos define, nos diferencia e nos eterniza diante de outras modernidades. Ela não é algo que se vê naturalmente, com exceção feita às crianças, por isso precisa de um trabalho de pedagogo caso esse seja um homem da multidão.

Ao aproximar a modernidade e os processos criativos da Rede, perguntamo-nos se podemos dizer que o que não se pode

---

24 Ibidem, p. 25.
25 Ibidem.
26 Presentificar-se *com* a forma e não *na* forma. O eterno está aludido na efemeridade da forma. O Eterno não é representável.
27 C. Baudelaire, op. cit., p. 28.

descrever, o que não se pode colocar em linguagem de mapa, o que não é representável, o que é subliminar nos relatos de experiência do dossiê poderia aproximar os artistas e os leitores da modernidade que os constitui?

Como experimento de leitura, nos servimos do dossiê número 1 como "mundo" e o exercício de leitor como "homem da multidão" no intuito de observar o que, nos relatos, indicam o característico e o eterno. Exercitamos essa "pedagogia do ler" em dois relatos do dossiê número 1.

No relato do processo de criação do texto *Sacra Folia*, escrito por Daniel Reis Plá, há o relato de um programa de ensino para atores diante de um texto. O texto é o de Luis Alberto de Abreu. A preparação dos atores corre em separado ao texto. Elabora-se um modo de compor a corporeidade e a sonoridade, inventam-se códigos de linguagem cênica a serem aplicados/adaptados à composição das personagens. Não se ensina um código específico, uma estética. Estimula-se os aprendizes a agenciar elementos (corporeidades, sonoridades, jogos improvisacionais) para a composição de poéticas pessoais. A função da direção é propiciar o diálogo entre elas.

A ideia da presença é relacionada ao "habitar o momento". Cria-se uma partitura e busca-se mantê-la habitada. Para isso, essa partitura será composta de tal maneira que, em cada ambiente (físico e psíquico), a estrutura possa ser adaptada e recriada.

Ao perambular pela memória e pelas anotações, nota-se que o pesquisador insiste na autonomia e liberdade de criação do ator. Há, subliminarmente, uma preocupação em afirmar que mesmo o modo de produção do conhecimento teatral ser constituído pelas convencionais funções diretor-atores, chama a atenção o desejo dos narradores (provavelmente os próprios professores-encenadores) em afirmar a relação política (de poder) horizontalizada entre os sujeitos do processo. Também insiste que essa preocupação é pedagógica, pois se trata de um curso de formação. Formar profissionais autônomos pressupõe um entendimento das funções necessárias para o modo de produção arte-educativo em uma chave não hierárquica.

Se pensarmos na modernidade dos processos arte-educativos, ou seja, no que eles nos apontam como característico de nossa época, pode-se dizer que o que nos define nesse relato é a busca por uma pedagogia da autonomia e da liberdade, uma pedagogia que contemple relações de poder equalizadas entre os sujeitos. A liberdade ainda seria o ideal, o eterno, o modelo de moralidade a ser alcançado em nossa modernidade.

Outro exemplo pode-se retirar do relato da performance *Existir Juntos*, quando é apresentado o relato sobre a produção da *performance art* do mesmo grupo de pesquisadores do *Sacra Folia*. Nesse relato, os pesquisadores descrevem um jogo performático composto a partir de matrizes de movimento associadas a determinadas músicas previamente escolhidas. O jogo performático é combinar ambos. No entanto, quem compõe a combinação é a sorte – cartas tiradas pelo público determinam os movimentos a serem combinados com uma música previamente escolhida.

O número de variações de danças alcançado é grande, enfatiza o narrador. A performance contém muitas danças. O elemento aleatório (escolha das cartas) induz os *performers* a construir matrizes de movimento e não uma coreografia para cada carta.

Pensando na modernidade de tal processo, chama atenção a proveniência da atitude artística em nosso tempo: parte-se da habilidade dos artistas em criar códigos específicos para cada *performer* e o invólucro formado pelo evento (a ocupação). Tal jogo (a arte) não se origina de tradições (como os rituais tradicionais), apesar de dialogar com processos criativos como os de Grotowski ou Eugênio Barba. A intencionalidade do processo é compor com o evento para inventar um território fluido (que se desmancha ao término do evento).

Uma das possibilidades de se pensar o que é característico desse processo criativo é a desconstrução da ideia de origem (o início sagrado) para a invenção de territorialidades como matrizes fluidas. Assim, cada evento artístico reinaugura a arte (sua técnica, seus códigos, suas formas). O teatro já não é originário da Grécia, por exemplo, mas nasce na emergência de uma intencionalidade desejada em certo contexto com determinadas características e sujeitos (o evento).

Outra modernidade que podemos tirar desse relato é a concepção de arte como jogo que, no comparativo com a ideia de obra de arte (processo acabado para ser contemplado por espectadores, habilidades específicas dos artistas), pode nos fazer ver outros modelos de felicidade, outros modelos de moralidade baudelairianos. A felicidade desejada desamarra os indivíduos de constituir-se como sujeitos a partir da identificação com identidades pré-estabelecidas (culturais, religiosas, comportamentais, de gênero) que as tradições tendem a fixar. A arte pode tornar-se um lugar de exercício de libertação dessas identidades, um lugar de convivência do dissenso.

Há ainda a acrescentar na diferença de modernidade entre os processos de início a meados do século xx e os processos atuais (a partir da década de 1960). Ao olhar-se para todos os dez projetos artísticos descritos na Rede, pode-se perceber que a maioria descreve processos de corporeidade (incluindo aqui as sonoridades), sendo que alguns são, inclusive, investigações de técnicas corporais. Quando se compara as descrições da Rede a processos criativos teatrais modernos (em que se pode perceber a ênfase na imagem cênica e na encenação), percebe-se que na atualidade os corpos cênicos são o alvo de maior recorrência das descrições dos pesquisadores. Isso indica que, se para o presente de Baudelaire a vestimenta era o lugar da modernidade ocidental urbana, para a atualidade é o corpo o lugar em que a sociedade ocidental irá trabalhar no simbólico da representação estética da moralidade desejada. É o corpo que sofrerá intervenções estéticas.

Discronia Como Acontecimento

Outra perspectiva para se pensar o tempo é apresentada por Giorgio Agamben que se refere ao presente como contemporâneo[28]. Nessa perspectiva, seremos contemporâneos quando não coincidirmos completamente com o nosso espaço-tempo histórico. A não aderência ou aquilo que escapa à linearidade do presente produz um espaço-tempo do escuro que nos coloca na contemporaneidade. Para ser contemporâneo, portanto, será preciso praticar a discronia no tempo presente; será preciso inventar modos de golpear o tempo linear produzindo uma descontinuidade.

28   Cf. *O Que É o Contemporâneo? E Outros Ensaios.*

PAISAGENS　　171

Pertence verdadeiramente ao seu tempo, é verdadeiramente contemporâneo, aquele que não coincide perfeitamente com este, nem está adequado a suas pretensões e é, portanto, nesse sentido, inatural; mas, exatamente por isso, exatamente através desse deslocamento e desse anacronismo, ele é capaz, mais do que os outros, de perceber e apreender o seu tempo.

Essa não coincidência, essa "discronia", na terminologia agambeniana, não significa, naturalmente, "que contemporâneo seja aquele que vive num outro tempo, um nostálgico que se sente em casa mais na Atenas de Péricles, ou na Paris de Robespierre e do marquês de Sade, do que na cidade e no tempo em que lhe foi dado viver. Um homem inteligente pode odiar o seu tempo, porém sabe, em todo caso, que lhe pertence irrevogavelmente, sabe que não pode fugir dele".

O autor propõe o trabalho de produzir descontinuidades (dissociação) na continuidade (no tempo que escorre para o futuro e que é visível pelas luzes da época).

Contemporâneo é aquele que percebe o escuro do seu tempo como algo que lhe concerne e não cessa de interpelá-lo, algo que, mais do que toda luz, dirige-se direta e singularmente a ele. Contemporâneo é aquele que recebe em pleno rosto o facho de trevas que provém do seu tempo.
[...]
Perceber esse escuro não é uma forma de inércia ou de passividade, mas implica uma atividade e uma habilidade particular que, no nosso caso, equivalem a neutralizar as luzes que provêm da época para descobrir as suas trevas, o seu escuro especial, que não é, no entanto, separável daquelas luzes.[29]

O autor apresenta uma noção de tempo muito intrigante. O presente de luz, o visível, seria o tempo sem rompimentos. No entanto, o presente já é um passado superado e, ao mesmo tempo, um futuro, como um destino. Esse é o tempo contínuo a que se prefere aproximando-o do tempo messiânico. O sujeito que adere completamente a seu tempo está arrastado pelo tempo messiânico e, por isso, não está no acontecimento do "agora". Por isso, Agamben fala-nos de um aspecto "arcaico" do passado, algo próximo à origem. Esse aspecto sobrevive ao presente, pois é o não vivido do já anunciado desde o início.

29　Ibidem, p. 64-65.

A origem, portanto, não é algo que está fora e atrás do tempo presente, mas ela está no presente, como uma espessura. Ela opera como um "embrião" que continua a agir no organismo maduro, diz o autor. O arcaico do presente estaria no arcaico que permanece desde o início, o arcaico é ou está na escuridão do presente. Essa poderia ser uma outra noção de experiência.

> Os historiadores da literatura e da arte sabem que entre o arcaico e o moderno há um compromisso secreto, e não tanto porque as formas mais arcaicas parecem exercitar sobre o presente um fascínio particular quanto porque a chave do moderno está escondida no imemorial e no pré-histórico [...] É desse sentido que se pode dizer que a via de acesso ao presente tem necessariamente a forma de uma arqueologia que não regride, no entanto, a um passado remoto, mas a tudo aquilo que no presente não podemos em nenhum caso viver e, restando não vivido, é incessantemente relançado para a origem, sem jamais poder alcançá-la.[30]

Ao voltarmos para os escritos dos dois dossiês, percebemos que a discronia raramente é suscitada pelo que está descrito no texto, e sim em suas ausências. A descrição imprime um desejo de busca pela aceitação do que se escreve, um desejo de quase identificação ou concordância. Portanto, para alcançar a discronia, é preciso uma atitude voluntária do leitor para trabalhar o texto, uma pedagogia construída por ele próprio. Se considerar-se os textos dos dossiês como momentos históricos, como continuidades, na pedagogia do leitor que busca a discronia deverá haver um esforço mental para alcançar a suspensão do julgamento ("concordo" ou "discordo" do autor) e forçar o silenciamento mental para poder ouvir as palavras o autor. Esse esforço pode funcionar como "golpe de distanciamento" quando o discurso do autor funciona como ocasião para o leitor produzir seu próprio pensamento com relação ao assunto. A sequência dessa suspensão poderá possibilitar o acontecimento da diacronia.

---

30 Ibidem, p. 70.

FONTES

REDE INTERNACIONAL DE ESTUDOS DA PRESENÇA. Dossiê Descrição de Processos de Criação, Dossiê número 1, Porto Alegre: UFRGS, 2013, 143 p.

REDE INTERNACIONAL DE ESTUDOS DA PRESENÇA. Dossiê de Análise das Descrições, Dossiê número 2, Porto Alegre: UFRGS, 2014, 79 p.

BIBLIOGRAFIA

AGAMBEN, Giorgio. *O Que É o Contemporâneo? E Outros Ensaios*. Chapecó: Argos, 2009.

BARTHES, Roland. *A Câmera Clara*. São Paulo: Nova Fronteira, 2000.

BAUDELAIRE, Charles. *Sobre a Modernidade*. Org. Teixeira Coelho. Rio de Janeiro: Paz e Terra, 1996.

BENJAMIN, Walter. *Obras Escolhidas I*. São Paulo: Brasiliense, 1985.

CALVINO, Ítalo. *As Cidades Invisíveis*. São Paulo: Companhia das Letras, 1990.

LYOTARD, Jean-Fraçois. *O Inumano, Considerações Sobre o Tempo*. Lisboa: Estampa, 1997.

PEIXOTO, Nelson Brissac. Ver o Invisível: a Ética das Imagens. In: NOVAES, Adalto (org.). *Ética*. São Paulo: Companhia da Letras, 2007.

Descrever um Processo Criativo
contribuições a partir
de uma abordagem etnográfica

Véronique Muscianisi
Laure Garrabé[1]

A CAMINHADA COMO *DÉ-MARCHE*[2]

Por que interessar-se pela caminhada em um processo criativo? Em que medida a caminhada – ou (o ato de) caminhar –, pode contribuir à pesquisa coletiva da Rede Internacional de Estudos da Presença que questiona as (im)possibilidades da descrição do processo de criação?

Sua evidência poderia nos desviar, *a priori*, de qualquer problemática sobre a criação/criatividade se, precisamente, sua aparente naturalidade não tivesse sido objeto de explorações e experimentações nas ciências e nas artes. É justamente porque talvez não haja nada mais natural e, ao mesmo tempo, mais construído no ser humano, que a caminhada pode veicular um pensamento sobre as tensões que envolvem a criatividade como produção cultural – um objeto – e processo desta mesma produção. É exatamente a aparência dessa evidência que, de

---

1   Tradução de André Mubarack.
2   No original em francês, "La Marche comme dé-marche". O título estabelece um jogo de palavras entre *marcher* (caminhar) e *démarche*, que pode significar, entre outras coisas, uma abordagem, a maneira como alguém caminha e a trajetória do pensamento ou da ação. (N. da T.)

176 DESCREVER O INAPREENSÍVEL: AS POSSIBILIDADES DA DESCRIÇÃO...

fato, interessou tanto artistas do palco quanto antropólogos, historiadores da arte, e também epistemólogos e semiólogos que, por meio dela, levantaram questões fundamentais sobre a *démarche*, ou seja, a metodologia.

Certamente, no centro dessa aparentemente banal e ordinária ação humana, trans-histórica e transcultural, de sua uma impressionante diversidade entre suas formas ordinárias e extraordinárias, suas construções mais ou menos diretamente sociais e culturais, encontra-se a aporia da estética e da técnica[3], e seus desenvolvimentos cruzando "tecnologias da cultura" e "ciências da subjetividade", espécie de quiasmo epistemológico que nos interessa diretamente aqui. Ambas as tensões, que atravessaram a história da epistemologia das artes e da antropologia, não estão próximas de serem resolvidas. A questão da descrição do processo de criação aborda o problema: em que medida e como a criatividade está envolvida nela?

Mesmo que os ensaios cronofotográficos de Étienne-Jules Marey e Eadweard Muybridge tenham contribuído de forma radical ao desenvolvimento do cinema e tenham inspirado grandes reformadores da pintura e do teatro no início do século XX, eles não eram destinados a uma semiologia estética, mas sim a uma exploração científica do movimento em seus mais puros aspectos físicos: sendo homens em consonância com sua época, seus estudos do movimento e de sua decomposição foram feitos por meio da perspectiva evolucionista e foram amplamente utilizados pela antropometria, em um momento em que a antropologia "moderna", em busca de uma definição de seu próprio campo científico, se distancia de um positivismo absoluto, reivindicando a necessidade da prática de campo (e não mais de laboratório ou de gabinete). Os etnólogos abordam, então, os aspectos simbólicos da organização social, da cultura material e expressiva, seus objetos, suas práticas rituais, e se interessam por sua função narrativa e mitopoética, bem como por sua eficácia mágica – o que traduziríamos hoje, por um lado, em termos de representação e, por outro, de agentividade e discursividade. Assim, o historiador de arte Aby Warburg, que buscava pensar a história da arte "ocidental"

---

3   Cf. G. Bartholeyns, Introduction: Faire de l'anthropologie esthétique, *Civilisations: Les Apparences de l'homme*, v. 59, n. 2, p. 9-40.

DESCREVER UM PROCESSO CRIATIVO

a partir de uma metodologia[4] de pesquisa etnográfica (com os índios hopis) baseada na observação, efetuando a passagem de uma abordagem "científica" a uma abordagem "cultural e social" do conhecimento, faz esta formulação bastante sugestiva:

Ao aprender a levantar-se durante seu segundo ano de vida, o homem sente a felicidade que traz o degrau da escada, pois ele é um ser que teve, primeiro, que aprender a caminhar, recebendo ao mesmo tempo a graça da cabeça ereta. O movimento ascendente é o *excelso* do homem, que procura a elevação da terra ao céu, o ato verdadeiramente simbó-lico que dá ao homem que caminha a nobreza da cabeça erguida, vol-tada para o alto.
A contemplação do céu é a graça e a maldição da humanidade.[5]

O trecho acima ilustra a efervescência e a esquizofrenia do final de século, das ideias sobre a mobilidade humana – na qual o caminhar ocupa, sem dúvida, o lugar de uma das partículas mais elementares – indo em direção, de um lado, à verticali-dade soberana e às completas autonomia e consciência de um esquema corporal que permita que a humanidade tenha sua fisicalidade emancipada característica; e, de outro lado, de uma emancipação cognitiva, igualmente verticalizante na escala da Modernidade, mas talvez mais horizontalizada pela infinidade de seus recursos, que, ao mesmo tempo, a destinam à sua pró-pria maldição (como Nietzsche ou Warburg, contemporâneos, foram, eles próprios, testemunhas disso). Alguns anos mais tarde, Freud não consideraria a "verticalização do homem" como o "começo do processo inelutável da civilização"?[6] Esta dupla emancipação – física e cognitiva – está no centro dos problemas levantados aqui.

O interesse pelo ato de caminhar, no início do século xx, por um lado, mostra uma exploração científica, realmente de labora-tório, seja por meio da cronofotografia ou das técnicas da mímica corporal de Étienne Decroux. Por outro lado, no momento em que a antropologia se desfaz de seu passado taxinomista, observa

4 Ver os frutos desta metodologia em seu trabalho inacabado, o *Atlas Mne-mosyne*. Ver a crítica de Georges Didi-Huberman sobre a noção de montagem para Warburg em: *L'Image survivante*, 2002.
5 A. Warburg, *Le Rituel du serpent*, p. 71. Tradução de André Mubarack.
6 S. Freud, *Malaise dans la civilisation*, p. 49.

178 DESCREVER O INAPREENSÍVEL: AS POSSIBILIDADES DA DESCRIÇÃO...

os aspectos simbólicos da caminhada, inclusive estéticos, ou pensa de forma inédita as "técnicas do corpo"[7]. Quer seu interesse fosse voltado a uma estética das formas e do movimento ou à análise dessas mesmas formas para compreender melhor o outro, esses exploradores da mobilidade parecem, na verdade, ter se preocupado com questões heurísticas: estudar seus próprios processos e procedimentos de pesquisa para descobrir suas regras e elaborar uma reflexão metodológica. Por trás da metodologia, está necessariamente a reflexividade.

Nessas condições, compreendemos que a caminhada contém questões que dividem, mas também ligam, a antropologia, mais especificamente a etnografia, e os estudos em arte, especialmente as artes cênicas, no que diz respeito ao que essas disciplinas compreendem do corpo – que é um instrumento, uma forma (de vida) e uma técnica – e como ele contribui com elas em sua integralidade psíquica e social, já que ele é o principal veículo e meio da relação entre um indivíduo e seu ambiente. O corpo também é o espaço de seus próprios limites e de sua finitude. Porque ele ativa, ao mesmo tempo, o vivo, a mobilidade – o deslocamento no espaço, sua extensão e sua retração – e sua memória – o deslocamento na temporalidade, sua extensão e sua retração –, o ato de caminhar materializa a impossibilidade das oposições natureza/cultura e problematiza os três temas propostos pelo subgrupo do qual participamos nesta pesquisa: (1) a adequação de chamar um processo de pesquisa de "processo de criação", em razão da diversidade de procedimentos e de objetivos pensados e realizados para uma criação cênica; (2) a necessidade de abordar o processo criativo como algo que se pensa "com", ao mesmo tempo em que ele está sendo realizado, e não que se pensa "sobre", já que, evidentemente, é impossível separar a ação cognitiva da ação conativa no percurso que dará origem a uma produção (cênica); (3) a busca de uma nova forma de "dar a documentar" essas experiências de processo criativo, levando a indagar de qual verbo o artista cênico está em busca, ou melhor, qual seria o seu "verbo"?

Para abordar esses pontos, partiremos de um exemplo de narrativa de observação participante de uma caminhada, da

---

7   M. Mauss, Les Techniques du corps, *Sociologie et anthropologie*, p. 363-386.

DESCREVER UM PROCESSO CRIATIVO

forma como ela é trabalhada na tradição da companhia de mímica corporal Théâtre du Mouvement. De fato, a caminhada possui um caráter pré-meditado que coloca em questão o caráter inédito da "criação" a partir dela; à medida que ela está em ação, ela produz um, que, no entanto, não para de se transformar até ser interrompido ou mudar de ritmo; a caminhada é, na maioria das vezes, simultaneamente, uma "démarche", quando ela não é apenas seguir uma direção. Ela intervém quase necessariamente como processo de pesquisa para a criação da personagem, em todos os gêneros performativos dramatúrgicos. Nesse sentido, poderíamos pensar que ela condiciona a necessidade de abordar o processo criativo como algo que se pensa "com", ao mesmo tempo em que está sendo feito. Dito isso, também é possível pensar "sobre" a caminhada. Pois o processo de escrita só pode ser feito na distância. E um observador pode descrever um caminhar ou um caminhante, mesmo estando em imobilidade, sem participar da ação[8].

O argumento contrário, segundo o qual não se pode pensar "sobre" a caminhada – ou sobre um processo de criação – só é verdadeiro se pensarmos em um observador que está realizando a ação sobre a qual ele pensa (caminhar, nesse caso). Como se fosse impossível simplesmente observar e descrever o que foi observado. Como se apenas uma experiência pudesse conduzir ao texto analítico e reflexivo. Se é verdade que o ator-bailarino tende a pensar diretamente a díade observação-descrição de maneira direta, ou então em termos de "presença", o mesmo não ocorre com o antropólogo. Esse último pratica necessaria-mente, em sua metodologia, deslocamentos de ponto de vista, tanto em termos de *observação* como em termos de *análise*: se o resultado de seu processo de criação, ou seja, sua etnografia, é uma produção de conhecimento como a do ator-bailarino, não se trata de um conhecimento que visa à análise ou à refle-xividade de seu próprio processo de conhecimento, mas de um *processo de conhecimento com outro* no qual ele intervém, comprometendo-se a revelar tanto sua presença quanto os mecanismos que ele utiliza em sua análise. A reflexividade, como salientou Marilyn Strathern, é um método científico cujo

---

8 Sem participar da caminhada em sua mobilidade, de outra forma que a partir de seus neurônios espelhos e de tudo o que isso envolve.

180 DESCREVER O INAPREENSÍVEL: AS POSSIBILIDADES DA DESCRIÇÃO...

valor é euro-americano: o conhecimento do outro não deve visar necessariamente ao autorreferenciamento, mesmo que o autoconhecimento antropológico passe pela autoconsciência acadêmica[9]. Ou seja, o que diferencia uma etnografia e a escrita de um processo de criação é menos o processo utilizado para produzi-la – o que, em antropologia, é chamado de "condições de produção" da etnografia – do que o objeto de conhecimento que está em jogo: o etnógrafo deve necessariamente mudar sua posição de observação enquanto transita por suas próprias experiências dessas observações (o que, em antropologia, chama-se "observação participante"), tendo consciência de que ele nunca poderá substituir completamente o outro observado e vice-versa, para atingir, em seu texto, um sentido da objetividade conscientemente impregnado de subjetividade. Uma subjetividade, porém, em relação a um contexto sempre mais amplo do que o da simples relação entre o objeto (a criação) e seu modo de produção.

Além disso, o que se coloca como obra no processo etnográfico é o próprio texto – apenas ele pode fazer existir (em seu sentido estrito) a memória da experiência do etnógrafo. Na narrativa de um processo de criação, o objeto da criação (da obra) transmuta-se na narrativa, no texto, ou permanece na criação que deve ser ainda descrita e interpretada?

O objetivo da produção de conhecimento na antropologia, como diz Strathern, é "aumentar [sua] consciência crítica"[10]: ela conta que Johannes Fabian sugere que, tendo em vista que "nossas teorias sobre a sociedade deles são nossa práxis [...] se nós devemos alinhar-nos a algo, deve ser à natureza da atividade produtiva". No plano das artes espetaculares, "na tradição ocidental, a arte do ator é uma mimese deslocada, ela retoma os gestos do cotidiano em um contexto no qual a espessura da relação social perdeu sua consistência em favor de outro modo de comunicação"[11]. Ou seja, o que realmente está em jogo nessas duas abordagens à distância não seria justamente a natureza da produção de *relação* (social) no fenômeno vivido e observado? Qual é a natureza da relação estabelecida no processo

9   Cf. M. Strathern, *O Efeito Etnográfico*, p. 133-157.
10 Ibidem, p. 135.
11 D. Le Breton, *Anthropologie du corps en scène*, p. 196. Traduçao nossa.

DESCREVER UM PROCESSO CRIATIVO   181

de criação? Qual pode ser seu modo específico de restituição dessa experiência?

Se considerarmos que a descrição do processo de criatividade nas artes cênicas se inspira necessariamente na metodologia específica da antropologia, da pesquisa de campo e da etnografia – especialmente da etnografia, cuja questão fundamental é a descrição –, como a "narratividade" – o terceiro termo introduzido entre os níveis argumentativo (científico) e descritivo (literário ou expressivo) do texto etnográfico (Laplantine a partir de uma leitura de Wittgenstein)[12] – pode contribuir para a compreensão da natureza do processo de criação por meio da especificidade de seu modo de restituição? Não poderíamos ver certa correspondência entre o terceiro termo da narratividade etnográfica e o terceiro termo da descrição do processo de criação: ou seja, a criatividade?

Nesse sentido, o debate entre o antropólogo George Marcus[13] e o crítico e historiador de arte Hal Foster[14] pode nos ajudar a orientar a problemática deste capítulo. Em seu texto, Marcus tenta rever os principais aspectos comuns e divergentes entre arte e antropologia a partir de uma perspectiva da crítica literária, que ele contribuiu amplamente para introduzir na antropologia por meio do importante *Writing Culture*[15]. Se em antropologia, a reflexividade crítica foi um meio para romper com a encenação de pesquisa de *campo* (a famosa "*mise en scène* malinowskiana"[16]) e sua autoridade científica e eurocentrista, na verdade, ela contribuiu para reforçar essa encenação e "falhou em conceber novas estratégias, formas e normas de prática para enfrentar os mundos mais complexos"[17]. Marcus

---

12   Cf. F. Laplantine, *La Description ethnographique*.
13   Cf. O Intercâmbio Entre Arte e Antropologia: Como a Pesquisa de Campo em Artes Cênicas Pode Informar a Reinvenção da Pesquisa de Campo em Antropologia, *Revista de Antropologia*, São Paulo, USP, v. 47, n. 1, 2004.
14   O Artista Como Etnógrafo, *O Retorno do Real*, p. 159-186.
15   Cf. J. Clifford; G.E. Marcus (eds.), *Writing Culture: The Poetics and Politics of Ethnography*.
16   Ver sobre o assunto, a crítica de George Stocking sobre os procedimentos etnográficos de Malinowski, que ele chama "magia do etnógrafo" (*ethnographer's magic*), passe de mágica do texto etnográfico, que silencia a presença do etnógrafo enquanto interação na situação de observação e na metodologia empregada para alcançar a análise da situação de observação. Cf. George W. Stocking Jr., The Ethnographer's Magic, *Observers Observed*, p. 70-120.
17   G.E. Marcus, op. cit., p. 136.

182 DESCREVER O INAPREENSÍVEL: AS POSSIBILIDADES DA DESCRIÇÃO...

manifesta três objeções ao texto "O Artista Como Etnógrafo"[18], no qual Foster pretende criticar o mimetismo dos artistas da pesquisa de campo a partir de seu modelo tradicional (a *mise en scène* malinowskiana): (1) a apropriação abusiva pelos artistas do método etnográfico como método de produção de suas obras ("o deslocamento da investigação dos componentes objetivos da obra de arte para suas condições espaciais de percepção, em primeiro lugar, e, depois, para a base corpórea dessa percepção"[19], o que, para Marcus, não retira absolutamente sua condição discursiva "de outras práticas e instituições, outras subjetividades e comunidades"[20]); (2) "[a exorcização] do terceiro presente – o nativo local para quem a pesquisa de campo comum é orientada" (e aqui, diz Marcus, é preciso perguntar-se como, na verdade, esse outro tornou-se "objeto")[21]; (3) a questão não é transformar a pesquisa de campo em uma forma de teatro, mas utilizar as experiências e as técnicas do cinema e do teatro para reinventar os limites e as funções da pesquisa de campo em antropologia.

Para tanto, Marcus propõe que os antropólogos utilizem os conhecimentos dos artistas do espetáculo e do cinema, especialmente o modelo da cenografia, aplicando a ele uma perspectiva "metaetnográfica", a partir de três categorias que lhe parecem apropriadas: a pesquisa multilocal (ou campo multissituado); o planejamento (como no trabalho cenográfico); e as realidades coletivas que ele interpreta como "cumplicidades". Neste sentido, ele explica que "no espaço multilocalizado, colaborações e cumplicidades definem a política do conhecimento, que também conforma o planejamento da investigação"[22]. Esses três aportes são convincentes, no entanto, justamente por serem "métodos" mais do que uma metodologia – pois se a perspectiva final deve continuar sendo metaetnográfica, o objeto da obra se desloca automaticamente para o texto produzido –, eles são, finalmente, muito mais evidentes e muito menos críticos do que os aportes trazidos por Hal Foster.

---

18 H. Foster, op. cit., p. 159-186.
19 G.E. Marcus, op. cit., p. 138.
20 Ibidem, p. 139.
21 Ibidem, p. 141.
22 Ibidem, p. 157.

DESCREVER UM PROCESSO CRIATIVO   183

Foster tem, digamos, uma abordagem mais linguística que textual, contrariamente a Marcus. É preciso lembrar-se desde logo que o famoso *Writing Culture*, sem retirar a importância que ele ainda possui hoje, traz uma crítica severa às questões da reflexividade na antropologia, mas tem uma perspectiva essencialmente metaetnográfica, ou seja, é uma obra que pensa o texto a partir do texto e não a partir do campo (como Geertz, *Works and Lives*; Rabinow e Sullivan, *Interpretive Social Science*; ou Favret-Saada, *Être affecté*, fizeram no interpretativismo). Foster, sem dúvida a partir de uma perspectiva da crítica literária, e de forma bastante pertinente, afirma que os artistas, tanto quanto os antropólogos, em sua reflexão sobre sua produção, devem necessariamente "compreender não só a *amplitude* discursiva, mas também a *profundidade* histórica de suas representações"[23], o que, em si, é uma perspectiva mais próxima do real e da experiência de campo, tal como eles são inscritos em seus campos sociais. De fato, no final de seu artigo, ele relativiza a força e mesmo a eficiência das categorias que ele propõe para alcançar seu objetivo: a "paralaxe" e a "recadragem", exercícios de espacialização e temporalidades para os observadores e atores desse campo social. Justamente por essas razões, esses exercícios são práticas metodológicas, e não simples métodos: eles levam o artista a agir como "autor-escritor"[24], ou seja, nem apenas como autor (assinando uma teoria ou um modelo discursivo), nem apenas como descritor, mas sim, à imagem do antropólogo para Clifford Geertz, como narrador[25]. De uma forma em que novidade, criatividade e conhecimento se *inter-determinem* necessariamente.

Assumindo que a reflexividade – entre nós, comum ao exercício do artista, do pesquisador em arte, do antropólogo e de seus "nativos" – pode provocar fenômenos de "super-identificação"

---

23 H. Foster, op. cit., p. 185.

24 Roland Barthes, Authors and Writers, em Susan Sontag, *A Barthes Reader*, p. 185-193.

25 Geertz aproxima a noção de "autor-escritor" de Barthes, da figura do etnógrafo: nem unicamente autor (teórico), nem unicamente escritor (descritor), ele é um "narrador" que não pode negligenciar tanto os aspectos analíticos quanto os literários, pois é na distância da linguagem que ele constrói, para produzir conhecimento. E ele conclui situando o "discurso antropológico [...] no meio". (Clifford Geertz, *Works and Lives*, p. 31.)

184 DESCREVER O INAPREENSÍVEL: AS POSSIBILIDADES DA DESCRIÇÃO...

ou de "superalteridade", Foster atenua, dizendo que questionar a autoridade social não chega a ser o mesmo que "[refletir] sobre a autoridade sociológica"[26]. O ajustamento não basta por si mesmo (ou corre o risco do hermetismo contra o acesso do leitor e do narcisismo contra a natureza da produção de conhecimento que vem dos *outros*, na abordagem etnográfica). A "paralaxe", que designa a incidência da mudança de posição do observador, na observação de um objeto, faz com que esses princípios espaciais e temporais se reúnam na formação da obra bem como na reflexão sobre ela. A paralaxe, que pode, sem dúvida, caracterizar a abordagem narrativa, concilia o trabalho da criatividade, da *razão* científica e da história (a historicidade do escritor e de suas experiências com o outro relacionado ao processo de criação). Contudo, o problema da linguagem persiste.

Com o interpretativismo – mas antes, em filosofia, com Wittgenstein e Gadamer –, aprendemos que qualquer descritor é prisioneiro da linguagem. Além das duas dialéticas em jogo – arte e ciência, artes cênicas e etnografia –, que têm em comum a característica do dispositivo de escrita como dispositivo científico, o problema da descrição do processo de criação poderia ser colocado em outros termos: a etnografia da criatividade. Isso vai além dos métodos e técnicas de descrição. Pensar em uma nova maneira de "dar a documentar" estas experiências de processo criativo, levando a se perguntar qual "verbo" o artista cênico busca – ou melhor, qual seria a *natureza* deste verbo –, é insuficiente. Colocamos a questão da natureza do verbo do ator porque o dispositivo, em si, nunca é um problema, ele é dado, construído. O verdadeiro problema é "o afeto não representado"[27] que atravessa a construção desse dispositivo. É necessário interpretá-lo para torná-lo linguagem, que será, por sua vez, interpretada.

Convém aqui distinguir método e metodologia: o método, como caminhada (*marche à suivre*) engloba dois campos diferentes: ele é descritivo e normativo; a metodologia, como abordagem que visa à realização do método, é uma reflexão analítica sobre esses dois modos (o descritivo e o normativo). Sempre existem vários métodos para realizar a observação ou a

---

26 H. Foster, op. cit., p. 175.
27 Jeanne Favret-Saada, Être affecté, *Gradhiva*, n. 8, p. 3-9.

DESCREVER UM PROCESSO CRIATIVO 185

experiência de forma empírica. Mas como multiplicidade e alteridade (a criatividade?) se interligam à reflexão metodológica?

1. O TRABALHO DE UMA CAMINHADA LENTA EM ENSAIO: UMA NARRATIVA

Os trechos seguintes, de uma situação de observação como participante do trabalho, trouxeram as dificuldades citadas anteriormente no que diz respeito à caminhada como técnica no centro do processo de criação em questão, e o deslocamento do pesquisador entre sua tarefa de observador e sua tarefa de participante como ator/bailarino. Trata-se de uma etapa do processo criativo de uma peça curta intitulada *Si on n'avait pas la mer* (Se Não Tivéssemos o Mar), da companhia Émoi 71, dirigida por Estelle Bordaçarre. Diretora, atriz e professora, ela cursou arte dramática, estudou teatro gestual com a companhia Théâtre du Mouvement[28], da qual ela é atualmente uma das professoras, e também investigou a dança butô e o *clown*. O projeto geral da Émoi 71, chamado *Home*, baseado na peça de mesmo nome de David Storey, adaptado para o francês por Marguerite Duras, é um espaço de pesquisa artística sobre o tema da loucura. O projeto se desdobra em três partes: (1) uma peça curta, *Si on n'avait pas la mer,* primeira etapa da criação final de *Home*; (2) oficinas em hospital psiquiátrico; (3) um documentário como registro dessa pesquisa artística: *Cette petite île à nulle autre pareille* (Esta Pequena Ilha Sem Igual). Relatamos aqui a peça curta *Si on n'avait pas la mer,* espécie de maquete de cerca de trinta minutos do futuro espetáculo. Esse trabalho reúne treze atores: cinco profissionais para as cinco personagens de *Home* e um coro mudo formado por oito atores não profissionais – quatro jovens atores em formação, três profissionais de outras áreas e uma pesquisadora[29].

28 A companhia Théâtre du Mouvement (com sede na região de Île-de-France) é codirigida por Claire Heggen e Yves Marc. Com base na técnica do mimo corporal de Étienne Decroux e em diversas práticas somáticas, a companhia pesquisa desde o final dos anos 1970 uma arte do ator baseada na musicalidade e na teatralidade do movimento.

29 Todos os atores já haviam trabalhado com Estelle Bordaçarre em outros espetáculos ou em oficinas de formação. Véronique Muscianisi conheceu

186 DESCREVER O INAPREENSÍVEL: AS POSSIBILIDADES DA DESCRIÇÃO...

Ensaios de Abril-Maio de 2012 – Diário

O espaço utilizado para os ensaios é uma antiga estufa. Esse espaço branco, com cerca de oito metros de comprimento e quatro metros de largura, que nos foi cedido para o período de ensaios pelo centro artístico Anis Gras – Le Lieu de l'Autre, na cidade de Arcueil, tornou-se o cenário-modelo do projeto. De fato, delimitado por uma parede de pedras de um lado e uma parede envidraçada de outro, o espaço compõe o pequeno jardim da peça, no qual os pacientes recebem visitas. O espaço cênico não é separado, os espectadores e os atores dividem o mesmo espaço de jogo. Cerca de vinte espectadores poderão ser recebidos, alguns sentados, enquanto outros se deslocarão pelo lugar em função dos movimentos dos atores.

Estelle Bordaçarre pede aos atores que caminhem lentamente em fila indiana ao longo da parede envidraçada, com a cabeça virada para a direita a fim de olhar o pátio exterior, onde ficaria o público antes de entrar na sala. Os atores discutem entre eles para estabelecer a ordem de passagem e realizam várias tentativas. Outros atores, dos quais faço parte, assim como Bordaçarre, observam a realização da ação. Em pouco tempo, eles encontram dificuldades em caminhar de forma sincronizada com a cabeça de perfil. Para compensar a falta de sincronia, uma atriz, que também é dançarina, insiste em contar o número de passos. Tentativas são feitas em voz alta e em silêncio, sem sucesso: eles não contam no mesmo ritmo. Estelle Bordaçarre diz que contar os passos não é uma boa ideia, mas deixa que eles continuem pesquisando.

Como uma trilha sonora deve ser entrar nesse momento, alguns atores gostariam de escutá-la para treinar e tentar ajustar-se a um momento da música. Mas aí também as tentativas são improdutivas. Vários se desencorajam e dizem "não ter um ouvido suficientemente musical" para se ajustar à música.

Bordaçarre insiste para que eles procurem estar juntos apenas pelo seu estado de concentração e por sua respiração: "Se vocês estão concentrados, vocês estarão centrados com a pessoa

---

a diretora durante um laboratório de pesquisa prática organizado por Yves Marc, codiretor do Théâtre du Mouvement, do qual ela participou para realizar uma pesquisa de campo sobre o aprendizado do ator nesta companhia.

da frente e a de trás, que também estará centrada com a pessoa da frente dela, e assim por diante. Então vocês estarão todos juntos. Se vocês contam e o primeiro ou a pessoa da frente se engana, todos os de trás se enganarão. Mas se vocês estiverem à escuta, juntos, no estado, vocês saberão se ajustar." Os atores tentam novamente, levando em conta esses conselhos e conseguem chegar a uma caminhada satisfatória que eles repetem várias vezes.

Ensaios de Novembro de 2012 – Diário

Para esta sessão de trabalho, Estelle Bordaçarre convidou uma coreógrafa de butô, Séverine Delbosq, da companhia Essoreuse, com quem estuda e trabalha em vários projetos. Com ela, é realizado um trabalho específico sobre a caminhada lenta. Durante a primeira hora são feitas proposições coletivas para caminhar juntos, a partir de caminhadas lentas inspiradas no butô (com os joelhos dobrados, a cabeça imóvel durante a caminhada para dar uma impressão de um deslizamento lento e contínuo), em linha e em círculo, de olhos abertos e fechados.

Depois, Estelle Bordaçarre pede que a coreógrafa faça os atores trabalharem a sequência da caminhada em fila indiana. Ao invés de lhes pedir que contem os passos, ou que se ajustem a um momento da música, ela insiste para que todos partam com o mesmo pé e, mesmo olhando pelo vidro à sua direita, que cada um siga a caminhada da pessoa à sua frente.

Como Bordaçarre gostou de alguns atores terem inclinado ligeiramente o busto para trás, todo o grupo procura encontrar essa inclinação em um passo para trás. Finalmente, após várias tentativas com eles, Delbosq propõe como referência que eles façam quatro passos para frente e dois para trás – que terminam pela inclinação do busto – e depois três passos para frente e um para trás, e repitam essa fórmula. Eles repetem várias vezes para que todos estejam juntos. Às vezes, Delbosq mostra como fazer e caminha com eles. Finalmente, eles decidem que a partida se fará sempre pelo pé direito para os passos à frente e que não se apoiará o calcanhar no chão no último passo para trás.

FIG. 6: *La Serre vue de l'extérieur* © V. Muscianisi, *février 2012*.

Como identificar, na descrição do processo criativo que nos serve de exemplo, o que pertence ao processo de criatividade ou de aprendizado? Qual é a parte criativa de cada um no processo? Existem, de fato, níveis diferentes de criatividade (no jogo e na aprendizagem), de acordo com a autonomia dada ao ator pelo diretor artístico ou pelo pedagogo, ou de acordo com a forma de conduzir deste último?

2. APRENDER E CRIAR

A narração precedente descreve um processo de criatividade (potencialidade a ser inventada, a ser criada) durante a aprendizagem de uma caminhada lenta, no contexto mais amplo de uma criação artística (uma peça concebida coletivamente, tendo por objetivo ser apresentada ao público no final de certo período de ensaios). Observe-se que a caminhada aparece como uma temática de predileção tanto para o Théâtre du Mouvement[30], na linha da mímica corporal de Étienne Decroux[31], quanto para o butô[32].

---

30 Cf. C. Heggen; Y. Marc, La Marche de l'acteur, em O. Aslan (éd.), *Le Corps en jeu*, p. 361-366.
31 Étienne Decroux criou várias caminhadas estilizadas.
32 Cf. O. Aslan; B. Picon-Vallin (éds.), *Butô(s)*.

DESCREVER UM PROCESSO CRIATIVO   189

O entrelaçamento entre aprendizagem e pesquisa criativa pode ser compreendido no exemplo citado. A aprendizagem, enquanto "modificação da capacidade de realizar uma tarefa sob o efeito de uma interação com o ambiente"[33], se enraíza, de fato, por meio das etapas de tentativa-e-erro motivadas pelos próprios atores (caminhada contando os passos, caminhada de acordo com a música, caminhada guiada pelo colega da frente), e pela situação explícita de transmissão de indicações técnicas, com a presença da coreógrafa de butô convidada pela diretora. Essas indicações, seguidas e assimiladas pelos atores (a partir do modelo da coreógrafa), ajudarão a finalizar o deslocamento no espaço da estufa. Contudo, os atores dispõem de tempo e autonomia para pesquisar (como caminhar juntos), improvisar (soluções para atingir esse objetivo), propor (contar os passos, encontrar pontos de referência na música), abandonar (a contagem dos passos) ou guardar um elemento de criatividade individual (como a inclinação do torso para trás ou levantar o calcanhar no passo para trás) que será retomado coletivamente.

Qual Processo Criativo? Algumas Precisões Sobre os Termos Criação e Criatividade

"A criação é concepção, engajamento, realização, produção específica: ao mesmo tempo obra e processo de realização da obra. A criatividade é uma potencialidade individual ou coletiva, mais ou menos bem dividida entre os indivíduos, a aptidão de fazer aparecer o novo, de inovar, de inventar, de criar."[34] Quando se trata de estudar um processo de criação, a primeira etapa é perguntar-se sobre o que essa noção abrange. A expressão "processo de criação" pode, de fato, dizer respeito a produções estéticas das mais variadas, por exemplo os ensaios de um espetáculo, a construção de uma personagem ou, ainda, a escrita de um texto. Essa expressão também pode englobar outros aspectos, entre os quais podemos citar as noções de *criação* e de *criatividade*. É necessário, então, esclarecer o uso desses termos.

---

33 J.-G. Ganascia, Apprentissage, em O. Houdé (éd.), *Vocabulaire de sciences cognitives*, p. 48.
34 M. Arguel, Création – créativité, *Marsyas*, n. 18, p. 34.

190 DESCREVER O INAPREENSÍVEL: AS POSSIBILIDADES DA DESCRIÇÃO...

O termo "criação" indica, ao mesmo tempo, o resultado, uma produção apresentada a um público, e também o processo que leva a essa produção: um processo criativo, enquanto atividade social específica, que concentra a expressão sensível de um ou de vários artistas presentes. Esses artistas exprimem suas subjetividades (expressividade, motricidade, ideias, afetos, história pessoal etc.) por meio da obra artística em construção, coletiva ou individualmente. Para Mireille Arguel, a criação é "labor, trabalho, gestação", enquanto que a dimensão criativa, ou a criatividade, constituiria "o campo de possíveis sustentado por uma margem de imprevisibilidade e de espontaneidade"[35]. Nesse sentido, a noção de criatividade mostra um conceito transversal e é aplicada em outras áreas além das práticas artísticas. Os autores de diversos campos de estudos concordam, no entanto, sobre o seu caráter inédito e ligado ao contexto da atividade da qual ela faz parte, mas também sobre a sua dimensão de capacidade humana[36]. A dimensão inovadora pode manifestar-se em diferentes níveis, um desvio mínimo ou mais importante de uma produção artística precedente, por exemplo[37]. O processo criativo, por sua vez, sugere uma "sucessão de pensamentos e ações que resulta em criações originais e adaptadas"[38].

Nesse ponto, uma questão pode ser colocada: a criatividade deve necessariamente resultar em uma ideia que se expresse de forma observável? Não há nada mais incerto, na medida em que esse argumento exclui o caráter de imprevisibilidade e espontaneidade ao qual Arguel se refere, e que, justamente, se manifesta em um campo de possíveis que não está comprometido com

35 Ibidem, p. 34.
36 Ver, neste sentido, a recensão de trabalhos em Todd Lubart (éd.), *Psychologie de la créativité*. Para L.S. Vygotski, por exemplo, a imaginação constitui uma função psíquica que se desenvolve durante a vida inteira através de nossas interações sociais. Cf. Andrée Archambault; Michèle Venet, Le Développement de l'imagination selon Piaget et Vygotsky: D'un acte spontané à une activité consciente, *Revue des sciences de l'éducation*, v. 33, n. 1, p. 5-24.
37 Cf. T. Lubart (éd.), *Psychologie de la créativité*, p. 10. Note-se que a dimensão inovadora nem sempre é reconhecida pelos artistas, como sugerem as declarações do coreógrafo Dominique Dupuy: "Criatividade! Oh! Que clichê! Não se trata de inventar, no máximo de descobrir, ou melhor, de revelar. O quê? A fundamental e sublime intuição do movimento" (D. Dupuy, La Danse du dedans, em Dominique Wahiche; Merce Cunningham et al., *La Danse, naissance d'un mouvement de pensée ou le complexe de Cunningham*, p. 111).
38 Ibidem, p. 85.

DESCREVER UM PROCESSO CRIATIVO

nenhuma produtividade – a não ser autopoiética[39] e que, nesse sentido, não diz respeito a nada além do sujeito e de seu autoconhecimento.

Podemos observar aqui os problemas colocados pela improvisação, especialmente o problema do mito da página branca. A situação não deixa de lembrar o sentimento de *déjà vu* do improvisador em relação à sua improvisação, que nunca é exatamente igual, sem nunca ser realmente nova. Esse campo de possíveis descrito por Arguel, decididamente diferente do campo do trabalho e do labor – mesmo que o improvisar inclua exigências múltiplas e intensas –, que deve resultar em uma produção concreta, não é um espaço vazio que deve ser enchido com novidade e ineditismo, ao contrário, é um espaço cheio, heterogêneo, heteroglóssico, composto de história, de psique e de aprendizados técnicos que moldaram uma vida. Assim, o caráter de novidade deve ser relativizado nos termos de uma capacidade interpretativa que, em um esforço de agenciamento das "teias de significação"[40] em suas densidades e multiplicidades, e além da "ansiedade da influência" e da "reanálise"[41] poderiam nos levar a esta singularidade criativa tão buscada enquanto autor-narrador.

A contribuição de Barthes à etnografia, a partir da semiótica, com sua noção de autor-escritor – narrador –, é uma resposta a esta questão: a linguagem como práxis ou como meio? A linguagem como práxis deve substancializar a criatividade? E a linguagem como meio, como metodologia, deve substancializar o discurso científico? Dessa mesma forma, a etnografia pode contribuir para a questão da escrita do processo de criação. O que é preciso compreender é que a criatividade, mesmo em seu sentido mais aberto e imprevisível de campo dos possíveis, não exclui absolutamente uma dimensão discursiva. Que ela resulte ou não em um produto observável e exprimível, ela constrói um discurso, porque ela é linguagem. Ou seja, ela ocuparia o lugar da narratividade que Wittgenstein destaca quando opõe o método da descrição e as pretensões da explicação[42]. A cria-

---

39 Cf. C. Toren, *Antropologia e Psicologia*, p. 21-36.
40 C. Geertz, A Descrição Densa, *A Interpretação das Culturas*.
41 J. Larcom, Following Deacon: The Problem of Ethnographic Re-Analysis, 1926-1981, em G.W. Stocking Jr. (ed.), op. cit., p. 175-195.
42 Cf. F. Laplantine, *La Description ethnographique*.

192 DESCREVER O INAPREENSÍVEL: AS POSSIBILIDADES DA DESCRIÇÃO...

tividade é também a especificidade da antropologia. A partir disso, podemos nos perguntar a que ponto o conhecimento produzido em artes é marcado pela objetividade? O que a criatividade nos mostra, eventualmente, é a dimensão autoritária de nossos aprendizados.

O Que É Aprender

Com os trabalhos de Vigotsky na área de psicologia histórico-cultural, aprendemos que o objeto de estudo especializado, a "consciência" – que está totalmente em jogo na reflexividade metodológica –, faz parte de, pelo menos, quatro processos: subjetividade, individualidade, personalidade e identidade. Flávia Gonçalves da Silva[43] demonstra com bastante clareza que o elemento biológico tem um lugar fundamental até mesmo na formação e na composição históricas destas quatro dimensões psíquicas e construções sociais. Claramente diferentes pelos seus níveis de interação com o social e a externalidade do sujeito (seu ambiente), elas nos interessam aqui pela tensão entre a antropologia, especialmente a etnografia, e as ciências das artes, em seu esforço comum para produzir um conhecimento objetivo.

A antropóloga Christina Toren[44], ao discutir o fenômeno da autopoiese nos processos de aprendizagem, especialmente entre incorporação e neurofenomenologia, insiste que não se deve confundir a intersubjetividade com a interação social, e que compreender o mundo não deve ser confundido com a construção social do aprendizado:

> Onde o aprendizado é entendido como um processo micro-histórico, o mundo habitado – apesar de operar segundo sua própria dinâmica – não pode nunca ser entendido independentemente do sujeito cognoscente. Em outras palavras, a validade de um determinado estudo científico é, ela própria, um juízo constituído historicamente.[45]

---

43 Cf. Subjetividade, Individualidade, Personalidade e Identidade: Concepções a Partir da Psicologia Histórico-Cultural, *Psicologia da Educação*, p. 169-195.
44 C. Toren, op. cit., p. 21-36.
45 Ibidem, p. 31.

DESCREVER UM PROCESSO CRIATIVO 193

Essa abordagem do aprendizado nos aproxima do processo de criatividade: a criatividade é indissociável da experiência do sujeito observador/aprendiz/escritor. Já que "a autopoiese é transformação, continuidade em transformação", trata-se para ela "de analisarmos a ontogenia como um processo histórico". Porém, subsiste o problema que, para que nossas categorias funcionem, o único meio para que elas se tornem analíticas é por meio da análise etnográfica (e não a partir de pressupostos). Em outras palavras, a etnografia da ontogenia – um "caminho para a teorização das conexões mútuas entre evolução humana, história (uma história regional, por exemplo), vidas contemporâneas, consciência e neurobiologia da consciência"[46] – nos condena a "descrições inevitavelmente *parciais*[47] para que se tornem objetivas"[48]: o desenvolvimento humano é simplesmente autopoiético e histórico. Podemos compreender, então, o que neste processo de criatividade/aprendizado "fundamenta o completo espectro da diferença individual"[49]. É esta última, a diferença individual, que está em ação em qualquer descrição. Nesse sentido, deveriam a criatividade e o processo de criação ser compreendidos fora desta intersubjetividade que entra em choque com as preocupações da objetividade da narrativa metodológica?

Portanto, várias questões se colocam por meio da noção de criatividade: ela deve ser considerada como *processo* ou parte da *produção* final, ou os dois juntos; devemos levar em consideração a competência criativa individual do artista e, assim, o desenvolvimento do pensamento criativo no aprendizado artístico? Como a criatividade, a inventividade, o imaginário dos artistas são estimulados em um processo de criação? Quais fatores influenciam a criatividade? Para tanto, é necessário manter em mente os três papéis sociais "ator/bailarino", "diretor

46 Ibidem.
47 Grifo nosso. Devemos ver nestas "verdades parciais" um eco aos *partial truths* do antropólogo James Clifford, que introduz a reflexão sobre as dimensões poéticas e políticas dos aspectos discursivos da representação cultural em *Writing Culture*, editado com George Marcus: "verdades inerentemente parciais", pois sempre "incompletas e engajadas" (p. 7). "Os ensaios deste volume não clamam que a etnografia é 'somente literatura'. Eles insistem em afirmar o fato de que se trata somente de escrever", p. 26.
48 C. Toren, op. cit., p. 31.
49 Ibidem, p. 32.

194 DESCREVER O INAPREENSÍVEL: AS POSSIBILIDADES DA DESCRIÇÃO...

artístico/encenador", "observador/espectador", que frequentemente se interpenetram nos processos de criação e que não são apreendidos pelos artistas da mesma maneira[50]. Enfim, existiria um contexto situacional que favoreça a criatividade?

Provavelmente, a interação complexa desses diferentes fatores entra em jogo na compreensão da dinâmica do processo criativo. Trata-se, para nós, de questionar a noção de criatividade, dando ênfase ao processo criativo em seu contexto de interações, e não de nos interessarmos à *criação* como *obra*.

3. COLOCAR O PROCESSO CRIATIVO EM PALAVRAS

A Dificuldade de Dizer o Movimento

A dança se vive e se atravessa como presença viva; ela não se importa, em aparência, com um sistema de simbolização incompatível com os dados da experiência que reduziriam, resumiriam o tecido sensível do movimento a uma grafia universal, transmutável de um lugar a outro, de uma textualidade à outra.[51]

As observações de Laurence Louppe manifestam antes de tudo o absurdo, mas de forma mais sutil, a complexidade de querer compreender uma obra de movimentos por meio das palavras. A parcela de apropriação sensível da realidade pelos artistas é, de fato, dificilmente descritível. Qualquer experiência corporal que molde o corpo dos artistas em interação com seus parceiros, envolvendo suas emoções, pode ser compreendida apenas de forma parcial, do exterior assim como do interior. Como destaca José Gil, um observador de uma coreografia assiste a "um campo de forças", a "uma dramaturgia de tensões, de quebras, de lentidões, de velocidades, de aumento e de modulação de intensidades, de desdobramentos, de choques e de conjunção de espaços"[52]. Pois a experiência viva é dificilmente considerada em seus

---

50 Sobre a passagem entre esses diferentes papéis e o envolvimento do ator no processo criativo, ver o dossiê coordenado por Sophie Lucet e Jean-Louis Libois (Direção), Dossier "L'acteur créateur", *Double Jeu*, n. 1, 2003.

51 Les Imperfections du papier, em L. Louppe (éd.), *Danses tracées*, p. 9.

52 Le Corps, l'image, l'espace, em Dominique Wahiche; Merce Cunningham et al., *La Danse, naissance d'un mouvement de pensée ou le complexe de Cunningham*, p. 72.

DESCREVER UM PROCESSO CRIATIVO 195

diferentes "níveis de organização", em uma linearidade da escrita[53]. A simultaneidade dos pontos de vista parece ser, portanto, um problema. Certamente porque ela é ilusória.

O corpo do artista, seja ele ator ou bailarino, apresenta, segundo Mireille Arguel, um triplo caráter: ele é ao mesmo tempo "uma ferramenta" ou "um instrumento", "um veículo" (mensageiro de emoções, de ideias etc.), e "uma matéria" que dá densidade à cena[54]. A corporeidade do artista é, de fato, "uma matéria viva que, ao mesmo tempo, se mostra e se esconde do olhar, no instante efêmero da visualização de suas formas corporais e de suas trajetórias"[55].

O aspecto cinestésico é, sem dúvida, o menos difícil de ignorar, tanto para o observador quanto para o ator-bailarino. Mas como destaca Jerzy Grotowski, há vários tipos de criatividades: uma criatividade expressiva e uma criatividade não expressiva. E, segundo ele, "não é tanto um problema de tecnologia, mas de conteúdo"[56].

Se falamos do que o ator faz com o seu corpo, sua alma, e sua mente, ou talvez mesmo com algo mais, se falamos disso, então, nos colocamos imediatamente a questão: esse tipo de criatividade torna-se criativo porque alguém o observa? Ou já é criativo e depois alguém o observa?

Então, temos uma espécie de prejulgamento, de que todo esse campo das artes performativas se relaciona simplesmente a uma expressão que criamos para ser percebida e observada.

Não estou de acordo com isso.

Eu penso que alguns tipos de artes performativas são criados para serem assistidos. Mas há os outros tipos de artes performáticas, as outras abordagens, nas quais um processo se forma, se articula. É uma espécie de batalha do ser humano com ele mesmo para tornar-se lúcido, transparente, limpo, relacionado às raízes de uma experiência direta da vida, e que encontra depois, digamos, na montagem, nos elementos de composição, a capacidade, a possibilidade de ser compreendido por uma outra pessoa que assiste. Vocês entendem, é apenas... essas duas abordagens são aparentemente muito próximas, mas é diferente.

53 Cf. E. Barba, *Le Canoë de papier*, p. 205. Julia Beauquel destaca "o espaço--tempo" efêmero da dança que se constrói pelos corpos em movimento e suas trajetórias no espaço (*Esthétique de la danse*, p. 15).

54 Le Corps du danseur: Création d'un instrument et instrument d'une création, em M. Arguel (éd.), *Danse: Le Corps enjeu*, p. 204.

55 Ibidem.

56 Fragmentos de sua aula inaugural pronunciada em francês no Collège de France e registrada em áudio.

196   DESCREVER O INAPREENSÍVEL: AS POSSIBILIDADES DA DESCRIÇÃO...

Em uma abordagem, fazemos tudo para criar uma expressão, para ser expressivo, digamos.

E na outra, por meio de um processo direto da pessoa que trabalha, chega-se a um ponto no qual, por meio da montagem, da composição, é possível de ser assistido e compreendido.[57]

Pode-se compreender que existiria uma criatividade dedicada somente a sua expressividade, a seu "efeito", e outra mais preocupada com o processo que ela fabrica ao mesmo tempo: nesse processo, o ator escreve sua *démarche*, sua metodologia, e é ela que, ao mesmo tempo, realizaria sua heurística. Grotowski continua:

Sim, não é tão fácil de perceber a diferença. Se não pensarmos coisas mais sutis, mais delicadas, como por exemplo a experiência interior, no sentido laico da palavra, como fala Georges Bataille, por exemplo...

Então, para que a experiência interior exista, ela deve ser feita para ser observada por um espectador, por uma outra pessoa? Ou a experiência interior existe por si mesma, e se existe, depois, pode ser percebida pelo outro?

Vocês compreendem, aí está toda a questão.

Então, eu diria que há uma diferença entre a expressividade – uma espécie de necessidade de se expressar, que também tem um profundo aspecto artístico, mas que não é exclusivo, não é o único – e entre a expressão de um processo real – a expressão que não é intencional. Pelo menos na primeira fase.

É como se estivéssemos diante de algo que tem uma expressão natural, como o movimento do oceano, como uma árvore. Há algumas árvores que podem fascinar profundamente. A expressão de uma árvore existe. Os japoneses analisaram muito bem na pintura, como também nos textos, a expressão do oceano, de um movimento do oceano, mas não é a expressão que é buscada pelo oceano, é a expressão que aparece e que pode, em seguida, ser percebida. Buscar uma expressividade é outra coisa.

Sim, eu sei, a coisa é delicada. Na verdade, os dois aspectos funcionam na arte performativa, os dois. Mas é preciso ver que os dois existem. Não há somente a busca de ser expressivo. Há grandes artistas que apenas procuraram ser expressivos, mesmo nos casos em que isso parece ser totalmente evidente, como por exemplo na pantomima. É muito mais complicado se olharmos de perto. Para Marcel Marceau, a busca de uma expressividade para o espectador foi muito forte e evidentemente, do ponto de vista artístico, muito rica. Mas ele era, assim como seu professor, Decroux, as abordagens que o antecederam nas quais, na verdade, não se procura que o processo seja formulado para

---

57   J. Grotowski, *La Lignée organique au théâtre et dans le rituel: Leçon inaugurale au Collège de France.*

DESCREVER UM PROCESSO CRIATIVO   197

ser percebido por alguém. Nas quais se procura algo como as leis da vida que decorre, isso era Decroux, e que finalmente, em uma fase posterior de trabalho torna-se organizado, estruturado e perceptível. Nós estamos sempre à beira de algo incompreensível, entretanto, na prática, são coisas extremamente palpáveis.[58]

Com essas últimas explicações sobre o aspecto orgânico – que é não expressivo – e o aspecto não orgânico – que é expressivo – compreendemos que o que foge ao ator-bailarino, é o que é dizível em um processo que, fisicamente, ele não tem nenhuma dificuldade em sentir. O próprio Grotowski tem dificuldade em descrevê-lo, pois o processo orgânico não expressivo (e que contém a metodologia) é da ordem do não representado e, assim, não representável. Qualquer pessoa que queira descrever um ato criativo se coloca diante do dilema de um "pensamento motor" *versus* um "pensamento em palavras"[59] e descobre a impotência do sistema linguístico para penetrar na essência do movimento[60]. Favret-Saada[61] já havia compreendido isso ao reabilitar o afeto não representado, essas "intensidades específicas", na *démarche* etnográfica. Subsiste ainda a necessidade de interpretá-lo.

Algumas questões permanecem, assim, a fim de definir o estatuto da narrativa de um *processo criativo*: como traduzir em palavras uma experiência vivida? Como traduzir o inefável dos movimentos? Qual o envolvimento do observador em um processo e quais escolhas para analisá-lo por meio da escrita (narração contextual em terceira pessoa, narração de anotações pessoais em primeira pessoa, como um diário, etc.)? De acordo com as escolhas feitas para a descrição, os níveis de leitura do processo serão diferentes.

Pensar o Estatuto da Narrativa de um Processo Criativo

Toda narrativa convida a um questionamento sobre o lugar de seu autor. Observamos, por exemplo, na narrativa precedente

58 Ibidem.
59 Expressões de Rudolf Laban retomadas por H. Godard, Le Geste et sa perception, em I. Ginot; M. Michel (éd.), *La Danse au xxème siècle*, p. 241.
60 Ibidem.
61 Cf. Être affecté, *Gradhiva*, p. 3-9.

198 DESCREVER O INAPREENSÍVEL: AS POSSIBILIDADES DA DESCRIÇÃO...

do processo, a postura de uma pesquisadora que aprende a participar da prática observada, como uma etnógrafa mergulhada na situação de *observação participante*, combinando "os pontos de vista do *insider* e do *outsider*", em idas e vindas entre observação e participação[62]. A compreensão do processo criativo não é imediata à observação, ela não é "um simples exercício de transcrição ou de decodificação"[63], mas faz parte de uma articulação à escrita. A descrição não é, de fato, uma reprodução de uma realidade observada ou sua "reprografia", mas uma recomposição, uma reconstrução do real segundo nossas próprias percepções[64], especialmente, visuais.

Por outro lado, deve-se observar que qualquer descrição do movimento envolve a percepção cinestésica (sensações de movimento e do corpo no espaço) daquele que descreve. Como explica Hubert Godard:

Sendo que o visível e o cinestésico são totalmente indissociáveis, a produção do sentido durante um evento visual não poderia manter intacto o estado do corpo do observador: o que eu vejo produz o que eu sinto e, reciprocamente, meu estado corporal trabalha independentemente de mim, sobre a interpretação do que eu vejo.[65]

A imersão *in vivo* da pesquisadora, sua participação efetiva no aprendizado da caminhada lenta com a coreógrafa de butô, convidada ao processo, provavelmente induziu sua percepção das dificuldades dos outros atores presentes e sua observação das situações, permitindo os fragmentos da narrativa feita anteriormente.

A partir disso, podemos nos questionar sobre o estatuto da narrativa de um processo criativo. A escrita pode ser vista como uma forma diferente derivada do processo criativo *in situ*, já que a narrativa não pode substituir o processo em si. É na interseção da narrativa e dos materiais coletados (imagens, desenhos, vídeos) que a experiência vivida pode ser reconstruída a fim de ser transmitida a outras pessoas. Todavia, novamente,

---

62 C. Ghasarian, Sur les chemins de l'ethnographie réflexive, em C. Ghasarian (éd.), *De l'ethnographie à l'anthropologie réflexive: Nouveaux terrains, nouvelles pratiques, nouveaux enjeux*, p. 10.

63 Ibidem, p. 15.

64 Cf. F. Laplantine, *La Description ethnographique*, p. 100.

65 Op. cit., p. 239.

DESCREVER UM PROCESSO CRIATIVO

multiplicar os materiais de descrição e multiplicar os pontos de vista nunca será suficiente para (re)construir uma experiência. O trabalho do narrador se situa em outro lugar, na paralaxe.

Se é difícil perceber, em sua complexidade e sutileza, o envolvimento motor e emocional do artista em cena, como mencionamos anteriormente, parece que a narrativa etnográfica do processo criativo é uma criação em si mesma, uma forma escritural no cruzamento da escrita/das palavras e da experiência *in situ*, em um "pensamento com", alimentado por um "pensamento sobre". A escrita pode, assim, constituir um prolongamento do processo criativo, como um acompanhamento (as anotações de observação do processo pelo pesquisador que é iniciado na prática observada, também constituem anotações de memória do processo tendo em vista um próximo ensaio). Sabemos que existe uma dupla condição da narrativa do processo criativo, enquanto escrita ao mesmo tempo artística e científica. A narrativa de um processo criativo constitui e torna-se assim um objeto autônomo em si mesmo, não necessariamente "uma escala no itinerário que conduziria à ciência"[66].

CONCLUSÃO

A questão da descrição do processo de criação é difícil e ambiciosa. Neste texto, tomando como exemplo a narrativa de um processo de criação articulado em técnicas do ato de caminhar, nós tentamos compreender as tensões epistemológicas e metodológicas que moldaram os encontros entre artes cênicas e etnografia/antropologia no século xx. A caminhada, enquanto atividade humana exemplar das aporias entre expressividade e experiência, estética e técnica, função eficaz e construção cultural, refere-se inevitavelmente aos problemas do estatuto científico uma vez que a tomamos como objeto de conhecimento. É precisamente porque a caminhada, enquanto atividade humana, funde as atividades de caminhar e de colocar-se a caminho[67], que sua descrição torna-se problemática.

---

66 F. Laplantine, op. cit., p. 110.
67 Mais uma vez, as autoras se referem ao jogo de palavras *marcher* e *dé-marcher*. (N. da T.)

DESCREVER O INAPREENSÍVEL: AS POSSIBILIDADES DA DESCRIÇÃO...

É nesses termos que ela encontra o problema da situação da criatividade na descrição etnográfica, na medida em que, quando uma etnografia descreve um objeto ou um fenômeno cultural, ela deve incluir necessariamente, para obter um máximo de objetividade, a situação de observação e os mecanismos da construção da análise. O que as inflexões linguísticas e textuais da teoria etnográfica acrescentaram foi que entre o estatuto descritivo – a potência expressiva – e o estatuto científico – a potência analítica – do texto, existe um terceiro termo, a narratividade. Tendo em vista que para descrever é preciso narrar, o etnógrafo está condenado, nesse processo de escrita que é, normalmente, ato solitário, a "verdades parciais"[68] devido aos limites de seu acesso à realidade e à objetividade dos fatos pela sua historicidade como sujeito cognoscente autopoiético; à impossível exaustividade, ao impossível acesso total à alteridade ou à externalidade que pode apenas ser incluída em um campo sociocultural.

Contudo, os limites operados pela narratividade são os mesmos para qualquer descritor, inclusive para o ator-bailarino-*performer* que busca descrever o processo de sua própria criação. Sua descrição não foge absolutamente ao campo social a partir do qual ele escreve, pois trata-se de uma questão de linguagem. Além disso, o objeto resultante das condições de produção do conhecimento tem a mesma natureza para o antropólogo e para o pesquisador/praticante/descritor em arte: são criações (que podem, por sua vez, discorrer sobre uma criação artística).

No entanto, o que a problemática da narratividade permite destacar, nesses dois campos científicos, é a impotência do sistema linguístico, seja para penetrar a essência do movimento, seja para descrever de forma simples a complexidade de uma experiência. Como vimos, a criação não é um problema. Mas compreender a criatividade, sim.

Para pensar o problema da criatividade, nós propomos pensar (interpretar) a criatividade como uma narratividade a partir de dados principais da teoria interpretativista e da virada ontológica na antropologia: se o etnógrafo não é nem um autor

---

68 J. Clifford; G.E. Marcus (éds.), op. cit.

DESCREVER UM PROCESSO CRIATIVO

(*author*) nem um escritor (*writer*, descritor), mas algo entre os dois – ou seja, um narrador –, isso ocorre porque a "assinatura" (no sentido derridiano da palavra) do autor só pode ser atribuída por seus *leitores*. Em outras palavras, enquanto o autor cria, ele pode pensar sua criação (sua produção analítica, teórica), mas ele não pode pensar *simultaneamente* sua criatividade (o que ele fabrica como novidade, singularidade, a assinatura). Ou seja, seria o caso de renunciar a descrever a criatividade já que ela se desfaz assim que tentamos o exercício reflexivo sobre ela. A criatividade, na verdade, só seria observável e exprimível exteriormente ao sujeito criador, por um sujeito observador.

É justamente por isso que *processo de criação* e *criatividade* se confundem. No entanto, também nesse caso, a atitude paraláctica – observar e refletir a incidência de nossos deslocamentos sobre os objetos de nossas observações – é, sem dúvida, apropriada para a compreensão da impossível simultaneidade dos pontos de vista e a impossível autonomia da criação, no que diz respeito a seu campo social. Assim, compreendemos melhor a distinção feita por Grotowski e a importância desta "de-fasagem", que ele tem tanta dificuldade a exprimir, entre as artes performativas "orgânicas" e "artificiais", sendo ambas estados relacionais para o ator-bailarino. Como ele diz, na qualidade de bom observador que é, elas não são simultâneas, elas são defasadas. Elas não ocorrem ao mesmo tempo, mas uma depois da outra. O recorte, a montagem, enfim, em outras palavras, a metodologia, é o que permitirá reorganizar o que está em estado de desordem, na terminologia grotowskiana. É o mesmo estado que "estar afetado" para Favret-Saada, essas "intensidades específicas" que exigem que a análise se faça mais tarde, no "depois"[69]. Se a criação permite a reflexão metodológica, então, a criatividade seria a metodologia em ação.

BIBLIOGRAFIA

ARCHAMBAULT, Andrée; VENET, Michèle. Le Développement de l'imagination selon Piaget et Vygotsky: D'un acte spontané à une activité consciente". *Revue des sciences de l'éducation*, v. 33, n. 1, 2007.

69 J. Favret-Saada, op. cit., p. 3-9. N. da T.: no original em francês, "après-coup".

202   DESCREVER O INAPREENSÍVEL: AS POSSIBILIDADES DA DESCRIÇÃO...

ARGUEL, M. Le Corps du danseur: Création d'un instrument et instrument d'une création. *Danse: Le Corps enjeu*. Paris: PUF, 1992.

ARGUEL, Mireille. Création – créativité. *Marsyas*, n. 18, 1991.

ASLAN, Odette; PICON-VALLIN, Béatrice (éd.). *Butô(s)*. Paris: CNRS, 2002.

BARBA, Eugenio. *Le Canoë de papier*. Montpellier: L'Entretemps, 2004.

BARTHES, Roland. *Comment vivre ensemble? Simulations romanesques de quelques espaces quotidiens, Cours et séminaires au collège de France (1976-1977)*. Paris: Seuil-IMEC, 2002.

_____. Authors and Writers. In: SONTAG, Susan. *A Barthes Reader*. New York: Hill and Wang, 1982.

BARTHOLEYNS, Gil. Introduction: Faire de l'anthropologie esthétique. *Civilisations: Les Apparences de l'homme*, v. 59, n. 2, 2011.

BEAUQUEL, Julia. *Esthétique de la danse: Le Danseur, le réel et l'expression*. Rennes: Presses Universitaires de Rennes, 2015.

CLIFFORD, James Clifford; MARCUS, George E. (eds.). *Writing Culture, the Poetics and Politics of Ethnography*. Berkeley: University of California Press, 1986.

DECROUX, Étienne. *Paroles sur le mime*. Paris: Librairie Théâtrale, 1994.

DIDI-HUBERMAN, Georges. *L'Image survivante: Histoire de l'art et temps des fantômes selon Aby Warburg*. Paris: Minuit, 2002.

DUPUY, Dominique. La Danse du dedans. In: WAHICHE, Dominique; CUNNINGHAM, Merce et al. *La Danse, naissance d'un mouvement de pensée ou le complexe de Cunningham*. Paris: Armand Colin, 1989. Obra coletiva organizada pela Biennale Nationale du Val de Marne.

FAVRET-SAADA, Jeanne. *Les Mots, la mort, les sorts*. Paris: Gallimard, 2007.

_____. Être affecté. *Gradhiva*, n. 8. Paris: Musée du Quai Branly, 1990.

FOSTER, Hal. O Artista Como Etnógrafo. *O Retorno do Real*. São Paulo: Cosac Naify, 2014.

FREUD, Sigmund. *Malaise dans la civilisation*. Paris: PUF, 1971.

GANASCIA, Jean-Gabriel. Apprentissage. In: HOUDÉ, Olivier (éd.). *Vocabulaire de sciences cognitives*. Paris: PUF, 2003.

GEERTZ, Clifford. A Descrição Densa. *A Interpretação das Culturas*. Rio de Janeiro: LTC, 1989.

_____. *Works and Lives. The Anthropologist as Author*. Standford: Standford University Press, 1988.

GHASARIAN, Christian. Sur les chemins de l'ethnographie réflexive. In: GHASARIAN, Christian (éd.). *De l'ethnographie à l'anthropologie réflexive: Nouveaux terrains, nouvelles pratiques, nouveaux enjeux*. Paris: Armand Colin, 2004.

GIL, José. Le Corps, l'image, l'espace. In: WAHICHE, Dominique; CUNNINGHAM, Merce et al. *La Danse, naissance d'un mouvement de pensée ou le complexe de Cunningham*. Paris: Armand Colin, 1989. Obra coletiva organizada pela Biennale Nationale du Val de Marne.

GODARD, Hubert. Le Geste et sa perception. In: GINOT, Isabelle Ginot; MICHEL, Marcelle (éd.). *La Danse au xxème siècle*. Paris: Larousse, 2002.

GROTOWSKI, Jerzy. *La Lignée organique au théâtre et dans le rituel: Leçon inaugurale au Collège de France*. Paris: MP3 Collection Collège de France/CF950, 1997.

HASTRUP, Kirsten. Anthropological Knowledge Incorporated. In: HASTRUP, Kirsten; HERVICK, Peter. *Social Experience and Anthropological Knowledge*. New York: Routledge, 1994.

DESCREVER UM PROCESSO CRIATIVO

HEGGEN, Claire; MARC, Yves. La Marche de l'acteur. In: ASLAN, Odette (éd.). *Le Corps en jeu*. Paris: CNRS, 2003.

LAPLANTINE, François. *La Description ethnographique*. Paris: Nathan Université, 2002.

LE BRETON, David. Anthropologie du corps en scène. *Conservatoire National Supérieur d'Art Dramatique: Le Training de l'acteur*. Paris: Actes Sud-Papiers, 2000.

LOUPPE, Laurence. *Les Imperfections du papier*. In: LOUPPE, Laurence (éd.). *Danses tracées, dessins et notations chorégraphiques*. Paris: Dis Voir, 1991.

LUBART, Todd (éd.). *Psychologie de la créativité*. Paris: Armand Colin, 2003.

LUCET, Sophie; LIBOIS, Jean-Louis (éd.). Dossier "L'acteur créateur". *Double Jeu*, n. 1, 2003.

MARCUS, George E. O Intercâmbio Entre Arte e Antropologia: Como a Pesquisa de Campo em Artes Cênicas Pode Informar a Reinvenção da Pesquisa de Campo em Antropologia. *Revista de Antropologia*, São Paulo, USP, v. 47, n. 1, 2004.

MAUSS, Marcel. Les Techniques du corps. *Sociologie et anthropologie*. Paris: PUF, 1999.

RABINOW, Paul; SULLIVAN, William M. *Interpretive Social Science, A Reader*. Berkeley: University of California Press, 1979.

SILVA, Flávia Gonçalves da. Subjetividade, Individualidade, Personalidade e Identidade: Concepções a Partir da Psicologia Histórico-Cultural. *Psicologia da Educação*, São Paulo, n. 28, 1º sem. de 2009.

STOCKING JR., Georges W. (ed.). *Observers Observed: Essays on Ethnographic Fieldwork*. Madison: The University of Wisconsin Press, 1983.

STRATHERN, Marilyn. *O Efeito Etnográfico*. São Paulo: Cosac Naify, 2014.

TOREN, Christina. Antropologia e Psicologia. *Revista Brasileira de Ciências Sociais*, v. 27, n. 80, outubro 2012.

WARBURG, Aby. *Le Rituel du serpent*. Paris: Macula, 2015.

Propostas de Uma Escrita Transcriativa

(ou como compartilhar o gosto de uma maçã?)

Carlos Roberto Mödinger
Cibele Sastre
Marcelo Ádams
Tatiana Cardoso

> *A maioria dos acontecimentos são indizíveis,*
> *são produzidos em um espaço ao qual nunca chegou*
> *uma palavra, e o mais indizível de tudo são as obras*
> *de arte, misteriosa existência cuja vida dura*
> *junto à nossa que passa.*
>
> RAINER MARIA RILKE
>
> *Como se apreende o sentido de uma maçã?*
> *Comendo-a.*
>
> FERNANDO PESSOA

Como podemos falar de um processo criativo vivido? Quais as melhores palavras? Como podemos provocar em quem lê a impressão, a ideia, o fluxo e a matéria do que foi vivido? Impressão: porque o que aconteceu, aconteceu, não se repete jamais, foi um instante único, no aqui e agora de seu presente. Ideia: porque mesmo encontrando boas palavras, o vivido foi de outra ordem, foi corpo, foi tempo, foi espaço, foram relações. Fluxo: porque se fizeram correntes fundadoras que criaram um jeito ou uma emanação que se fez passado no presente. Matéria: porque um processo criativo vivido foi real, material, afetou, fez sofrer, fez regozijar. Alguém o viveu, o sentiu, o viu ou presenciou.

Este texto é resultado de um trabalho iniciado em 2014, com o convite de Gilberto Icle para participarmos da Rede Internacional de Estudos da Presença. Na ocasião, fomos provocados pela pergunta: o que não é possível descrever quando se descreve o processo criativo? A partir da produção de dois dossiês, o primeiro com descrições de processos criativos e mais tarde outro, com análises sobre os textos produzidos pelos participantes da Rede, novos questionamentos surgiram para nós: a palavra poderia ser usada de forma não convencional? De que forma os conceitos e procedimentos do processo podem afetar as palavras da escrita? Que palavras/formas podem propiciar uma outra experiência criativa?

Formamos um grupo de quatro professores que optou pela produção de um texto coletivo disparado por três palavras que nos pareceram mais emergentes após a leitura do dossiê número 2: narrativa, memória e experiência. Seguimos com reuniões regulares, leituras de autores relacionados com o tema, bem como discussões das quais emergiram palavras e expressões que alimentaram a escrita deste texto, como: narrar ou descrever, transcriação, notação, dançar o pensamento, autoetnografia, genealogia e autogenealogia. Mesmo tendo o dossiê número 2 como ponto de partida para nossas reflexões, optamos por não abordar apenas os textos produzidos pelos integrantes da Rede, mas fazer um exercício livre de escrita e pensamento sobre o tema, expandindo nosso olhar para nossas experiências pessoais e profissionais.

Ao querer falar de um processo ou descrevê-lo, queremos revisitá-lo, pensar sobre ele, queremos deixar algum traço ou vestígio para outros, queremos multiplicar, compartilhar, ou mesmo tentar lançar novas luzes no vivido para, ao lembrar, talvez tentarmos ver o que não vimos, por meio do pensamento, das palavras. Tentar senti-lo, mas de outra forma. Ainda assim, parece impossível abarcar em palavras tudo o que já passou.

A partir dessa constatação, algumas questões surgem da tentativa de tornar em escrita um processo de criação: como evocar, por meio das palavras, um processo criativo vivido? Como transpor um processo para a forma escrita, tão potente quanto o próprio processo? O que determina a eleição do que será narrado do processo e quais os mecanismos (ideológicos, subjetivos, imperceptíveis) que se destacam nessa escolha em detrimento de outras? Como tornar a escrita um meio de evocação do que foi criado sem, entretanto, cair na tentação de fabricar "modelos descritivos" aplicáveis a qualquer processo?

O objetivo que nos atravessa é uma vontade de relatar, descrever ou narrar, para transcriar, ou seja, recriar em texto, novas possibilidades sobre o processo vivido. Para que essa

PROPOSTAS DE UMA ESCRITA TRANSCRIATIVA

transcriação seja disparadora de novas reflexões para quem está em processo de criação e para o leitor dessa escrita. Para colaborar no impulso, na reflexão, na descoberta de novas forças, de inspirações para o eu-que-conto – criador que escreve – sobre o que viveu na hora de escrever e para outros, sobre seus pensamentos, sua arte, sua escrita. Para que sirva a nós, criadores, escritores e transcriadores, evocando o que se pode escrever sobre a cultura da presença na cultura do sentido.

Uma vez que tais objetivos se tornam claros, as questões começam a pronunciar afiliações teóricas, que sustentam tais ideias. E antes de chegar a elas, para entender como transcriar, partimos escolhendo uma voz que fala, descreve, conta ou relata essa transcriação: a voz de alguém que participou do processo como criador. Poderia ser qualquer um, ator, diretor, professor, observador, espectador ou crítico, mas considerando que nós, que escrevemos, entrelaçamos a experiência de ator, bailarino, pesquisador e professor, escolhemos o ator ou o bailarino, aquele que vive em seu corpo o processo, aquele que sua. O processo criativo é aqui entendido como tudo que envolve a criação artística nestes âmbitos: um produto artístico; um ensaio; um estudo prático; uma aula; uma performance. Nesse sentido, podemos pensar o processo criativo como um acontecimento do qual padecemos. Um acontecimento que nos trouxe uma transformação.

A voz do ator-bailarino ressoa, aqui, justamente por se tratar de uma tarefa à qual frequentemente somos impelidos como artistas e também como professores, na tentativa de encontrar alguns caminhos que possam ser úteis aos nossos alunos, artistas e professores. Assim, a escolha é por abordar o ponto de vista do próprio artista falando de um processo criativo vivido, como uma experiência. Aquilo que o alcançou receptivamente e que ele aceitou, na medida em que se submetia a ela.

Em meio a esses processos, que sempre lidam com a criação artística, ao escolher uma escrita transcriativa amplia-se o conhecimento que se tem sobre tal processo, expandindo nossos saberes. Estabelecemos uma relação com o poeta e tradutor brasileiro Haroldo de Campos, que utilizou a ideia de transcriação em diferentes acepções, referindo-se ao trabalho de tradução de obras da literatura universal, buscando a "modernização,

DESCREVER O INAPREENSÍVEL: AS POSSIBILIDADES DA DESCRIÇÃO...

a aproximação do contexto do tradutor, a apropriação que abala a primazia do original em proveito da eficácia estética da tradução na língua de chegada"[1]. Assim, o uso do conceito de transcriação, aqui, permite pensar na escritura de uma pesquisa em arte como a oportunidade de uma criação em si.

2

Georg Lukács, no ensaio "Narrar ou Descrever?"[2], trata de definir mais acuradamente os dois verbos. Valendo-se de variados exemplos de romances franceses e russos dos séculos XIX e XX (o ensaio foi escrito em 1936), ele afirma haver diferenças fundamentais entre narrar e descrever, sendo talvez a mais destacável a que equivale aqueles dois verbos a outros dois, respectivamente, participar e observar.

Narrar = Participar   Descrever = Observar

Já Walter Benjamin escreve que o narrador retira da experiência – a própria ou a relatada pelos outros – o que ele conta, incorporando as coisas narradas à experiência dos ouvintes[3]. Em uma narrativa estarão sempre presentes o fato narrado e a personagem que o vive/experiencia, sem os quais não há narração. Na composição narrativa, o enredo gira em torno de um fato acontecido. Podemos, assim, pensar o artista como personagem que viveu um fato e que ao narrá-lo conta sua história ou ao menos parte dela. Entretanto, Lukács toma o cuidado de deixar claro que não existem "fenômenos puros"[4] nessa distinção entre procedimentos, e que mesmo o escritor francês Émile Zola (1840-1902), considerado pelo teórico húngaro como um dos maiores desenvolvedores da descrição no romance novecentista, em consonância com sua defesa do naturalismo como gênero moderno, também narrou e não só descreveu.

1   T.M. Nóbrega, Transcriação e Hiperfidelidade, *Cadernos de Literatura em Tradução*, n. 7, p. 249-255.
2   Cf. *Ensaios Sobre Literatura*.
3   Cf. *Magia e Técnica, Arte e Política*.
4   G. Lukács, op. cit., p. 50.

PROPOSTAS DE UMA ESCRITA TRANSCRIATIVA

Da mesma forma, Lukács identifica motivações socioeconômicas bastante claras no incremento do procedimento descritivo em comparação ao narrativo, especialmente no que concerne à complexificação das interações entre indivíduo e classe no século XIX, em relação ao que sucedera nos dois séculos anteriores. Seu argumento é de que a descrição como procedimento literário tornou-se, àquela altura, em pleno século XIX, necessária, dada a convicção da época de que a reconstituição dos ambientes nos quais se moviam as personagens[5] diria muito sobre a maneira como se comportariam, sendo elas afetadas irremediavelmente pelo *meio*.

Há uma nítida intenção *cientificista* na descrição/observação. Zola, ao propor o naturalismo como linguagem literária (e teatral), buscava aproximar a arte das conquistas da ciência, almejando encontrar, de forma direta e verificável, vinculações estreitas entre comportamentos e relações de hereditariedade e influência ambiental.

Outra característica apontada por Lukács é a dificuldade que o descritor/observador tem de articular e ordenar a matéria do que descreve. Colocado diretamente na contemporaneidade da ação, sem o distanciamento temporal que o escritor épico tem em relação à matéria narrada, o descritor vê-se induzido a retratar tudo que vê, nivelando todas as coisas em uma descrição inessencial e que se perde, muitas vezes, em minúcias que atravancam a fluidez e desinteressam o leitor. Lukács chama de "falsa contemporaneidade"[6] a tendência da descrição de tornar autônomas as particularidades, desconectando as partes do todo. O narrador, ao contrário, "fala apenas daqueles aspectos de uma coisa que são importantes para as funções que a coisa assume no ato humano concreto em que figura"[7]. Há, portanto, uma eleição deliberada do que pode contribuir com o objetivo ao qual o narrador se dedicou. Isso não significa que essa eleição seja pautada pelo cerebralismo estéril ou por uma cegueira objetivante, pelo contrário: permite que, traçando

---

5   Como no romance *Pai Goriot*, de Honoré de Balzac (1799-1850), em que as minúcias na descrição da sórdida pensão Vauquer de alguma forma explicam o caráter duvidoso dos que ali habitam.

6   G. Lukács, op. cit., p. 67.

7   Ibidem, p. 66.

210 DESCREVER O INAPREENSÍVEL: AS POSSIBILIDADES DA DESCRIÇÃO...

previamente um mapa orientador, o narrador possa – com o risco controlado de perder o caminho de volta – testar rotas alternativas, deixando-se levar eventualmente pela direção dos ventos e surpreender-se com os territórios insuspeitados com os quais possa se deparar.

Lukács defende que na verdadeira arte narrativa a sucessão de quadros narrados é recriada artisticamente e tornada sensível por meios muito complexos, não bastando, como é próprio da descrição, o sequenciamento desses quadros, o que rebaixa o homem ao nível dos objetos. Mesmo que na hipotética descrição minuciosa de um objeto, o escritor coloque em curso sua subjetividade, construindo metáforas, tratar-se-ia, seguindo o pensamento de Lukács, de uma subjetividade falsa, pois "a sucessão de impressões subjetivas é tão pouco suficiente para fornecer a conexão épica de coisas fetichizadas (ainda que se tente transformar tais coisas em símbolos)"[8]. Apenas quando relacionadas com acontecimentos de destinos humanos as coisas teriam vida poética.

Na tentativa de transcriar um processo criativo talvez possamos contar nossa história vislumbrando a possibilidade de que ela, ao ser revivida por nós na escrita, seja saboreada de novo e, quem sabe, possa provocar nos outros a vontade de experimentá-la também, ativando forças que façam seu sabor ou seu frescor impregnarem o ar. Benjamin diz que: "O tédio é o pássaro de sonho que choca os ovos da experiência"[9], talvez possamos pensar em provocar uma escrita capaz de encontrar no tédio um espaço de distensão para ver e ouvir de novo, outras cores, outros sons. O tédio não como aborrecimento ou adormecimento, mas espaço para a epifania. Poder encontrar nas nossas palavras uma dimensão que produza vazios ou silêncios capazes de gerar um espaço ampliado, que crie a necessidade da distensão do tempo, abrindo novos processos perceptivos a nós que descrevemos e àquele que lê. Fazer da escrita uma tarefa artesanal, como aquelas de que se ocupavam os ouvintes antigos das histórias orais, que as desfrutavam enquanto teciam, bordavam ou tomavam chimarrão em volta do fogo. Ao narrar um processo, convidar o leitor para estar junto, codividindo o mesmo espaço da experiência.

8   Ibidem, p. 70.
9   W. Benjamin, op. cit., p. 205.

PROPOSTAS DE UMA ESCRITA TRANSCRIATIVA

Outra característica dos narradores, segundo Walter Benjamin, é um certo senso prático, uma dimensão utilitária, deixar um conselho. Entretanto, "aconselhar é menos responder a uma pergunta que fazer uma sugestão sobre a continuação de uma história que está sendo narrada"[10]. Ou seja, podemos pensar em não entregar nossa história contando tudo, porém abrir novas possibilidades ao leitor e, antes de tudo, ao "eu-que-conto" possibilidades de outras significações sobre o processo, para além daquelas que formulei, no vivido.

Se "metade da arte da narrativa está em evitar explicações"[11], já que isso não imporia ao leitor um contexto psicológico da ação, deixando a ele a liberdade de interpretar o que lê como quiser, é necessário abrir espaços em nossas narrativas para os verbos, para ações como poetizar, metaforizar, ritmar, envolver, divagar e encantar. Criar uma narrativa que não se ocupa apenas em descrever os fatos que aconteceram em um tempo cronológico, mas capaz de abrir fraturas virtuais que proporcionem um espaço de liberdade, de transformação possível. Extrapolar a descrição da esfera do discurso e dar beleza ao que poderia ser trivial e passageiro. Emprenhar a narrativa de camadas sensíveis de imagens para que possam ser sentidas.

3

Nosso problema segue sendo, pois, como descrever, narrar, registrar, compartilhar um processo criativo. Que palavras dariam conta dessa tarefa? Que escolhas fazer? Como compartilhar o gosto de uma maçã?

Como artista e teórico de referência da área da dança, por exemplo, em uma incansável e reflexiva busca por uma iconografia simbólica para o registro de movimento capaz de equiparar-se à partitura musical, Rudolf Laban (1879-1958) desenvolveu, junto às suas teorias de Harmonia Espacial e de Esforço-Forma, símbolos capazes de auxiliar na escrita e na descrição de movimentos para fins de registro. A essa escrita

---

10 Ibidem, p. 200.
11 Ibidem, p. 203.

212   DESCREVER O INAPREENSÍVEL: AS POSSIBILIDADES DA DESCRIÇÃO...

da dança foi dado inicialmente o nome de *Schriftanz* e ficou mundialmente conhecida como Labanotação[12]. Com isso ele e seus muitos colaboradores contribuíram para a elevação da arte da dança a um nível acadêmico. A rapidez e a efemeridade do movimento ganhavam uma linguagem própria, um meio de se fazer registrar.

Por outro lado, José Gil afirma que dança não é linguagem porque não teria

gestemas discretos, comparáveis aos monemas, nem unidades inseparáveis não significativas, como os fonemas. Daí a inexistência de uma dupla articulação de uma linguagem do corpo, à maneira da linguagem falada. Há uma outra razão que me parece importante: a função de expressão dos movimentos do corpo é muito mais rica que a da linguagem articulada que depende, em grande parte, da função de comunicação do sentido verbal[13].

Sendo assim, "o gesto tornar-se-ia o seu sentido encarnado"[14], o que pode ser afirmado, também, a partir do que Cunningham nos diz: "quando danço, significa: isto é o que estou fazendo. Uma coisa que é justamente aquilo que aqui está"[15]. Laban buscou em uma metalinguagem uma analogia artística para uma função descritiva:

Ele [Laban] defendia a ideia de que os fundamentos de uma cultura se jogam nas relações particulares entre uma determinada gestão do peso e dos valores de expressividade, através dos fluxos e dos tratamentos do espaço e do tempo. A impossibilidade de nossa organização linguística de abarcar o sentido profundo do movimento levou-o à aventura do seu sistema de notação, que não se apoia numa metáfora linguística e sim numa representação pictográfica que responde, analogicamente, aos estados do corpo ainda não projetados na esfera da interpretação linguística.[16]

12   Labanotação é uma notação estruturada do movimento. Dela deriva ainda a *motif writing*, ou a escrita por motivos, muito utilizada por professores notadores ao observarem seus alunos, mas também como estratégia de ensino da própria notação. A *motif writing* vem sendo utilizada, ainda, como motivo para improvisação e criação em dança em processos pedagógicos e artísticos.
13   J. Gil, *Movimento Total*, p. 72.
14   Ibidem, p. 75.
15   Cunningham apud J. Gil, op. cit., p. 67.
16   H. Godard, Gesto e Percepção, em Roberto Pereira; Silvia Soter (org.), *Lições de Dança 3*, p. 31-32.

PROPOSTAS DE UMA ESCRITA TRANSCRIATIVA 213

Entendemos que a representação pictográfica de Laban, carregada de simbologia, nos remete ao mesmo lugar de apreciação de movimento, com certo grau de racionalidade, o da analogia. Todavia, a simples apreciação sem a decodificação dos símbolos não dá conta da poesia que está submersa em tal pictografia. "Pensamentos envoltos nos fios espinhosos da busca fazendo-se corpos-palavras. A busca sendo mais que jogo, outra coisa que argumento, vontade. Vontade de dança."[17]

Entendendo o campo semântico da dança e do teatro como um horizonte ou um risco espacial produzido pela vibração das vontades materializadas em movimentos, ações, relações que incluem palavras, apontamos para uma narrativa daquilo que ouve, percebe, pensa, vê e sente, uma síntese de impressões e de chaves de leitura de movimento e/ou de atuação. Thereza Rocha diz:

Para pensar a dança é preciso dançar o pensamento como a atitude tateante do conceito e da metáfora que se acerca de algo desconhecido. Talvez pensar a dança só seja possível pela tangência, talvez isso nos venha dizer que a dança é sempre algo que faz tangência no pensamento. Algo do corpo que se dispõe ao pensamento. Um pensamento do corpo.[18]

Laban, ao referir-se a conceitos aparentemente paradoxais, utilizou a Banda de Moebius[19], figura que expressa a dobra daquilo que pode estar dentro e fora, perspectivando a noção de oposição contida em dentro-fora, por exemplo, imprimindo a ideia de complementaridade. Da mesma forma, pensar-dançar é como materializar a metafísica tateante, cujo tato está em acercar-se, tangenciar ou dobrar pensamento em dança, dança em pensamento, recriando ao criar, ao atravessar as formas prontas que se transformam e que, nesse processo, transcriam-se em narrações ou descrições.

Descrever ou narrar um movimento é sempre uma tangente do sentido do que se constitui de um modo e precisa da tradução por meio de outra linguagem ou forma de expressão que não a

17 M. Tiburi, T. Rocha, *Diálogo|Dança*, p. 7-8.
18 Ibidem, p. 12.
19 Figura "criada a partir da junção das duas extremidades invertidas de uma banda, cujas faces passam a ser simultaneamente internas e externas" (Ciane Fernandes, *O Corpo em Movimento*, p. 32), que ele também chama de *Lemniscate*.

sua, segundo Tiburi: "Começamos esta conversa pensando na dificuldade do enunciado da dança. O que seria dizer a dança quando se há que dançá-la para além de dizê-la, eis um impasse que pode fazer afundar o que seja o dizer sobre a dança, já que, enquanto linguagem, a dança se diz a si mesma."[20]

Daí que uma representação pictórica como linguagem simbólica do movimento pode ser uma descrição poética dançante: cumpre com o aspecto funcional de uma descrição e com a representação simbólica das imagens de movimento que antecedem as palavras, abrindo brechas para imagens de movimento invadirem a leitura. Se o leitor for um praticante da arte do movimento, poderá ler o gesto outrora encarnado, passível de ser reencarnado, porque habita a memória cinestésica e sua representação simultaneamente.

Descrever ou narrar as próprias práticas artísticas implica necessariamente autorreflexões sobre tais ações, que facilmente borram a questão entre o individual e o social; eu e o mundo; ímpetos de expressão e as condições de emergência desse ímpeto. Assim, transitamos pelos referenciais que nos permitem operar com o conceito de genealogia e autogenealogia, outra vez deslizando pelo dentro-fora da emergência de um processo criativo, que é também este texto.

4

Até o momento, os verbos descrever e narrar, enquanto procedimentos típicos do gênero épico, guiaram preferencialmente nossas reflexões em direção a uma tentativa de identificação das características que os diferenciam ou assemelham. Percebemos que descrever e/ou narrar trazem – embutidos em suas maneiras de lidar com a memória narrável, com a observação ou com outras possibilidades de atualização de acontecimentos no tempo presente – consequências em relação à forma literária que podem adquirir. Para que se amplie o entendimento que temos das peculiaridades da descrição e da narração, com vistas a sua utilização prática em processos criativos, recorreremos

20 M. Tiburi; T. Rocha, op. cit., p. 13.

PROPOSTAS DE UMA ESCRITA TRANSCRIATIVA 215

a outras abordagens metodológicas e filosóficas. Assim, buscamos nas ideias de Friederich Nietzsche e Michel Foucault, cientes de que suas propostas são diferentes das dos autores com os quais vínhamos dialogando, alternativas aos padrões anteriormente expostos. Propomos, como noção que dialoga com as especificidades e dificuldades da narração/descrição de um processo criativo, o desenvolvimento de uma escrita decorrente da ideia de genealogia, herdeira de Nietzsche e desenvolvida por Foucault como podemos encontrar nos textos "Nietzsche, a Genealogia e a História" e "Genealogia e Poder" presentes na coletânea *Microfísica do Poder,* organizada por Roberto Machado.

Jorge Luiz Viesenteiner registra sua disposição em considerar alguns dos textos escritos pelo filósofo alemão Friedrich Nietzsche (1844-1900) não como autobiográficos, mas autogenealógicos, "na medida em que Nietzsche enfatiza que é melhor escrever apenas sobre o que se vivenciou"[21] e que a escrita de tais vivências nunca teve por objetivo narrar suas aventuras nem reconstruir, por meio de suas memórias, um todo coerente e abrangente de sua existência: o que Viesenteiner apresenta como autogenealogia em Nietzsche seria a tentativa de um pensamento sobre seu pensamento. As repetidas referências à necessidade de escrever apenas sobre o que se viveu, encontradas em cartas escritas por Nietzsche a correspondentes diversos, segundo Viesenteiner, não tinham a intenção de filiar-se a um tipo de objetividade que se baseasse na ideia de que um episódio vivido estaria apto a ser imediatamente demonstrável de acordo com os métodos científicos, muito difundidos no século XIX. Pelo contrário: as "vivências internas" são, o que a própria expressão já aponta, não científicas, fundam-se no que Nietzsche chama de "500.000 opiniões"[22]. Essas "500.000 opiniões", que são as diferentes perspectivas sobre as coisas, não têm a pretensão de serem objetivas, da mesma forma que "escrever apenas sobre o que foi vivenciado não é descrever um 'eu' oculto por meio de um conhecimento objetivo"[23]. Nas

21 Erlebnis (Vivência): Autobiografia ou Autogenealogia? Sobre a "Crítica da 'Razão da Minha Vida'", *Estudos Nietzsche*, p. 331.
22 Ibidem, p. 333.
23 Ibidem.

216 DESCREVER O INAPREENSÍVEL: AS POSSIBILIDADES DA DESCRIÇÃO...

palavras do próprio Nietzsche, "eu não me conheço: a exigência de autoconhecimento me parece uma infantilidade grega. [...] Mas que alguém tenha dito sua opinião sobre 500 coisas, então é possível que outro o 'conheça'"[24]. Ou seja, é o leitor quem terá a tarefa de, reunindo as perspectivas, reconstituir uma espécie de compreensão do que é lido, ainda que Nietzsche não desejasse tal coisa: "nada é mais ofensivo a Nietzsche do que justamente 'ser compreendido', daí o porquê de não ser possível extrair uma verdade de seus textos mesmo possuindo vivências semelhantes"[25].

Tratando-se da complexa tarefa com que os artistas e pesquisadores se deparam ao terem de registrar seus processos criativos podemos encontrar, por exemplo, alguns estudos na área da dança que podem nos ajudar. Sylvie Fortin sugere como caminhos para a pesquisa em prática artística no contexto acadêmico da Universidade de Quebec, em Montreal, a inspiração etnográfica e a autoetnografia. Baseada em François Laplantine, que distingue diferentes tipos de descrição etnográfica, dentre os quais "a descrição para compreender as culturas dadas (etnografia), a descrição para compreender a essência de um fenômeno (fenomenologia)"[26], Fortin enfatiza que podem-se utilizar esses métodos de obtenção de dados etnográficos sem realizar efetivamente uma etnografia. Chamamos atenção à utilização do verbo descrever, conotando a matriz científica da etnografia e referendando a diferença que Lukács estabelecia entre descrever e narrar. Se for considerada a etimologia da palavra etnografia[27], encontraremos outro parentesco entre o etnografar e o descrever, que possibilita a aproximação desses

---

24 Nietzsche apud J.L. Viesenteiner, op. cit., p. 333-334.

25 J.L. Viesenteiner, op. cit., p. 343.

26 S. Fortin, Contribuições Possíveis da Etnografia e da Auto-Etnografia Para a Pesquisa na Prática Artística, em Marta Isaacson et al. (orgs.), *Revista Cena*, n. 7, p. 79.

27 Segundo Mattos "*grafia* vem do grego *graf*(o) [e] significa escrever sobre, escrever sobre um tipo particular – um etn(o) ou uma sociedade em particular. [...] Etnografia é a especialidade da antropologia, que tem por fim o estudo e a descrição dos povos, sua língua, raça, religião, e manifestações materiais de suas atividades, é parte ou disciplina integrante da etnologia"; A Abordagem Etnográfica na Investigação Científica, em C.L.G. Mattos; P.A. Castro (orgs.), *Etnografia e Educação: Conceitos e Usos*, p. 53.

PROPOSTAS DE UMA ESCRITA TRANSCRIATIVA

dois verbos à ideia de descrever como observação, em oposição a narrar como participação.

No entanto, a proposta de Fortin também aponta para a possibilidade de "observação participante", que proporcionaria ao leitor "uma compreensão baseada sobre a experiência de pesquisador em presença íntima com a coisa a ser compreendida"[28]. A dificuldade de se falar da "experiência do outro", tornada explícita a partir do "questionamento da palavra, chamada 'crise da representação' [...], explica em parte a passagem à autoetnografia"[29].

O que queremos demonstrar é que apesar da autoetnografia – como proposta de pesquisa que resultará em uma narrativa – abrir espaço para "a evocação e a comunicação de uma nova consciência da experiência"[30], ela está limitada "às exigências de rigor que são impostas por toda pesquisa universitária"[31]. Isso por não objetivar a representação dos fatos, já que se afirma "sobre a base da experiência sensível e singular"[32]. Fortin demonstra preocupação no estabelecimento de padrões de qualidade nessas pesquisas – já que etnografias não tradicionais, que utilizam formas de escrita que misturam narração e até poesia, têm como principal objetivo "um ato de comunicação para atingir o outro"[33] mais do que relatar fatos – para a liberdade no trabalho narrativo da evocação da experiência. Percebe-se, assim, na proposta de autoetnografia como pesquisa em prática artística, um vínculo ainda não superado com disciplinas científicas ou pseudocientíficas, como a sociologia e a antropologia.

Sylvie Fortin ressalta que a utilização de dados e procedimentos autoetnográficos em uma pesquisa não faz dela uma autoetnografia, e que eles "aspiram a ultrapassar a aventura propriamente individual do sujeito". É possível entender a peneira científica que se impõe, já que parecem existir limites para a extração da subjetividade na narração de uma experiência.

28 S. Fortin, op. cit., p. 82.
29 Ibidem.
30 Ibidem, p. 83.
31 Ibidem, p. 84.
32 Ibidem.
33 Ibidem.

218   DESCREVER O INAPREENSÍVEL: AS POSSIBILIDADES DA DESCRIÇÃO...

Ambas – autoetnografia e autogenealogia – ambicionam "ver a parte visível de sua prática efetivamente, mas, também, ver a parte invisível, as intuições, os pensamentos, os valores, as emoções que afloram na prática artística e que nascem do relato simples aos gestos"[34]. Ao refletir sobre o sentido da palavra composta autoetnografia, encontramos uma decisiva diferença com nossa proposta de autogenealogia, apesar das aproximações entre os dois termos. Provavelmente devido às regras acadêmicas (subentendidas, muitas vezes) na condução de uma pesquisa de pós-graduação, espera-se que haja um controle seguro nos resultados e na clareza com que eles são registrados. Fica evidente o contexto de pesquisa no qual dados autoetnográficos podem ser aproveitados com vistas a um resultado narrativo minimamente compreensível e "científico". A autoetnografia auxilia na escrita do pesquisador a partir do momento em que ele terá à sua disposição uma maior variedade de dados que poderão contribuir para o entendimento de um determinado tema. É por esse motivo que a proposta da autogenealogia ultrapassa o contexto da pesquisa científica, ao reivindicar uma liberdade ainda mais ampla, especificamente no relato de um processo criativo.

Ao mencionar autoetnografia ou autogenealogia, nós nos referimos a um olhar investigativo para o próprio processo de criação e investigação nas artes da cena e do corpo, a partir de procedimentos de uma pesquisa qualitativa. Tal processo necessariamente envolve uma prática artística que, como já foi mencionado, só ela se diz a si mesma. Transcriar em texto e/ou metatexto esse processo envolve, sobretudo, entender pesquisa em torno da prática, da prática como pesquisa, da pesquisa guiada pela prática ou da pesquisa performativa.

Brad Haseman vem trabalhando junto à comunidade acadêmica no sentido de proporcionar espaços de prática-pesquisa junto à academia sem tornar o aspecto científico da pesquisa o autor de suas regras. Em seu "Manifesto pela Pesquisa Performativa"[35], Haseman começa por distinguir as metodologias quantitativas e qualitativas para nos apresentar

---

34   Ibidem.
35   Em C.R. Silva et al. (orgs.), *Resumos do Seminário de Pesquisas em Andamento* PPGAC/USP, v. 3, n. 1, p. 41-53.

PROPOSTAS DE UMA ESCRITA TRANSCRIATIVA 219

a Pesquisa Performativa como alternativa a essas tradicionais opções metodológicas.

A divisão quantitativa/qualitativa é uma das mais duráveis distinções metodológicas estabelecidas em pesquisa. [...] O objetivo final [*da pesquisa quantitativa*] é isolar princípios que permitam uma generalização dos resultados e a formulação de leis invariáveis. [...] Como a pesquisa qualitativa tem o objetivo principal de "apreender o sentido da ação humana", rapidamente se torna claro que os processos e metodologias através dos quais a pesquisa ocorre são de suma importância. Em algumas tradições acadêmicas, como os Estudos Culturais, artefatos (coisas), comportamentos e respostas são construídos como textos qualitativos. Eles são estudados durante o processo de investigação, e as descobertas são representadas como baseando-se em uma variedade de fontes e abordagens.[36]

Talvez isso explique as visíveis restrições que as metodologias de inspiração etnográfica aplicadas à pesquisa em arte ainda imponham aos procedimentos intrínsecos a suas respectivas práticas. O fato de considerarmos processos de criação como pesquisa nos leva a uma conduta muito bem fundamentada no âmbito da arte, mas pouco aceita pelo cientificismo acadêmico: deixar-se guiar pela prática. A pesquisa guiada pela prática é o que defende Haseman a partir do que ele considera como alternativa aos blocos *quanti e quali* de pesquisa acadêmica, a pesquisa performativa.

Pesquisadores guiados-pela-prática constroem pontos de partida empíricos a partir dos quais a prática segue. Eles tendem a "mergulhar", começar a praticar para ver o que emerge. Eles reconhecem que o que emerge é individualista e idiossincrático. Isso não quer dizer que esses pesquisadores trabalhem sem maiores agendas ou aspirações emancipatórias, no entanto eles evitam as limitações das correções de pequenos problemas e das exigências metodológicas rígidas no primeiro momento de um projeto.

Na pesquisa performativa, um metatexto pode ser considerado como pesquisa tanto quanto a manifestação artística da dança, do teatro ou do circo, por exemplo, em suas convenções específicas e não apenas como um processo de criação. Haseman retoma J.L. Austin e sua noção de performatividade fundada nos atos de fala que realizam ações que geram efeitos,

36 Ibidem, p. 42.

DESCREVER O INAPREENSÍVEL: AS POSSIBILIDADES DA DESCRIÇÃO...

como no tradicional exemplo do ritual de um casamento em que a promessa de cada um dos noivos sela o compromisso e a declaração legal ou religiosa "eu os declaro marido e mulher" transforma a vida do casal: "a emissão do enunciado é a realização de uma ação"[37]. Sendo assim "nessa terceira categoria de pesquisa – ao lado de quantitativa (números simbólicos) e qualitativa (palavras simbólicas) – o dado simbólico funciona performativamente. Ele não só expressa a pesquisa, mas, nessa expressão, torna-se a própria pesquisa"[38].

Existe uma proximidade muito grande entre a pesquisa qualitativa e a pesquisa performativa, contudo a última nos apresenta opções de desdobramentos (ou dobramentos) dos procedimentos qualitativos já conhecidos que se mostram restritivos aos processos de pesquisa guiados pela prática e até mesmo permite a utilização de procedimentos quantitativos, desde que úteis ao problema de pesquisa. "Mais comumente, os pesquisadores performativos progridem seus estudos, empregando variações de: prática reflexiva, observação participante, etnografia performativa, etnodrama, investigação biográfica/autobiográfica/ narrativa e o ciclo de investigação da pesquisa-ação"[39], ao que somamos o exemplo de pesquisa somático-performativa criado e utilizado pela pesquisadora performativa Ciane Fernandes.

A escrita de um processo criativo por meio da autogenealogia reuniria os cacos da experiência do artista da cena, esse ator-dançarino que acumula vivências – essas, constitutivas do fenômeno da experiência[40] –, sem a ambição de determinar a origem e o encadeamento lógico do processo na escrita, mas ainda selecionando com uma perspectiva lírica aquilo que deverá compor o texto. Se a autogenealogia se identifica, no que concerne à forma narrativa que utiliza, com o épico, por outro lado, não deixa de se relacionar com o lírico, em sua "análise

37 J.L. Austin apud B. Haseman, op. cit., p. 47.
38 B. Haseman, op. cit., p. 47.
39 Ibidem, p. 49.
40 O uso dos termos vivência e experiência não são aqueles que contrapõem um ao outro, como quer Walter Benjamin (1995), ou seja, que a vivência seria a experiência pobre da modernidade, das grandes cidades e da velocidade do dia a dia, diferentemente da experiência rica da tradição. Trabalhamos com a noção de que as diferentes vivências que o ator-dançarino experimenta, especificamente na sala de ensaios – mas não apenas nela, já que é "ser-no--mundo" – integram a experiência que será narrada autogenealogicamente.

PROPOSTAS DE UMA ESCRITA TRANSCRIATIVA

de proveniência", que "permite dissociar o Eu e fazer pulular nos lugares e recantos de sua síntese vazia, mil acontecimentos agora perdidos"[41]. Conforme Emil Staiger:

a lírica deve mostrar o reflexo das coisas e dos acontecimentos na consciência individual [...]. Nenhum objeto é acessível 'em si'. Justamente por ser ob-jeto, está em frente, pode ser observado apenas a partir de um ponto de vista, de uma perspectiva que é justamente a do poeta, de seu tempo ou de seu povo[42].

Esse ponto de vista a partir do qual se observa o objeto de que fala Staiger não é o ponto de vista de quem detém o poder (como diria Foucault), e não se confunde com um objetivismo, tampouco a um subjetivismo. A perspectiva a que se refere é aquela possível, pessoal, de quem olha para alguma coisa a partir de sua "consciência individual". Assim, a lírica tem como atitude fundamental

o não distanciamento, a fusão do sujeito e do objeto, pois o estado anímico envolve tudo, mundo interior e exterior, passado, presente e futuro. Por isso, Staiger denomina *recordação* a essência lírica, levando em conta a etimologia da palavra, do latim *cor - cordis*. Recordação quer dizer "de novo ao coração", isto é, aquele um-no-outro, em que o eu está nas coisas e as coisas estão no eu[43].

Narração como recordação, portanto, para que a autogenealogia do processo criativo agregue à sua práxis a *antidiscursividade* e o *desvio da norma gramatical*[44], em direção a uma liberdade de ação na escrita que se equivalha (ou ultrapasse) à liberdade que o ator-dançarino experimentou no processo que é narrado por essa escrita. E essa liberdade autogenealógica, assim como a *história efetiva* para Foucault, "não teme ser um saber perspectivo"[45]. A autogenealogia não é uma "narração antiquário", que respeita a "lei da fidelidade", mas uma narração que "pretende fazer aparecer todas as descontinuidades que nos atravessam"[46].

41 M. Foucault, *Microfísica do Poder*, p. 62.
42 *Conceitos Fundamentais da Poética*, p. 57.
43 H.P. Cunha, Os Gêneros Literários, em E. Portella, *Teoria Literária*, p. 97.
44 Ibidem.
45 M. Foucault, op. cit., p. 76.
46 Ibidem, p. 83.

222 DESCREVER O INAPREENSÍVEL: AS POSSIBILIDADES DA DESCRIÇÃO...

A partir dessas reflexões, tentaremos apresentar alguns exemplos de descrição que se aproximam da nossa ideia de uma escrita transcriativa. Para isso, partimos de um trecho de um dos dossiês da nossa Rede Internacional de Estudos da Presença, escrito por Ana Cristina Colla. Ela descreve seu encontro com uma das pessoas escolhidas para observar e imitar, a Dona Maria, em sua primeira viagem de pesquisa de campo partindo da metodologia da mímesis corpórea, que é uma das linhas mestras de pesquisa do Lume. "A mímesis consiste num processo de trabalho que se baseia na observação, codificação e posterior teatralização de ações físicas e vocais observadas no cotidiano, sejam elas oriundas de pessoas, animais, fotos ou imagens pictóricas"[47]. A descrição de Colla vai além do desejo de informar sobre as características da Dona Maria ou a metodologia utilizada em sua pesquisa. É possível perceber no discurso o jeito, o caráter, a forma física de Dona Maria por meio das percepções subjetivas e objetivas da pesquisadora. Assim, ao lermos a transcrição de Colla, ao dar vazão ao que ela testemunhava de uma forma particular e sensível, mais que conhecer sobre seu processo, podemos senti-lo ou imaginá-lo, quase como se nós mesmos estivéssemos na frente de Dona Maria[48]. A seguir, apresentamos outros exemplos de registro que se aproximam da nossa ideia de escrita autogenealógica, ao portarem tentativas potenciais de uma recriação.

Exemplo 1

Juliana Vicari, em seu trabalho de conclusão de curso apresentado em 2007, partiu do que chamou de uma "simples brincadeira entre os símbolos do Sistema Laban e a linguagem escrita"[49]:

Vicari utiliza símbolos da *motif writing*[50] que se mostram similares às formas das letras que compõem as palavras da

---

47 Rede Internacional de Estudos da Presença, Dossiê Descrição de Processos de Criação, Dossiê número 1, p. 132-133.

48 Ver supra, p. 122s.

49 *Criações em Dança a Partir de Notações de Movimento*, p. 58.

50 Notação por motivos oriunda do Sistema Laban utilizada de forma mais simplificada do que a notação estruturada, esta última uma tentativa de equiparação à uma partitura musical.

PROPOSTAS DE UMA ESCRITA TRANSCRIATIVA

música sobre a qual escolheu trabalhar, a "Dança da Solidão", de Paulinho da Viola. Para palavras ou letras cuja associação ficasse difícil ou impossível, ela adaptou e criou novos símbolos sobre os que trabalhava para seguir compondo sua própria iconografia. Uma vez transcriada, a música foi dançada com movimentos sugeridos pela "partitura" constituída por tal grafia.

Solidão é lava

que cobre tudo
Amargura em minha boca
Sorri seus dentes de chumbo
Solidão palavra,

cavada no coração
Resignado e mudo,

no compasso da desilusão
Desilusão, desilusão

Danço eu, dança você

Na dança da solidão

Exemplo 2

Na monografia de conclusão do curso graduação intitulada *Investigando uma Prática Performática da Memória*, Marlise Machado propôs em sua escrita o que seu título sugeria. Mais do que descrever o processo de criação, ela criou com a escrita um novo processo artístico que se desdobrou e é *um* em si mesmo. Para tanto, utilizou diferentes fontes e tamanhos de letra, designando por vezes uma reflexão sobre o processo de trabalho ou uma conversa direta com o leitor participante. Em outros momentos, apresenta pistas que juntos os leitores e a autora encontrariam ao longo dos acasos e passagens secretas que o labirinto da criação oferecia, como podemos ver no trecho abaixo:

224 DESCREVER O INAPREENSÍVEL: AS POSSIBILIDADES DA DESCRIÇÃO...

5 PARA QUE PERCORRAS UM LABIRINTO DE MÃOS, DEVES DANÇAR COM OMBROS

Foi curioso como aconteceu, eu estava no labirinto e de repente esbarrei em uma estante, e dela jorraram ombros e os ombros dançaram. Eram muitos, eu li todos. E os ombros me disseram: Dance com a gente e depois nos traia.

Eu divago, penso... E busco um termo melhor para expressar e dar mais consistência ao ato de minha divagação. Para que este, além de simples constatação de pensamentos que vagueiam e se estruturam em minha carne de forma abstrata, presentifiquem a consistência exigida, materializando-se a altura deste *trabalho científico*. Então eu me repito...

Eu reflito, teoricamente embasada, para solidificar meus desejos, apoiada sobre os ombros de outros que por sua vez, também já transitaram nos ombros de alguém. Reconhecendo que para dizer algo que seja realmente meu tenho que estabelecer uma relação ombro a ombro, numa dança de aproximação e distanciamento. Em minhas reflexões teoricamente embasadas, encontram-se minhas inseguranças, meu riso, minha lágrima, meu cansaço, minha ironia e também o desejo, de que dançando *corretamente* eu transcenda não só em minha escrita, mas em minhas ações, a condição de dizer o que eu digo, a partir do que alguém já disse...

Em suma, que eu possa ser mais que uma parasita sobre os ombros de alguém

SOBRE OS OMBROS,
SOB OS OMBROS,
SOBE EM OMBROS,
DÊ DE OMBROS,[51]

Machado também explora a ideia de uma escrita labirinto, que se comunicando por meio de seus espaçamentos variados, notas de rodapé, pontuação e até de uma citação-labirinto (para a qual foi utilizado um código de barras QR, que uma vez fotografado serve como link para alguns textos e reflexões futuras acerca do trabalho em um blog), potencializa a dimensão de algo dinâmico, vivo, que existe e pulsa para além do papel e pode recriar-se o tempo todo:

---

51 M.R. Machado, *Investigando uma Prática Performática da Memória*, p. 50.

Cessa o hálito do homem, cessa o choro da mulher... a bebê mija os três! ISSO encontrava um fim... deixando uma estranha saudade!

ISSO foi uma experiência transformadora para mim, que compartilhei tais *descobertas* no agora de suas vivências, com aqueles que optaram por estar *lá* junto comigo. Tal *opção* contribuiu e recriou momentos, na duração efêmera de seus acontecimentos, proporcionando diferentes sensações a cada participante. E isso só foi possível porque tendo trilhado muitos caminhos e passagens diferentes, compreendi aos poucos que programar ações, consistia em não premeditar reações, deixando que estas encontrassem sua expressão e potência na *memória-corpo-agora* de cada pessoa ali presente. Sim, é preciso aceitar o que acontece, deixar-se fluir nos acontecimentos, se deixar *acontecer*. Sinto, porém, que ainda há muito o que aprender e é através do agora das relações, que este trabalho seguirá se constituindo, recriando e reescrevendo através de diferentes formas.

Deixo então uma passagem secreta, configurada como um código de barras, ou código QR, que através de aplicativos de leitores de códigos como, por exemplo, o QRDroid ou *Google goggles*, podem ser baixados da internet para o celular, permitindo que o mesmo através de uma foto e/ou reconhecimento da imagem leve por meio da ferramenta de busca à página *labirinto Isso* de meu blogue. Nesta poderão ser acompanhados outros escritos e desdobramentos que foram suscitados pela atual pesquisa.[52]

5

Talvez alargando os limites da linguagem, incorporando o poder de sugestão que ela traz em si, a ambiguidade e os interstícios de sentidos que ela pode conter, uma escrita que não se queira tão precisa provoque simultaneamente em quem a produz e em quem a recepciona uma sensação de campo aberto, de potência de criação. Eu-que-conto, no ato de escrever sob essa perspectiva autogenealógica, me contamino, em um efeito de retroalimentação positiva que reforça meu jogo com a linguagem que utilizo para relatar o processo. Para escrever temos muitos instrumentos à disposição. Podemos escrever em verso ou prosa, com rima ou sem rima. Com frases longas ou curtas, com ponto final,

---

52 Ibidem, p. 96.

226 DESCREVER O INAPREENSÍVEL: AS POSSIBILIDADES DA DESCRIÇÃO...

exclamando, perguntando, pausando ou usando reticências... Na primeira ou na terceira pessoa? Tem o todo e as partes, a escolha das palavras e o tipo de vocabulário. Podemos fazer metáforas, analogias, esquemas, listas, gráficos, traçar paralelos, criar novas palavras. Usar efeitos sonoros, repetir palavras, criar onomatopeias. Elaborar o ritmo, o encadeamento do texto, estender ou apressar o tempo. E é preciso uma voz que possa estabelecer relações, tomar decisões, se expor e brincar com as palavras. Para além das palavras podemos usar imagens, texturas, cores, linhas, figuras, planos, timbres. Os recursos para registrar, produzir e compartilhar nossas pesquisas são inumeráveis.

Se a verdade absoluta é uma impossibilidade, de acordo com a reflexão contemporânea, é preciso inserir a escrita nesse novo paradigma. Assim, nossa proposta de autogenealogia de um processo criativo pode levar à ampliação dos procedimentos e a incorporação de outras maneiras de sua transcriação, na tentativa de afirmação das artes como campo de conhecimento e pesquisa.

BIBLIOGRAFIA

BENJAMIN, Walter. Sobre Alguns Temas em Baudelaire. *Charles Baudelaire, um Lírico no Auge do Capitalismo, Obras escolhidas III*. Trad. José Carlos Martins Barbosa e Hemerson Alves Baptista. São Paulo: Brasiliense, 1995.

_____. *Magia e Técnica, Arte e Política*. São Paulo: Brasiliense, 1987.

BONDÍA, Jorge Larrosa. *Notas Sobre a Experiência e o Saber da Experiência*. Rio de Janeiro: Revista Brasileira de Educação, 2002.

CUNHA, Helena Parente Cunha. Os Gêneros Literários. In: PORTELLA, Eduardo. *Teoria Literária*. Rio de Janeiro: Tempo Brasileiro, 1979.

_____. Pesquisa Somático-Performativa. *Art Research Journal* – Brasil. Natal, v. 1, n. 2, jul./dez. 2014. Disponível em: <http://www.periodicos.ufrn.br>. Acesso em: 22 dez. 2014.

FERNANDES. Ciane. *O Corpo em Movimento: O Sistema Laban/Bartenieff na Formação e Pesquisa em Artes Cênicas*. São Paulo: Anna Blume, 2002.

FORTIN, Sylvie. Contribuições Possíveis da Etnografia e da Auto-Etnografia Para a Pesquisa na Prática Artística. In: ISAACSON, Marta et al. (orgs.), *Revista Cena*, Porto Alegre, n. 7, 2009.

FOUCAULT, Michel. *Microfísica do Poder*. Rio de Janeiro: Paz e Terra, 2015.

GIL, José. *Movimento Total: O Corpo e a Dança*. São Paulo: Iluminuras, 2002.

GODARD, Hubert. Gesto e Percepção. In: PEREIRA, Roberto; SOTER, Silvia (org.). *Lições de Dança 3*. Rio de Janeiro: UniverCidade, 2001.

PROPOSTAS DE UMA ESCRITA TRANSCRIATIVA 227

GOLSTEIN, Norma. *Versos, Sons, Ritmos*. São Paulo: Ática, 2005.

HASEMAN, Brad. Manifesto Pela Pesquisa Performativa. In: SILVA, Charles Roberto et al. (orgs.). *Resumos do Seminário de Pesquisas em Andamento PPGAC/USP*. São Paulo: PPGAC-ECA/USP, 2015, v. 3, n. 1.

LIMA, João Gabriel; BAPTISTA, Luis Antonio. Itinerário do Conceito de Experiência na Obra de Walter Benjamin. *Princípios - Revista de Filosofia*, Natal, v. 20, n. 33, jan./jun. 2013.

LOUPPE, Laurence. *Poética da Dança Contemporânea*. Lisboa: Orfeu Negro, 2012.

LUKÁCS, Georg. Narrar ou Descrever? In: KONDER, Leandro (org.). *Ensaios Sobre Literatura*. Rio de Janeiro: Civilização Brasileira, 1967.

MACHADO, Marlise do Rosário. Investigando uma Prática Performática da Memória. Trabalho de Conclusão de Curso (Graduação em Teatro – Licenciatura), Universidade Estadual do Rio Grande do Sul, Montenegro, 2013.

MATTOS, Carmem L.G. de. A Abordagem Etnográfica na Investigação Científica. In: MATTOS, Carmen L.G. de; CASTRO, Paula Almeida de (orgs.). *Etnografia e Educação: Conceitos e Usos*. Campina Grande: EDUEPB, 2011.

NÓBREGA, Thelma Médici. Transcriação e Hiperfidelidade. *Cadernos de Literatura em Tradução*, n. 7, São Paulo: Faculdade de Filosofia, Letras e Ciências Humanas da Universidade de São Paulo, 2006.

NUNES, Sandra Meyer. *As Metáforas do Corpo em Cena*. São Paulo: Annablume/ Udesc, 2009.

PINEAU, Elyse L. Pedagogia Crítico-Performativa: Encarnando a Política da Educação Libertadora. In: PEREIRA, Marcelo Andrade (org.). *Performance e Educação: (Des)territorializações Pedagógicas*. Santa Maria: UFSM, 2013.

RILKE, Rainer Maria. *Cartas a um Jovem Poeta, Poemas*. Trad. e notas Oscar Caeiro. Buenos Aires: Losafa, 2007.

STAIGER, Emil. *Conceitos Fundamentais da Poética*. Rio de Janeiro: Tempo Brasileiro, 1975.

TIBURI, Marcia; ROCHA, Thereza. *Diálogo|Dança*. São Paulo: Senac-SP, 2012.

VICARI, Juliana. *Criações em Dança Através de Notações de Movimento*. Trabalho de Conclusão de Curso (Graduação em Artes), Universidade Estadual do Rio Grande do Sul, Montenegro, 2007.

VIESENTEINER, Jorge Luiz. Erlebnis (Vivência): Autobiografia ou Autogenealogia? Sobre a "Crítica da 'Razão da Minha Vida'" em Nietzsche, *Estudos Nietzsche*, Curitiba, v. 1, n. 2, jul./dez., 2010.

A Emergência da Cultura na Observação e na Descrição dos Processos de Criação

Sophie Proust[1]

A cultura é o que permanece quando esquecemos tudo.

ÉDOUARD HERRIOT

Durante vários meses, a partir de diferentes metodologias, onze equipes de pesquisadores trabalharam sobre processos de criação. Elas observaram, descreveram e analisaram estes processos. No projeto comum desta Rede de pesquisa criada e coordenada por Gilberto Icle, a particularidade dessas equipes consistia, primeiramente, em compartilhar suas descrições, em um texto único que serviria como uma base comum para as análises. A partir disso, elas interagiram com base nesses documentos, comentando o trabalho realizado pelos outros. Esse trabalho permitiu que cada equipe produzisse um texto de três páginas, orientado por um mesmo objetivo: pensar as problemáticas e as metodologias da descrição de um processo de criação. Em setembro de 2015, os responsáveis de cada equipe se reuniram no sul do Brasil, em Porto Alegre, na Universidade Federal do Rio Grande do Sul (UFRGS), a fim de realizar um balanço comum e de apresentar e discutir com os outros membros da Rede a proposta de um capítulo de cada equipe para a presente publicação. Essa Rede tem a particularidade de reunir oito equipes brasileiras oriundas não apenas do eixo principal das capitais

---

1 Tradução de André Mubarack.

de Rio de Janeiro-São Paulo, mas também do Rio Grande do Sul (Santa Maria e Porto Alegre), Acre (Rio Branco), interior de São Paulo (Campinas e Santos), uma equipe argentina (Tandil), e duas equipes francesas (Paris e Lille), dentre as quais, a que eu dirigi no contexto do projeto denominado APC/Analyse des processus de création[2].

Para o projeto APC, o texto proposto é um exemplo de relatório da experiência de observação dos pesquisadores[3] assistindo a um ensaio profissional de um diretor com trabalho reconhecido na França (Jacques Vincey[4]), em um centro dramático nacional: ou seja, no que diz respeito ao teatro público, trata-se do segundo círculo mais importante na França, depois dos seis teatros nacionais. Geralmente, a observação desses ensaios ocorre em paralelo a meu seminário de mestrado sobre os processos de criação, na Universidade de Lille. Note-se que é difícil assistir ensaios na França, pois a tensão gerada pela criação não predispõe os artistas a abrir as portas de seus processos à observação, sobretudo quando se trata de um grupo de cerca de dez pesquisadores.

Minha contribuição, aqui, provém da particularidade de nossa Rede Internacional de Estudos da Presença e da singularidade das trocas que me serviram como inspiração para uma reflexão teórica global sobre a emergência da cultura na observação e na descrição dos processos de criação, a partir da natureza dos diferentes pesquisadores, dos objetos de pesquisa e de suas análises. Juntos, cada um dos colaboradores fez uma proposição para esta obra sobre a metodologia, ou metodologias, de descrição dos processos de criação. No que

2   APC/Análise dos processos de criação é um projeto emergente, financiado pelo Conseil régional Nord-Pas de Calais e pela Universidade de Lille 3 (Conselho científico, CEAC/Centro de estudo das artes contemporâneas, Action culture), de 2012 a 2015 sob a responsabilidade científica de Sophie Proust. O projeto APC desenvolveu quatro eixos de pesquisa: ofício e formação do diretor; notação do processo de criação; direção e direitos de autor; arquivagem e patrimônio da criação teatral. As atividades do projeto APC podem ser consultadas na página do Facebook de Sophie Proust.

3   Manon Blin, Elli Cabon, Lise Dupont, Marion Gremiaux, Lucie Hoareau, Yuanyuan Li, Élodie Mahieux, Manon Mathe, Fanchon Wante.

4   Trata-se de um ensaio do dia 15 de novembro de 2012 no Théâtre du Nord (em Lille) durante a criação do espetáculo a partir de *La Vie est un rêve* (A Vida É Sonho) de Calderón, dirigido por Jacques Vincey.

A EMERGÊNCIA DA CULTURA NA OBSERVAÇÃO E NA DESCRIÇÃO   231

diz respeito à minha contribuição, a íntegra do *corpus* apresentado e as diferentes trocas fizeram com que eu me questionasse sobre a identificação de invariantes culturais, tanto no processo de criação quanto na sua descrição e análise, sobretudo pelo fato que essas constantes podem se tornar imperceptíveis tanto para o artista quanto para o observador, por lhes serem muito inerentes. A riqueza de uma pesquisa internacional permite observações que não seriam necessariamente visíveis em uma pesquisa dita nacional. Nesse contexto, a análise do *corpus* me inspirou a identificar certo número de pontos, visando a uma reflexão sobre a metodologia da observação dos ensaios, e condicionando suas descrições em uma abordagem cultural internacional.

METODOLOGIAS SOBRE UM OBJETO DE ESTUDO: O TEATRO?

Quando falamos do teatro na França, na realidade, nós nos confrontamos com uma entidade plural, o que talvez seja o caso em qualquer lugar, finalmente. Essa entidade plural se desenha por meio dos diferentes gêneros e categorias do teatro (cômico, trágico, clássico, contemporâneo, coletivo, monólogos), mas também por meio de sua história, que estabelece uma distinção entre um teatro denominado privado e outro, público, relacionados a economias e a projetos específicos. O teatro na América Latina e especialmente no Brasil também resulta de seu modo de funcionamento. Da mesma forma como o teatro francês não se limita àquele que é exportado ao Brasil (essencialmente, Ariane Mnouchkine), o teatro brasileiro não se limita à vitrine do que é recebido na França (Augusto Boal, no passado, ou Christiane Jatahy, hoje). Assim, é importante favorizar olhares cruzados a fim de determinar as especificidades de cada teatro ou dos teatros plurais produzidos nos territórios francês e brasileiro. Para o Brasil, como demonstra o livro recente *Théâtres brésiliens: Manifestes, mises en scène, dispositifs*[5], as dimensões políticas e antropológicas também devem ser consideradas para abarcar o

---

5   S. Fernandes; Y. Butel (éds.), *Théâtres brésiliens: Manifestes, mises en scène, dispositifs.*

conjunto heterogêneo que constitui o teatro brasileiro. Assim, como diz Icle, "aquilo que chamamos 'teatro brasileiro' não é nada além de uma unidade historicamente arbitrária e politicamente friccionada entre uma multifacetada gama de práticas performativas, das quais ora incluímos, ora excluímos determinadas manifestações, e nossa operação de nomear o mundo"[6].

O fato de que, na França, o teatro profissional dependa do ministério da Cultura e da Comunicação, e o teatro amador do Ministério das Cidades, da Juventude e dos Esportes, oferece uma leitura de nossas abordagens plurais do teatro, sendo que essa distinção não é válida no Brasil. Da mesma forma, o fato de que, no Brasil, um grande número de artistas do teatro trabalhe nas universidades ou que os pesquisadores também exerçam seus trabalhos artísticos nas faculdades, questiona de diferentes maneiras o próprio objeto abordado aqui – o teatro – e, consequentemente, seu estudo. Essas características não haviam sido questionadas em nosso projeto, mas elas são determinantes para seu desenvolvimento. *Diga-me de onde falas e te direi quem és.*

Aqui não se trata de produção teatral, e sim do processo de criação. Estava implícito em nossas análises que trabalhávamos sobre um objeto supostamente comum, conhecido e evidente. Entretando, o fato de trabalharmos em uma rede internacional sobre os processos de criação e de culturas diferentes nos permite perceber que nossos objetos de estudo são divergentes. Uma questão surge a partir disso: nossas metodologias para descrever e analisar o processo de criação não seriam válidas apenas para um tipo específico de teatro? Resultam duas questões corolárias: é um erro utilizar uma metodologia que não seria adaptada ao objeto de estudo ou isso permite, ao contrário, adaptar a metodologia e destacar pontos fortes de observação e, assim, de descrição? Isso não significaria que construímos primeiramente, de forma involuntária, uma metodologia de observação e de descrição relativa à nossa própria cultura e, assim, limitativa quanto aos elementos a serem observados, já que está condicionada por nossa metodologia?

Essa evidência de que não estamos falando necessariamente do mesmo teatro não foi questionada no início de nosso

---

6   G. Icle, em S. Fernandes; Y. Butel (éds.), op. cit., p. 7.

A EMERGÊNCIA DA CULTURA NA OBSERVAÇÃO E NA DESCRIÇÃO 233

trabalho comum, porém foi comentada no final dele, revelando a identificação e a força de nossas diversidades e especificidades culturais. Eu pude perceber essa disparidade ao ler nossos relatórios, no emprego do vocabulário em relação à sua contextualização, à sua especificidade ou à ausência de tecnicidade e de especificidade, como foi o caso, por exemplo, posteriormente, com o uso do termo "dramaturgia"[7].

Isso nos levaria a pensar que nossas metodologias de análise do processo de criação se adaptariam "naturalmente" aos objetos estudados? Provavelmente, todavia isso também significa que temos um pré-conhecimento do objeto estudado, no qual projetamos nossa metodologia. Nesse sentido, no estudo de um objeto que pertence à nossa própria cultura, é difícil aplicarmos uma metodologia que seja verdadeiramente heurística. E, contrariamente, poderíamos pensar que é um erro projetar sobre um objeto artístico desconhecido, uma metodologia de análises do processo de criação com a qual somos familiarizados, sendo que, de fato, isso permitiria identificar elementos reveladores e específicos do processo observado[8]. É nesse sentido que vamos propor uma grade de análise dos ensaios e do processo de criação.

PROPOSTAS METODOLÓGICAS

Duas propostas emergem como consequência dessas observações. A primeira consiste em, ao abordar a análise de um teatro dirigido a um público multicultural, realizar uma breve

7 Também pude verificar isso durante um curso de quinze horas sobre os processos de criação ministrado em uma semana na UFRGS em setembro de 2014, a convite de Gilberto Icle, em francês com intérprete. A base do meu discurso (o teatro europeu e, especificamente, francês) não era um referencial comum e foi bastante interessante constatar que o vocabulário que causava dificuldade para a tradução pertencia ao campo semântico especializado do teatro que envolvia funcionamentos específicos (como "o trabalho de mesa" [le travail à la table], a "passada ou ensaio corrido" [filage], "os comentários" [les notes] etc.).

8 Foi o que aconteceu comigo, quando, durante minha primeira viagem de pesquisa a Nova York, em 2008, mesmo tendo adotado uma metodologia parcialmente heurística para um estudo dos processos de criação nos Estados Unidos e, especificamente, sobre a direção de atores, fui surpreendida com o surgimento de uma figura que não existe nos processos de criação europeus: a do stage manager. Isso modificou minha metodologia, minha observação e de facto, minhas descrições e análises dos processos de criação nos Estados Unidos.

234 DESCREVER O INAPREENSÍVEL: AS POSSIBILIDADES DA DESCRIÇÃO...

contextualização desse teatro, de sua inserção histórica, política, econômica e cultural. A segunda teria como objetivo testar a metodologia empregada por outro pesquisador sobre nosso próprio objeto de estudo ou, ainda melhor, convidar esse pesquisador a utilizar sua própria metodologia sobre nosso objeto de estudo enquanto aplicamos paralelamente nossa própria metodologia sobre esse mesmo objeto. Entende-se aqui como objeto de estudo um processo de criação teatral a ser observado. Seria o caso de realizar trocas sobre essas abordagens diferentes, em termos de resultados para descrever o processo de criação e sua ou suas especificidades. A experimentação continuaria com a inversão da proposta, ao se trabalhar sobre o objeto de estudo de outro pesquisador. Essas pistas de colaborações internacionais, estimulantes, certamente provocariam resultados epistemológicos significativos para a pesquisa teatral.

O estudo dos textos do relatório de base e as trocas com o grupo de pesquisadores também mostraram uma diferença nas abordagens metodológicas porque os teatros abordados eram distintos. Assim, os colegas brasileiros e a colega argentina foram surpreendidos pelas precauções metodológicas e pelas regras éticas e deontológicas aplicadas para estabelecer um protocolo de observação de ensaios no contexto do APC na França. Foi necessário um pouco de tempo para identificar a origem dessa disparidade inicial na abordagem metodológica liminar. Ela era gerada principalmente pelo fato de que uma parte dos pesquisadores brasileiros faz uma "pesquisa criação"[9], uma "*practice* ou *performance as research*"[10] ou ainda uma "pesquisa com a arte"[11],

9   "Diversos fatores favoreceram o desenvolvimento do conceito de pesquisa--criação. Análises com o objetivo de limitar o campo a fim de compreender o que contribui no processo de criação e a fim de facilitar as colaborações interdisciplinares que surgem das práticas e das pesquisas artísticas universitárias." Colóquio internacional *La Recherche création*, Montreal (Quebec), Université du Québec à Montréal (UQAM), dias 19, 20, 21 de março de 2014, disponível em: <http://www.methodologiesrecherchecreation.uqam.ca/>.

10   *Practice as research* ou *Performance as research* podem ser traduzidos como "pesquisa criação", mesmo que, de acordo com os países e as culturas, os recursos atribuídos à "pesquisa criação" ou à *practice as research* sejam bastante diferentes. Os países anglófonos, por exemplo, possuem verdadeiros teatros nas universidades. Cf. Robin Nelson (ed.), *Practice as Research in the Arts*.

11   Para Philippe Guisgand, professor de dança na Université de Lille, responsável por um programa de pesquisa intitulado Recherche avec l'Art, esta pesquisa consiste em buscar "como a pesquisa universitária pode ser realizada através ▶

A EMERGÊNCIA DA CULTURA NA OBSERVAÇÃO E NA DESCRIÇÃO   235

segundo as diferentes terminologias empregadas. Para muitos, isso significa fazer teatro em sua universidade, com seus estudantes e colegas, com uma grande proximidade entre eles enquanto pesquisadores-artistas ou artistas-pesquisadores, como mostra o depoimento de Daniel Reis e Gisela Reis (da Universidade Federal de Santa Maria): "Uma vez que o grupo era formado por estudantes e professores e o processo estava vinculado às atividades de ensino do curso de bacharelado em Artes Cênicas, um aspecto relevante do processo foi que, aliado às questões artísticas, houve um forte teor pedagógico nas ações desenvolvidas."[12]

No entanto, os processos observados na França, ao menos o que comunicamos no presente estudo de caso, apresentam observadores que não têm nenhuma relação pessoal com o artista observado. Contudo, quer essa relação exista ou não, ela exige um protocolo de observação que pode ser bastante simples, mas rigoroso (chegar na hora, desligar seu telefone, assistir ao ensaio inteiro, não falar, não comer, não tirar fotografias etc.). Comportamentos evidentes, mas cujo desrespeito por parte de um dos pesquisadores (o que pode acontecer facilmente quando eles são cerca de dez) pode suspender a observação de toda uma equipe. A hipótese de que o observador possa ser convidado a se retirar da sala de ensaios e, assim, interromper sua observação, parece não existir nos processos de criação brasileiros de nossa Rede, pois os observadores também são participantes, ou mesmo, observadores de suas próprias práticas[13].

> de uma colaboração profunda *com* a arte, *a partir* da arte ou *partindo* de uma experiência artística" (comment la recherche universitaire peut se faire dans une plus étroite collaboration *avec* l'art, *à partir de* l'art ou *depuis* une expérience artistique). Disponível em: <http://perso.univ-lille3.fr/~pguisgand/static9/philippe-guisgand>.

12 Daniel Reis Plá, em documento da Rede Internacional de Estudos da Presença (não publicado).

13 No protocolo de trabalho que estabelecemos com os diretores, aqueles que aceitam que observemos seus ensaios têm o direito de mudar de opinião a qualquer momento, a fim de preservar esses ensaios (geralmente, uma intimidade e uma atmosfera de confiança para o trabalho de uma sequência específica). Já aconteceu que, durante as sessões de observação de ensaios, uma diretora peça que toda minha equipe saia da sala para poder continuar o ensaio. A atriz estava visivelmente desconfortável com nossa presença. Do ponto de vista da observação dos ensaios, esse acontecimento foi muito importante para o aprendizado dos jovens pesquisadores, confrontados às necessidades de um ator, em termos de concentração, de intimidade para poder ensaiar com confiança etc., sem a necessidade de valorizar a eventual fragilidade desse ator.

Um fator suplementar também pode ter consequências na metodologia: a relação com o corpo. Ousemos esta generalidade: mesmo que não seja o caso de ter um corpo de sambista, o corpo dos atores não se move da mesma forma na França e no Brasil. O clima, a cultura, a história, participam de um corpo antropológico que faz com que o brasileiro se movimente de uma forma diferente no cotidiano e, portanto, em cena. Gilberto Icle indica justamente que o teatro brasileiro é:

uma fusão entre princípios herdados de reformadores europeus como Étienne Decroux, Jacques Lecoq, Jerzy Grotowski, Eugenio Barba, entre outros; e práticas brasileiras como capoeira, candomblé, folguedos (festas populares tradicionais), dança de rua, danças populares (apenas para citar algumas); produzindo uma cena plena de diferentes corporeidades[14].

Os franceses, assim como os brasileiros, se cumprimentam dando beijos no rosto antes de começar um ensaio, o que é raro nos Estados Unidos e inexistente no Japão. Na França ou no Brasil, contrariamente aos Estados Unidos, um ensaio que começa às 14h não significa que o trabalho teatral, no palco ou em outro espaço, vai começar necessariamente às 14h. Esses elementos culturais devem ser levados em consideração, pois eles fazem parte dos ensaios mais do que podemos imaginar, assim como a integração de pausas, por exemplo, bastante livre na França e no Brasil, mas definida de maneira estrita, sindicalmente, nos Estados Unidos[15]. O início de um ensaio, quer

14 G. Icle, em S. Fernandes; Y. Butel (éds.), op. cit., p. 17. Dia 15 de setembro de 2015, em Porto Alegre, eu tive a oportunidade de assistir um ensaio dirigido por Gilberto Icle, de *Dança do Tempo*, com sua companhia Usina do Trabalho do Ator, em presença de cinco atores (Dedy Ricardo, Gisela Habeyche, Celina Nunes de Alcântara, Ciça Reckziegel e Thiago Pirajira), do compositor Flávio Oliveira e da assistente de direção Shirley Rosário, que gravava o ensaio. Minha grande surpresa, independentemente da escolha do espetáculo, foi justamente de ver a implicação imediata da música e de uma presença corporal marcada pela dança, a fluidez do movimento, uma extrema destreza que amplificava a qualidade da presença, uma corporeidade aparentemente natural (vinda "das práticas brasileiras") que necessitaria ensaios específicos na França para tentar atingir uma qualidade de presença semelhante.

15 Sobre as diferenças entre duas culturas, o leitor pode ler Edward T. Hall, Mildred Reed Hall, *Comprendre les Japonais*, Traduzido e adaptado do inglês para o francês por Edmond Jacquemot. Sobre os ensaios nos Estados Unidos, em relação aos fatores culturais, ele pode ler, de Sophie Proust, Les Processus ▶

A EMERGÊNCIA DA CULTURA NA OBSERVAÇÃO E NA DESCRIÇÃO 237

ele seja ou não imediatamente efetivo, questiona claramente a concepção do trabalho, da produtividade e da rentabilidade do tempo de ensaios, vocabulário que, de acordo com as culturas (mais uma vez), nem sempre temos vontade de associar à criação teatral, para diferenciar um bem cultural de um bem de consumo. Também nesse caso tudo depende do teatro do qual estamos falando, que pode ser um bem de consumo, dependente de uma exploração comercial, rentável ou não.

OS PROTOCOLOS DE OBSERVAÇÃO E DE DESCRIÇÃO EXISTENTES NA FRANÇA

Para desenvolver o objeto dessa contribuição, que visa a um questionamento de invariantes culturais nas metodologias de observação e de descrição do processo de criação em nossa rede de pesquisa, parece importante apresentar brevemente os protocolos de observação desses processos na França, justamente para contextualizar melhor a origem dos meus pontos de vista, assim como minha maneira de dar a eles um eco às reflexões colocadas neste livro.

Atualmente, na França, do ponto de vista da observação dos ensaios, distinguimos três abordagens. Em ordem cronológica, trata-se da abordagem do APC, daquela do projeto "Les processus de direction d'acteurs, de transmission et d'échanges" (Os Processos de Direção de Atores, de Transmissão e de Trocas) e da abordagem de "La fabrique du spectacle" (A Fábrica do Espetáculo). A primeira, que é a nossa, consistiu em assistir regularmente, entre 2012 e 2015, aos ensaios de uma criação profissional, fazendo anotações, croquis, desenhos e, se possível, tiranto fotografias. Essa observação é realizada no contexto de uma formação de mestrado para estudantes que podem ou não ter uma prática artística. Ela se realiza sob minha responsabilidade científica e se beneficia da minha experiência

▷ de création de quelques metteurs en scène new-yorkais, *Jeu*, Dossiê L'œuvre en chantier, sob a direção de Marie-Andrée Brault, n. 136, p. 82-88, 2010, e L'Écriture dramatique contemporaine aux États-Unis sous la contrainte des *previews*, em Norah Dei Cas; Cécile Braillon-Chantraine; Fatiha Idmhand (éds.), *Théâtre contemporain dans les Amériques*.

238 DESCREVER O INAPREENSÍVEL: AS POSSIBILIDADES DA DESCRIÇÃO...

em matéria de observação de ensaios. Essa abordagem permite uma verdadeira sensibilização em relação ao processo de criação, pois os observadores fazem uma imersão nesse processo, mesmo que a posição metodológica seja a de um observador não participante[16]. O ponto forte dela está em um verdadeiro conhecimento do processo de criação, inclusive em relação à tensão gerada pela aproximação da estreia, o que faz com que as equipes se concentrem em seu objeto de trabalho e não nos observadores. Esse tipo de observação, do interior do processo, durante vários dias, realizada por um grupo restrito de pesquisadores (cerca de dez pessoas), torna difícil a intrusão suplementar de uma câmera, como se isso exigisse outro protocolo de trabalho. Os meios de descrição dos ensaios passam, assim, por uma notação que pode associar apontamentos como os realizados por um pesquisador (contexto geral, espaço de ensaio, número de pessoas presentes no ensaio, etc.) e como os de um assistente de direção (posicionamentos dos atores, intenções de jogo, elementos relacionados à direção de ator, à dramaturgia)[17]. O meio de relatar também passa em grande parte pela escrita, pelos croquis, desenhos e fotografias. Lamentamos, apenas, que o compartilhamento dessa pesquisa com a comunidade científica não se faça sistematicamente por meio de imagens animadas, pois os recursos necessários para obter uma boa qualidade de som e imagem são importantes[18]. Essa imersão nos ensaios pressupõe e, finalmente, impõe aos pesquisadores uma discrição absoluta e uma posição que podemos qualificar de neutra, em função da pressão e da concentração trazidas pela data da estreia e do caráter íntimo que pode envolver o processo de criação (a exposição ou o desnudamento

16 O que não impede uma observação participante de alguns dos estudantes de mestrado que eu oriento.

17 Cf. S. Proust, Written Documents of the Assistant Director: A Record of Remaking; Les Écrits de l'assistant à la mise en scène, em A. Grésillon; M.-M. Mervant-Roux; D. Budor (org.), Genèses théâtrales, p. 73-86.

18 Cf. o ensaio público com Antoine Suarez-Pazos, Thomas Le Gloannec e Romans Suarez-Pazos, L'Heure du Zugzwang (Ce n'est ni fait ni à faire) seguido de uma discussão com o público, no contexto do colóquio internacional Les Processus de Création au Théâtre (Os Processos de Criação no Teatro), organizado por Sophie Proust (Lille 3, CEAC/APC) em parceria com La Rose des vents, Le Prato e o Théâtre du Nord, nos dias 16, 17 e 18 e abril de 2014. A descrição do dia 17 de abril de 2014 está disponível em: <https://live3.univ-lille3.fr>.

A EMERGÊNCIA DA CULTURA NA OBSERVAÇÃO E NA DESCRIÇÃO

simbólico ou real dos atores, por exemplo). Os pesquisadores produzem a análise de um ou de vários ensaios e um artigo comum é realizado posteriormente.

A segunda abordagem é a de um projeto de pesquisas realizado durante vários anos (2011-2015) por Jean-François Dusigne, na Universidade de Paris VIII, onde ele é professor, e no Conservatoire National Supérieur d'Art Dramatique de Paris (CNSAD), em parceria com a Association de Recherche Sur les Traditions de l'Acteur (Arta). Se tomarmos como exemplo o primeiro ano de experimentações, em 2012, tratava-se de permitir que os observadores assistissem a um trabalho de criação de três diretores durante três períodos de uma semana cada um, sobre um mesmo texto, com os alunos do conservatório[19]. O objetivo era observar a direção de atores desses diretores. Essas sessões de ensaios foram gravadas integralmente. Tanto para esses jovens atores quanto para os próprios diretores e para os observadores (dos quais eu fiz parte) a experiência foi fascinante. Minha única ressalva está no fato de fazermos a observação em um contexto de formação de atores, o que não gera a mesma dinâmica encontrada em um processo de criação. A relação com o tempo, provocada pela data da estreia, muda o contexto, mesmo que no exemplo citado houvesse uma apresentação final. Além disso, os diretores eram remunerados, parcial ou totalmente, por nosso projeto, o que também pode explicar a disponibilidade que tinham em relação aos observadores. Daniel Mesguich, por exemplo, se dirigia a nós durante o trabalho. Aliás, a interação entre observados e observadores, entre pesquisadores e artistas, tornou-se maior e Jean-François Dusigne continuou a dirigir o projeto com essa orientação frutuosa que se mostrou estimulante[20]. Assim, um ajuste do protocolo de observação foi feito entre uma experiência e outra. Foram produzidas algumas análises pelos pesquisadores presentes, das quais uma parte foi publicada em um livro após um colóquio internacional[21].

19   Trata-se de Daniel Mesguich (França), Felix Alexa (Romênia), Yasuda Masahiro (Japão). O trabalho era sobre *A Gaivota* de Tchékhov. Os dois primeiros estágios ocorreram no CNSAD, o terceiro na Arta.

20   Em junho de 2015, por exemplo, tratava-se de sessões de trabalho no CNSAD com Thomas Ostermeier, Christian Benedetti e Thierry Tieu Niang, sempre sobre *A Gaivota*.

21   Cf. J.-F. Dusigne (éd.), *La Direction d'acteurs peut-elle s'apprendre?*

240 DESCREVER O INAPREENSÍVEL: AS POSSIBILIDADES DA DESCRIÇÃO...

A terceira abordagem, intitulada "La Fabrique du Spectacle" e dirigida por Sophie Lucet, professora da Universidades de Rennes 2, "é um portal digital dedicado à gravação de processos de criação de artistas representativos da cena europeia contemporânea"[22]. Esse projeto permite assim a introdução de câmeras durante os ensaios, com um responsável pela edição e montagem das imagens em tempo real. A qualidade de som e imagem é exemplar, porém o montador não é um pesquisador e seleciona ao vivo muitas imagens. Elas são preciosas. Infelizmente, por questões econômicas, nem todas as imagens filmadas são preservadas, o que significa que o que permanece é fragmentário. Também são realizadas entrevistas em áudio e vídeo com os diferentes membros da criação (diretor, atores, outros criadores) para registrar o ponto de vista dos artistas sobre o processo de criação, como ainda para complementar informações que fariam falta aos pesquisadores, que podem assistir aos ensaios esporadicamente. Mesmo que seja possível fazer cruzamentos com as entrevistas para descrever, relatar e analisar o processo de criação, o problema reside, aqui, no fato de que a credibilidade do pesquisador pode ser facilmente colocada em questão pelo artista, com o pretexto que o pesquisador não assistiu ao trabalho. De qualquer forma, era esse o protocolo de trabalho do qual eu participei como pesquisadora coautora para acompanhar a criação do espetáculo *Living!*, dirigido por Stanislas Nordey[23]. Nesse caso, também, a experiência pioneira trouxe evoluções nos protocolos de observação e de restituição. A força incontestável desse projeto, o que também explica de certa forma o paradoxo de limitar a abertura do processo aos pesquisadores observadores, é a publicação deste material online com acesso livre, no contexto da Université Ouverte des Humanités (UOH), com uma importante dimensão pedagógica ligada ao projeto e à sua restituição (entrevistas filmadas e em áudio, ensaios gravados, artigos, entrevistas adicionais)[24].

Mesmo que cada uma delas possua limites compreensíveis, relacionados às condições de observação e às suas formas de restituição, essas três abordagens envolvem qualidades indiscutíveis

---

22 Disponível em: <http://uoh.fr>.
23 Disponível em: <http://www.fabrique-du-spectacle.fr>.
24 Ibidem.

A EMERGÊNCIA DA CULTURA NA OBSERVAÇÃO E NA DESCRIÇÃO 241

em suas metodologias. Ainda que apenas no contexto francês, exposto aqui, o cruzamento das metodologias seria proveitoso, tanto para a observação quanto para a descrição do processo de criação, no que diz respeito a abarcar suas especificidades. Contrariamente à análise do espetáculo, o processo de criação necessita da autorização do diretor (e às vezes também de sua equipe) para ser observado, o que significa e legitima que ele possa ter direito de aprovar ou não o protocolo de observação e a restituição. Dessa forma, a pesquisa sobre a gênese de uma obra teatral pode ocorrer apenas com a aquiescência do diretor. Isso não significa estabelecer uma censura, mas um contrato de confiança. No caso da França, as metodologias adaptaram-se aos processos e às condições de acesso? Certamente. E a mesma questão colocada anteriormente continua válida: como saber qual metodologia é a mais adaptada a seu objeto de estudo?

Talvez o pesquisador deva aceitar que parte de sua metodologia vai evoluir paralelamente à evolução de sua observação. E nos casos que nos interessam aqui, podemos afirmar que os elementos culturais que emergem não são necessariamente visíveis ao observador que pertence à mesma cultura que o teatro que ele observa. As premissas desse raciocínio, confirmado neste projeto dirigido por Gilberto Icle, apareceram de forma tênue durante meus períodos de pesquisa nos Estados Unidos, como *visiting scholar* do Martin E. Segal Theatre Center na Cuny (City University of New York), especialmente o último, com uma bolsa Fulbright, no qual eu trabalhava sobre os processos de criação de diretores americanos. Eu me questionava constantemente sobre a minha legitimidade, enquanto cidadã e especialista francesa de teatro que, *a priori*, dificilmente poderia conhecer o teatro americano como uma especialista nativa do território. No entanto, fui surpreendida, durante a conferência que eu proferi na Cuny, no dia 2 de setembro de 2010, com a presença, entre outros, de Marvin Carlson (Cuny) e de Richard Schechner (Universidade de Nova York), e de um público composto por pesquisadores e artistas americanos. O olhar que eu trouxe sobre o trabalho deles era original, pois questionava seu teatro por meio de novas perspectivas e sobre pontos que eles ainda não haviam se perguntado (relação entre as regras

INVARIANTES CULTURAIS DA OBSERVAÇÃO E DA DESCRIÇÃO

As invariantes culturais da observação e da descrição nem sempre são observadas e, consequentemente, descritas. Fazer parte desta Rede de pesquisa, em grande parte brasileira, da qual eu sou um membro de outra cultura (teatral, social, econômica e política) me ajudou a confirmar isso. Os elementos culturais – em sentido amplo – se distinguem em cada processo por meio da metodologia. Essas constantes traduzem uma identidade, uma cultura ou uma família teatral. Surge, então, uma interrogação: como a cultura de um país entra no processo de criação? Paradoxalmente, responder essa questão focando-se unicamente no que seria *a priori* a cultura, seria um erro. Trazer, em paralelo, uma abordagem socioeconômica permite compreender melhor os elementos de ordem cultural. De fato, as condições econômicas do teatro também determinam as condições logísticas dos ensaios nas quais a cultura vai se implantar. Assim, as evidências que o observador não observa, constituem um signo tangível e cultural. Qual é a natureza desse signo? Cultural, nacional, artístico? O que não faz sentido na observação de um pesquisador local não poderá levar a uma descrição. No entanto, um pesquisador estrangeiro poderá observar isso que não faz sentido de maneira explícita para ele como sendo um elemento importante do sentido, mesmo que ele não seja capaz de determiná-lo em um primeiro momento. Resultará daí uma descrição e uma análise deste elemento.

Um novo horizonte de pesquisa aparece, então, sobre os processos de criação: a possibilidade de apresentá-los como parte de um patrimônio cultural. Evidentemente, esse não é o objetivo primordial aqui, mas uma pesquisa internacional induz a considerar seu próprio processo como sendo patrimonial. E quando observamos o discurso dominante sobre o teatro, em todo o mundo, percebemos que ele é limitado frequentemente a um teatro ocidental, branco, circunscrito a um

A EMERGÊNCIA DA CULTURA NA OBSERVAÇÃO E NA DESCRIÇÃO 243

teatro europeu ou norte-americano. A maioria das publicações também é focada neste *mainstream theatre*. Contudo, na França e em outros lugares, uma conscientização e um interesse parecem se desenvolver recentemente para levar em consideração um teatro mais amplo, abrangido, no entanto não completamente, pelo termo *global theatre*, expressão de língua inglesa cuja tradução em francês *théâtre global* não funciona, também não sendo correta a tradução como *théâtre du monde*. *Théâtre mondial* poderia ser conveniente, porém aqui vamos optar pelo neologismo *théâtre-monde* (teatro-mundo), inspirado no conceito de "todo-mundo" de Édouard Glissant[25]. Assim, esse teatro-mundo, que abarca todos os teatros possíveis sem se limitar ao *mainstream*, tem um reconhecimento nascente, inclusive nas publicações e nos projetos de pesquisa. Devemos felicitar algumas iniciativas, das quais a criação em 2013, por Françoise Quillet, do Centre International de Réflexion et de Recherche Sur les Arts du Spectacle (Cirras), em Paris, que tem como objetivo "o estudo e/ou a prática das formas espetaculares originárias de diferentes culturas"[26]; algumas de suas publicações: *La Scène mondiale aujourd'hui: Des formes en mouvement*, a obra *Théâtre contemporain dans les Amériques: Une Scène sous la contrainte*[27] e, se pensarmos no teatro brasileiro, os livros recentes em francês (os únicos dos quais temos conhecimento) de Silvia Fernandes e Yannick Butel, *Théâtres brésiliens: Manifestes, mises en scène, dispositifs* e de Christine Douxami, *Le Théâtre noir brésilien: Un Processus militant d'affirmation de l'identité afro-brésilienne*. Todas essas contribuições científicas, que se tornaram acessíveis, permitirão uma maior apreciação da amplitude das culturas nos processos de criação e, de fato, a possibilidade de levá-las em consideração nas formações e de pensar sua conservação, sua transmissão e sua

---

25 Sobre essa vontade de evocar o conceito de teatro-mundo como um teatro que se permite abarcar todos os teatros, todas as culturas, eu expus minha hipótese a Patrick Chamoiseau, que me respondeu dia 5 de julho de 2016: "O teatro-mundo é uma evidência. O teatro deve manifestar os intensos fluxos relacionais que configuram o mundo e pelos quais os indivíduos (muito mais do que as comunidades) são tomados, e mesmo, formados" Sobre o conceito de "todo-mundo". Cf. É. Glissant, *Tout-monde*.

26 Disponível em: <http://cirras-net.org/>.

27 N. Dei Cas; C. Braillon-Chantraine; F. Idmhand (éds.), op. cit.

DESCREVER O INAPREENSÍVEL: AS POSSIBILIDADES DA DESCRIÇÃO...

divulgação, sendo que esse reconhecimento também permite sua mestiçagem (ou sua crioulização).

Tanto o processo de descrição quanto o objeto descrito são culturais. Somos confrontados, então, a duas culturas que se interpenetram. Surge, a partir disso, um interesse metodológico: o de instituir formações e pesquisas no contexto de trocas internacionais (mobilidade de entrada e de saída de professores pesquisadores e doutorandos), e a possibilidade de realizar análises de pesquisadores de culturas diferentes para identificar elementos invisíveis ao pesquisador local e aparentes para o pesquisador estrangeiro. Pensamos aqui em Pierre Bourdieu e sua introdução metodológica às entrevistas, em *La Misère du monde*, no qual ele demonstrou que a empatia profissional e cultural entre um entrevistador e um entrevistado leva a uma troca em linguagem especializada que não promove o conhecimento, o que também é o caso na situação oposta:

Todo questionamento se encontra, então, situado entre dois limites que, sem dúvida, nunca são atingidos: a coincidência total entre entrevistador e entrevistado, na qual nada poderia ser dito, pois nada é colocado em questão, tudo seria óbvio; e a divergência total, na qual a compreensão e a confiança tornar-se-iam impossíveis.[28]

Uma questão subsidiária poderia consistir em se perguntar se um ato de criação seria específico em nossos objetos de estudo, a ponto de ser protegido. Criações e, consequentemente, seus processos de criação (como transmissão) já são protegidos e pertencem ao patrimônio imaterial da humanidade, pela Unesco[29]. Os critérios de seleção da criação de uma obra elegível à candidatura a um bem cultural imaterial poderiam tornar-se elementos complementares a considerar em nossa observação dos ensaios. Isso permitiria, talvez, que determinássemos melhor o que é próprio a uma cultura e que faz a singularidade de um processo de criação. Aliás, é interessante notar que, de acordo com Cécile Duvelle, quando ela era responsável pela divisão do patrimônio cultural imaterial da Unesco, em 2010, a única coisa levada em conta "é a importância subjetiva que

---

28 P. Bourdieu, Comprendre, em P. Bourdieu (éd.), *La Misère du monde*, p. 1398.
29 Diponível em: <http://www.unesco.org/>.

A EMERGÊNCIA DA CULTURA NA OBSERVAÇÃO E NA DESCRIÇÃO 245

uma prática tem para a comunidade que a mantém viva", lamentando os possíveis desvios, como a "instrumentalização política com fins nacionalistas"[30] por países que conseguiram inscrever certas práticas artísticas como bens imateriais.

Quando Andréa Maria Favilla Lobo e Micael Cortês (da Universidade Federal do Acre) estabelecem seu trabalho na nossa Rede sobre as quadrilhas "(dança do norte do Brasil) da região urbana de Rio Branco", eles trabalham somente sobre uma dimensão cultural específica que não impede a presença de diversas corporeidades próprias às culturas tradicionais brasileiras. Note-se que a quadrilha, contrariamente à roda de capoeira desde 2014, não faz parte da lista representativa do patrimônio cultural imaterial da humanidade. Talvez o trabalho desses pesquisadores do norte do Brasil possa contribuir à inscrição das quadrilhas como obra protegida pela Unesco.

A DESCRIÇÃO DO PROCESSO COMO NARRAÇÃO

Toda descrição é narração. Factual, poética, lírica. Em primeira pessoa, em forma impessoal etc. Nas diretrizes iniciais do presente projeto, foi dada liberdade total para a descrição dos processos de criação que seriam analisados. A leitura das diversas contribuições me fez ver que, quanto mais o pesquisador era um artista, mais sua narrativa era impregnada de subjetividade, e chegava mesmo a ser como um novo ato criativo ou uma nova obra. Para Gilberto Icle, se a própria descrição se torna ato de criação, o que garante sua legitimidade como pesquisa? De acordo com meu ponto de vista, somente a afirmação do artista pesquisador que considera sua descrição como obra, realizando assim um ato performático, é aceitável. No entanto, essa legitimação da pesquisa pareceria um pouco (muito) fácil, uma vez que interroga os perímetros do trabalho do pesquisador. O envolvimento do pesquisador, do artista pesquisador ou do pesquisador artista é total, no entanto um possível desequilíbrio parece brotar no retorno dessa pesquisa à comunidade

---

30 Cf. L. Uría, Patrimoine: La Gastronomie française, ça intéresse qui?, *Courrier international*, 24 nov. 2010.

científica. Como se a subjetividade do pesquisador artista tivesse um valor de objetividade, enquanto a do pesquisador "puro" (ou pesquisador não artista) estivesse limitada a ser objetiva e que a expressão de uma forma de subjetividade pudesse ser-lhe criticada. A pesquisa em arte está em plena metamorfose. O desenvolvimento de trocas (como as realizadas pela nossa rede) mostra, em um plano internacional, uma pesquisa às vezes denominada de diferentes formas, como vimos, tais como *practice as research*, com pesquisadores que afirmam suas práticas como pesquisas.

A utilização do "eu" ou do "nós" pode ser um índice para identificar o artista pesquisador (ou o pesquisador artista). Essas duas formas são excluídas da descrição dos processos de criação na França, pelas razões abordadas anteriormente, pois o sujeito observador é um sujeito distante, não participante. Até pouco tempo atrás, ou seja, até o reconhecimento oficial da relação entre criação e pesquisa, que poderia ser datado de 2012 com a implantação do doutorado SACRE (Sciences Arts Création Recherche) na Université de recherche Paris Sciences et Lettres Research University (PSL), reunindo cinco escolas superiores de criação, entre as quais o conservatório nacional, CNSAD[31], apenas o trabalho teatral realizado por profissionais, e não por estudantes, era considerado digno de uma pesquisa, feita por pesquisadores, não por artistas.

Ora, essa abordagem, na qual a descrição do processo sobrepõe ao mesmo tempo o olhar do artista e o do pesquisador, frequentemente reunidos na mesma pessoa, é normal no Brasil, como demonstra perfeitamente a introdução de Icle no livro *Théâtres brésiliens,* na qual ele explica a singularidade da produção teatral brasileira que une a universidade e o teatro: "Não havendo, senão raramente, escolas de formação ao modo dos conservatórios europeus, é na universidade que atores e diretores de teatro se formam".[32] Isso implica, para ele, que "grande parte dos professores desses cursos de formação são, ao mesmo tempo, pesquisadores, professores e artistas". Trata-se, então, de um efeito de moda, de uma influência das práticas americanas (norte e sul-americanas) nas práticas de pesquisa na França?

31 Ver seu *site* sobre as modalidades de inscrição: <http://www.cnsad.fr>.
32 G. Icle, op. cit., p. 16.

A EMERGÊNCIA DA CULTURA NA OBSERVAÇÃO E NA DESCRIÇÃO 247

A resposta não pode ser absoluta. A única hesitação que manifestamos aqui é a seguinte: a crença de que o artista sempre tem razão sobre sua obra já que ele conhece os meandros de sua criação, elementos que sempre poderão ser utilizados para contradizer o pesquisador, cuja metodologia não permitiria, por exemplo, assistir a um processo de criação inteiro e, assim, ter a possibilidade de realizar uma análise tanto diacrônica quanto sincrônica do processo de criação.

No entanto, que seja para o artista ou para o pesquisador nos ensaios, pode ser difícil descrever de forma clara as motivações e razões que levam a uma mudança (de um jogo de cena, de um deslocamento, de uma intenção de jogo) sem que haja uma indicação específica e uma validação dessa indicação. Aí reside o interesse atual de variar as abordagens metodológicas e torná-las complementares. E às vezes, como para a equipe da UFRGS, "as descrições, por mais ricas que elas sejam, não alcançam a potência do experimentado [...] não aparecem as mudanças de rumo, as dúvidas, as ansiedades"[33].

Foi necessário passar pela experiência da observação e de seus obstáculos (se confrontar a elementos do processo de criação que, mesmo que seja por razões éticas, não podem ser divulgados, como elementos relacionados à esfera da privacidade, que exista ou não um conflito durante os ensaios) para compreender que a questão da descrição do processo de criação não é um fim em si, se o destinatário desta descrição não é levado em consideração. Da perspectiva de uma história do teatro, é importante que tenhamos os relatórios detalhados e outros relatos de ensaios que ofereçam um grande número de elementos, aos quais os artistas não estão necessariamente interessados em suas próprias anotações (dentre os quais, o lugar dos ensaios, as datas, o número de pessoas envolvidas em cada sessão de trabalho, o tempo que faz na época dos ensaios etc.). Isso dá legitimidade a diversas categorias de pesquisadores que se interessam pelos processos de criação. Quando finalmente aceitamos que a busca pela verdade é algo absurdo, permanece a questão da fidelidade que passa por nossa narração e sua legitimidade. Fica claro que o envolvimento do

---

33 Gilberto Icle, Gisela Habeyche, Shirley Rosário, Sergio Andres Lulkin, Milena Beltrão, Maria Falkembach, Flavia Pilla do Vale, em documento da Rede Internacional de Estudos da Presença (não publicado).

observador pode fazer uma diferença na descrição do processo de criação, contudo os dois tipos de observação, participante ou não participante, podem gerar tipos de descrição complementares e ter finalidades diferentes, também complementares.

Para que exista narração, uma descrição é necessária, com elementos tangíveis. Eu propus uma grade de análise dos ensaios e do processo de criação para ajudar na observação do pesquisador (e do assistente de direção). Um primeiro eixo, horizontal, faz parte dos dez momentos que *a priori* constituem o desenvolvimento cronológico dos ensaios (1. Antes dos ensaios; 2. Primeiro dia de ensaios; 3. Início dos ensaios etc.). Um segundo eixo, vertical, contém 26 que contextualizam cada ensaio com elementos factuais próprios à leitura, à observação, à descrição e à análise de um ensaio (A. Datas e lugares dos ensaios; B. Envolvimento da equipe; C. Organização do ensaio etc.)[34]. Essa grade é uma ferramenta vantajosa para o pesquisador, que pode adaptá-la a seu objeto de estudo e combiná-la à sua própria metodologia e à sua cultura teatral. Um dos pontos, por exemplo, trata do trabalho de mesa. A grade de análise permite indicar quando ele foi realizado, se o foi. De fato, normalmente, o trabalho de mesa, que faz parte dos ensaios, antecede o trabalho em sala de ensaio, mas também é possível que ele ocorra em outro momento ou que ele simplesmente não seja feito. Indicar isso também pode fazer parte da descrição, na medida em que é uma informação sobre o processo de criação. Nesse sentido, a grade, mesmo que tenha sido formulada a partir dos modelos europeus e norte-americanos, pode ser útil para a análise de outras culturas teatrais para indicar o que é presente, ausente e específico.

Segue uma anedota, bastante instrutiva. Os jovens pesquisadores do projeto APC tiveram que redigir um relatório de ensaio para uma avaliação da disciplina sobre os processos de criação. Antes disso, as anotações de todos os observadores dos ensaios estavam disponíveis para a equipe de jovens pesquisadores no Dropbox, para que eles pudessem utilizá-las como fontes. Cada um podia, assim, completar sua própria observação por meio das observações dos demais. Os poucos estudantes que não puderam assistir aos ensaios foram submetidos à mesma avaliação, tendo

34   Cf. a grade de análise no final deste volume.

A EMERGÊNCIA DA CULTURA NA OBSERVAÇÃO E NA DESCRIÇÃO   249

assim que compor um relatório apenas a partir da citação das fontes de seus colegas. Estranhamente, os trabalhos desses alunos ausentes foram os que apresentavam as descrições e análises mais precisas, pois eles precisaram tornar suas descrições concretas para construir uma narração que fizesse sentido. Assim, suas narrações não possuíam lacunas narrativas e descritivas como as de outros jovens pesquisadores que, mesmo tendo assistido aos ensaios, omitiam elementos necessários à visualização do ensaio e à sua compreensão global ou específica.

No plano metodológico, eu sugiro que todo observador realize um relato do ensaio antes de assistir a um novo ensaio. Isso permite perceber muitas evidências que o ensaio seguinte poderia reduzir e que seria difícil recuperar mais tarde. Por isso, também sugiro que as anotações tentem restituir a observação de forma exaustiva, mesmo que isso seja impossível.

MÁXIMA COMPREENSÃO?

Nas três páginas de reflexão escritas pelo grupo da UFRGS, os autores indicam: "O que é possível expor diante de outro leitor/espectador/pesquisador para alcançar a máxima compreensão ["não literal"]?"[35] Podemos compreender, assim, que essa compreensão maximal, esta descrição exaustiva do processo de criação que, além de tudo, seria capaz de reconstituí-la plenamente (como a descrição exaustiva de uma apresentação que seria capaz de fazer ver a apresentação), é uma ilusão. Como mencionamos em nossareflexão a respeito:

a questão da impossibilidade de elementos a descrever para descrever um processo de criação parece estabelecer a necessidade de uma descrição detalhada. Se questiona então o propósito da mesma. Para a pesquisa teatral, pretender a descrição completa de um processo de criação ou pelo menos ter elementos de descrição o mais completos possível para tentar fazer uma descrição exaustiva, se mostra uma abordagem positiva. Pois é provável que esses elementos ajudem a realizar uma descrição global adequada. No entanto, esses elementos (reuniões da

35 Gilberto Icle, Gisela Habeyche, Shirley Rosário, Sergio Andres Lulkin, Milena Beltrão, Maria Falkembach, Flavia Pilla do Vale, em documento da Rede Internacional de Estudos da Presença (não publicado).

250 DESCREVER O INAPREENSÍVEL: AS POSSIBILIDADES DA DESCRIÇÃO...

equipe de direção nas quais os atores não são convidados, para dar um exemplo) são difíceis de tornar públicos na medida em que, às vezes, os atores não foram informados de certas decisões.

Assim:

a impossibilidade de descrever tudo resulta, primeiramente, da impossibilidade de anotar tudo (independentemente do método de notação – discursiva, iconográfica, filmada etc.). Em seguida, a impossibilidade real não está na descrição de um todo, mas na possibilidade (e necessidade) de transmitir a integralidade de uma descrição que, ainda mais, sem uma análise relacionada, cobre um interesse relativo. Além disso, a descrição levanta questões éticas na medida em que um processo de criação artística, muito mais do que em outras áreas, envolve elementos de natureza privada, pessoal, íntima e sensível.[36]

O que fazer, então, com nossas tentativas de descrição e quais são suas finalidades? É possível que, ao relatar gestos criadores, elas façam parte de nosso legado epistemológico à humanidade. Apenas isso! Finalidade de conhecimento de si mesmo e de formação e, assim, de transmissão. Dessa forma, vamos ao encontro de Matteo Bonfitto (Universidade Estadual de Campinas) que escreve, baseado no conceito de *thick description* de Clifford Geertz, "que não há uma noção homogeneizante de descrição, há noções de descrição, no plural"[37], o que o permite afirmar "A dificuldade como um amplificador de percepção", sendo que essa percepção toma um novo espaço nos processos cognitivos em ciências humanas, atualmente.

Como indicamos em nosso texto de vinte páginas, "a partir de que momento a tomada de notas e a observação começam? O que deve ser anotado?"[38] De fato, podemos perceber claramente que o observador está e já deve estar alerta, mesmo que o trabalho dos ensaios propriamente ditos ainda não tenha começado. No plano metodológico, pudemos verificar que era indicado constituir anotações do discurso direto do diretor, bem como dos atores e outros participantes dos ensaios. Além

36 Sophie Proust, em documento da Rede Internacional de Estudos da Presença (não publicado).
37 Ver supra, p. 67.
38 Sophie Proust, em documento da Rede Internacional de Estudos da Presença (não publicado).

A EMERGÊNCIA DA CULTURA NA OBSERVAÇÃO E NA DESCRIÇÃO   251

de informar sobre a linguagem utilizada pelas equipes de criação, esses elementos concretos alimentam a descrição dão uma humanidade possível a elementos factuais.

COMPREENDER *VERSUS* (RE)SENTIR?

Podemos notar que, em sua maneira de relatar sua experiência de oficinas, Sérgio Lulkin (UFRGS) não precisa passar por um processo avançado de observação ou de descrição para obter resultados imediatos, como se ele soubesse de forma inerente: "A maioria das participantes está de braços cruzados, em escuta. Mas os corpos não estão em disponibilidade para o movimento. No entanto, se vê que os olhares são de expectativa, há sorrisos, os olhos bem atentos."[39] Ele parece ter escaneado as pessoas com quem ele deveria trabalhar e sentido que elas não estavam prontas. Sua sensação e sua experiência prevaleceram. Sem precisar perguntar a elas. Sem precisar ser verbalizada e descrita, sua observação provocou a adaptação da proposição artística e pedagógica que ele tinha previsto inicialmente.

Quando Matteo Bonfitto trabalha como ator em *Descartes*, com a diretora Beth Lopes, podemos observar que, para os autores da adaptação,ele e Fernando Bonassi, o processo é marcado por "sensações, associações e visualizações"[40]. Esses três elementos formam, em si, uma descrição. Bonfitto, por ter estado no centro do processo, indica previamente: "Sem lembrar bem os detalhes dessa transição, [...] dizíamos as palavras e frases e Fernando ia escrevendo."[41] Isso significa que a qualificação em três palavras de uma parte do processo parece ser suficiente, mesmo que o leitor não possa saber mais sobre a natureza exata das sensações, por exemplo. A não ser que se pergunte aos principais envolvidos. Também, mesmo que um processo de criação seja visível por meio da descrição deles, parece não ter havido um trabalho dramatúrgico como poderíamos considerar na França, sobretudo para um texto cujos

39 Sérgio Andrés Lulkin, em documento da Rede Internacional de Estudos da Presença (não publicado).
40 Idem.
41 Idem.

conceitos poderiam gerar discussões filosóficas durante o trabalho de mesa. Após ter definido uma "estrutura composta por sete movimentos"[42], Lopes e Bonfitto começaram "um processo de exploração de partituras corporais e vocais" com um trabalho corporal sobre três animais, que resultou em "ignições psicofísicas"[43]. São citados os termos "materiais", "partitura" e "subpartitura", "experimentações", mas a expressão "trabalho dramatúrgico" nunca é utilizada, o que está em acordo total com uma das frases que concluem a descrição dessa experiência artística pelo seu ator: "As escolhas estéticas, expressivas, sensíveis, feitas durante um processo criativo, muitas vezes, não são determinadas por justificativas somente intelectuais."[44] Trata-se de uma lapalissada? Não. Em um contexto de formação, qualquer jovem artista vai se confrontar com essa escolha da origem de sua criatividade e de sua criação: deve ele primeiramente conceber intelectualmente um projeto e depois submetê-lo à cena ou deve ele se autorizar a experimentá-lo diretamente por meio da própria cena? Essas duas abordagens (não exaustivas) apresentam de imediato, maneiras de apreender o teatro em geral, mas também de observá-lo, descrevê-lo, ensiná-lo. Provavelmente, a primeira abordagem é representativa da maior parte dos processos de criação franceses e mesmo europeus do século XX. No entanto, a pesquisa criação, que mencionamos anteriormente, bem como o surgimento de companhias formadas como coletivos e as criações que resultam de seus trabalhos, modificam esse modo de criação atualmente na Europa, onde a preponderância do corpo e da imagem (mesmo quando o texto continua sendo importante) propõe uma renovação dos processos de criação, passando das improvisações e experimentações no palco a uma abordagem intelectual da obra (e não o contrário).

Acabamos de falar disso, a dificuldade de fazer ver não impede de sentir ou ressentir. Atualmente, esses modos de percepção são levados em consideração pela pesquisa científica em ciências humanas, mesmo que ainda sejam inovadores. O desenvolvimento da cinestesia na pesquisa é uma prova disso.

42 Idem.
43 Idem.
44 Idem.

A EMERGÊNCIA DA CULTURA NA OBSERVAÇÃO E NA DESCRIÇÃO   253

Na mesma linha de ideias, Gabriela Pérez Cubas (Universidad Nacional del Centro de la Provincia de Buenos Aires) indica, em seu estudo sobre uma entrevista realizada com atores e diretores: "Todas as respostas parecem pertencer a um registro emocional, mais do que a uma descrição racional do processo de criação relacionado a uma dramaturgia".[45] As questões tratavam da diferença entre o que seria "a dramaturgia do autor", "a do ator, a do diretor". O conceito de "dramaturgia do ator" (e da atriz, graças a Patrice Pavis)[46] é conhecido por lembrar a partitura do ator, terminologia vinda de Constantin Stanislávski e retomada por Eugenio Barba, bastante conhecidos no Brasil. Na França, no entanto, nunca se aborda uma "dramaturgia do ator" nem uma "dramaturgia do diretor". Todavia, esses conceitos suscitam a curiosidade e abarcam, de forma evidente, uma realidade definidora para Gabriela Pérez Cubas, tão evidente que ela não a define. Apesar disso, se retomamos sua conclusão, ela indica que os atores que ela entrevistou se encontram "em um registro emocional de suas vivências" a tal ponto que "A emoção foi o ponto de encontro entre as narrativas sobre as tarefas de investigação e de composição dramática".[47] Eis um exemplo preciso do conceito relacionado à "dramaturgia" a partir de leituras diferentes do teatro e cujo compartilhamento com a comunidade científica ligada às artes cênicas poderia ser muito benéfico.

Nas diversas trocas da Rede, pudemos notar o incômodo, ou a incompreensão, dos colegas brasileiros em relação ao fato de a pesquisa sobre o processo de criação ser, às vezes, tão delimitada e separar artistas e pesquisadores. As razões disso já foram explicitadas, do ponto de vista da dupla situação, bastante difundida, dos artistas ou dos pesquisadores no Brasil. No entanto, uma das finalidades, ou mesmo consequências, dessa distância é a de que a observação e os observadores não influenciem *a priori* o processo de criação. A ideia subjacente é que a criação se realiza com intimidade, entre quatro paredes,

---

45 Gabriela Pérez Cubas, em documento da Rede Internacional de Estudos da Presença (não publicado).
46 Cf. Pavis Patrice, *La Dramaturgie de l'actrice*.
47 Gabriela Pérez Cubas, em documento da Rede Internacional de Estudos da Presença (não publicado).

e que a influência exterior pode tornar-se um problema, pois o objeto observado é modificado pela presença dos observadores (o que nos faz pensar na física quântica). Definitivamente, isso pode ser um problema mais importante para os observadores do que para os observados, que poderiam tirar proveito dessa presença. De acordo com a maneira como os artistas recebem pesquisadores nos ensaios, eles aceitarão ou não, ou mesmo solicitarão comentários dos observadores. No que diz respeito ao meu trabalho, exceto quando fui assistente de direção, eu sempre adotei o ponto de vista do observador neutro, ou seja, que procura tornar-se uma presença invisível, na medida do possível. Não devemos esquecer que pode ser muito incômodo para o ator se, durante um ensaio, ele percebe pessoas que não fazem parte da produção sussurrando, ou luzes de telefones celulares que acendem quando alguém faz uma anotação. No futuro, após a experiência nesta Rede, por ter apreciado o resultado de outros tipos de colaborações[48], mas também em função de minha própria experiência atual, é provável que eu modifique minha postura metodológica para trabalhar em um diálogo maior entre pesquisador(es) e artista(s).

ENFIM

Esses são os elementos fundamentais que surgiram para mim a partir da Rede internacional e as pistas de reflexão que resultaram desses elementos. A proposição que eu manteria é realmente a de trabalhar sobre um mesmo processo de criação em um país e depois em outro, reunindo sobre um mesmo objeto de estudo, dois pesquisadores de culturas diferentes. Aliás, é provável que uma das finalidades principais da descrição dos processos de criação seja pensar sobre a(s) formação(ões) em direção teatral que se inserem em uma relação muito importante com a(s) cultura(s) do país.

---

48 Penso na pesquisa dirigida por meu colega belga Luk Van den Dries, The Didascalic Imagination, disponível em: <http://dighum.uantwerpen.be> e meus colegas gregos Eleni Papalexiou e Avra Xepapadakou, *Arch* (*Archival Research & Cultural Heritage. The Theatre Archive of Socìetas Raffaello Sanzio*), disponível em: <http://www.arch-srs.com>.

A EMERGÊNCIA DA CULTURA NA OBSERVAÇÃO E NA DESCRIÇÃO

No plano metodológico, observamos que a relação entre os artistas e os pesquisadores é bastante próxima nos protocolos de trabalho brasileiros, também em razão da dupla situação do pesquisador observando sua própria criação, sendo que na França, geralmente, essa relação é mais distante, apesar da mudança que ocorre atualmente. As razões disso também são culturais. Uma parte da pesquisa francesa sobre os processos de criação da qual participamos tomou duas formas: a de uma observação participante, trabalhando na produção (como assistente de direção, por exemplo), envolvendo, evidentemente, modificações no processo, e uma observação não participante, mais próxima de uma pesquisa etnográfica[49] na qual o sujeito observante não interage *a priori* com o objeto observado.

Entre os interesses da globalidade desta publicação, Gilberto Icle desejou pensar os elementos que fogem à descrição. É possível que este texto faça eco ao seu. Quando a observação de um processo de criação revela um artista que não nomeia as coisas nos ensaios (como era o caso de Patrice Chéreau, por exemplo), ou artistas que falam pouco, nosso relato deve verbalizar a dimensão infraverbal contida nestes diferentes tipos de comunicação. Essa linguagem infraverbal do diretor também pertence a uma linguagem codificada, culturalmente e profissionalmente. Assim, seja qual for a metodologia de observação, ela deve permitir a materialização de elementos culturais que poderiam passar despercebidos tanto para o pesquisador experiente quanto para o pesquisador que se encontra muito (ou demais) próximo da cultura que ele observa.

BIBLIOGRAFIA

BOURDIEU, Pierre (éd.). *La Misère du monde*. Paris: Seuil, 1993.

DOUXAMI, Christine. *Le Théâtre noir brésilien: Un Processus militant d'affirmation de l'identité afro-brésilienne*. Paris: L'Harmattan, 2015.

DUSIGNE, Jean-François (éd.). *La Direction d'acteurs peut-elle s'apprendre?* Besançon: Solitaires Intempestifs, 2015.

FERNANDES, Sílvia; BUTEL, Yannick (éds.). *Théâtres brésiliens: Manifestes, mises en scène, dispositifs*. Aix-en-Provence: Presses Universitaires de Provence, 2015.

GLISSANT, Édouard. *Tout-monde*. Paris: Gallimard, 1993.

---

49   Cf. G. McAuley, *Towards an Ethnography of Rehearsal*, p. 75-85.

MCAULEY, Gay. Towards an Ethnography of Rehearsal. *New Theatre Quarterly*, Cambridge, n. 53, 1998.

NELSON, Robin (ed.). *Practice as Research in the Arts: Principles, Protocols, Pedagogies, Resistances*. London: Palgrave Macmillan, 2013.

PAVIS, Patrice. La Dramaturgie de l'actrice. *Degrés*, Bruxelles n. 97-98-99, 1999.

PROUST, Sophie. L'Écriture dramatique contemporaine aux États-Unis sous la contrainte des previews. In: NORAH, Dei Cas; BRAILLON-CHANTRAINE, Cécile; IDMHAND, Fatiha (éds.). *Théâtre contemporain dans les Amériques: Une Scène sous la contrainte*. Bruxelles: Peter Lang, 2015.

_____. Written Documents of the Assistant Director: A Record of Remaking. *Theatre Research International*, Cambridge, v. 33, n. 3, 2008.

QUILLET, Françoise (éd.). *La Scène mondiale aujourd'hui: Des formes en mouvement*. Paris: L'Harmattan, 2015.

Uría, Lluís. Patrimoine: La Gastronomie française, ça intéresse qui?, *Courrier international*, 24 nov. 2010. Disponível em: <https://www. courierinternacional.com>. Acesso em: 15 jan. 2019

Cronologia	1	2	3	4	5
	Antes dos ensaios (audições, reuniões de produção)	1º dia de ensaio (leitura[s] de mesa, no cenário, passar uma ou várias cenas, improvisação [ões] ...)	Início dos ensaios (10 primeiros dias)	Meio dos ensaios (treinamento antes, prova dos figurinos, ensaios de músicas...)	Final dos ensaios (10 últimos dias; ensaios corridos, ensaios
Datas e locais de ensaios (cidade, sala(s) de ensaio, sala(s) de apresentações)					
Envolvimento da equipe (todos presentes, parcialmente) Número total de pessoas no ensaio (técnicos, atores, administradores)					
Composição do elenco					
Composição do texto (evolutiva, definitiva, quando) Ausência de texto					
Trabalho de mesa					
Trabalho dramatúrgico História contada pelo diretor ou pela equipe (observação invisível?)					
Presença e envolvimento do autor ou/e do tradutor (direta ou indireta) (observação invisível?)					
Sequência(s) trabalhada(s)					
Composição/criação do cenário Trabalho com/sem o cenário ou o cenógrafo					
Composição/criação da luz Trabalho com/sem a iluminação ou o iluminador					
Composição/criação dos figurinos Trabalho com/sem os figurinos, maquiagens, máscaras ou figurinista, maquiador, artesão					
Composição/criação dos acessórios Trabalho com/sem os acessórios ou o(s) aderecista(s) ou pessoa(s) encarregada(s) dos acessórios					
Composição/criação do som (música, sonoplastia, silêncio) Trabalho com/sem o compositor ou/e músico(s), sonoplasta					
Presença e envolvimento do colaborador artístico/assistente de direção (observação invisível?)					

	6		7	8	9	10	11
Ensaios abertos ao público	Pré-estreia ou pré-estreias (previews)	Ensaios abertos ao público (pagos ou não)	Estreia	Apresentações (temporada, turnê)	Reprise	Tempo a priori não incluído 1. As pausas 2. Tempo fora dos horários dos ensaios 3. Ensaios não contínuos	Conclusão(ões)

Cronologia	Antes dos ensaios (audições, reuniões de produção)	1º dia de ensaio (leitura[s] de mesa, no cenário, passar uma ou várias cenas, improvisação [ões] …)	Início dos ensaios (10 primeiros dias)	Meio dos ensaios (treinamento antes, prova dos figurinos, ensaios de músicas...)	Final dos ensaios (10 últimos dias; ensaios corridos, ensaios
	1	2	3	4	5
Presença e envolvimento dos técnicos (observação invisível?)					
Considerações econômicas e jurídicas com relação ao artístico. Informações relativas ao orçamento da criação, que motivem uma mudança artística. Intervenções dos sindicatos. Direitos autorais.					
As pausas (frequência e tipos)					
Presença da vida exterior (política, econômica, pessoal...) nos ensaios. Influência(s)?					
Natureza do jogo (sob qual forma: realista, improvisação, direção de atores imposta, livre, etc.)					
Elementos próprios à direção de atores. Postura do diretor on/off (no palco ou fora dele), Utilização de microfone					
Elementos próprios à direção de atores Interrupção do ator (sistemática ou parcial)					
Elementos próprios à direção de atores Mostra ou não mostra como fazer ao ator					
Concepção do espetáculo Como obra terminada ou em evolução, e isso mesmo após a estreia					
Cronometragem das sequências					
Levar em conta o espectador na construção do espetáculo (de maneira formal ou real, complacente, etc.)					
Lugar, conteúdo e natureza (discursiva, icônicas...) das anotações (do diretor e do assistente, por exemplo)					
Imponderáveis					
Conclusão(ões)					

	6		7	8	9	10	11
Ensaios abertos ao público	Pré-estreia ou pré-estreias (previews)	Ensaios abertos ao público (pagos ou não)	Estreia	Apresentações (temporada, turnê)	Reprise	Tempo a priori não incluído 1. As pausas 2. Tempo fora dos horários dos ensaios 3. Ensaios não contínuos	Conclusão(ões)

Os Autores

ANA CRISTINA COLLA é atriz e pesquisadora. Desde 1993, integra o Lume (Núcleo Interdisciplinar de Pesquisas Teatrais da Universidade Estadual de Campinas, Unicamp). Graduada em Artes Cênicas, com mestrado e doutorado pela mesma universidade, é professora plena no Programa de Pós-Graduação em Artes da Cena do Instituto de Artes (IA) da Unicamp. Apresentou espetáculos, cursos e palestras sobre o trabalho desenvolvido no Lume em diversas cidades do Brasil e do exterior. Possui dois livros publicados e artigos em periódicos.

ANDRÉA MARIA FAVILLA LOBO é atriz e pesquisadora. É graduada em teatro pela Universidade Federal do Estado do Rio de Janeiro--UniRio, mestre e doutora em Educação pela Universidade Federal do Espírito Santo e pela Universidade Federal de Minas Gerais, respectivamente, pós-doutora em Linguística Aplicada pela UFRJ e responsável pela implantação do curso de licenciatura em Artes Cênicas – Teatro na Universidade Federal do Acre.

CARLOS ROBERTO MÖDINGER é ator e pesquisador. É graduado em Teatro pela Universidade Federal do Rio Grande do Sul-UFRGS, mestre em Letras pela Pontifícia Universidade Católica do Rio Grande do Sul e doutorando no Programa de Pós-Graduação em Artes Cênicas também da UFRGS. É professor no curso de Graduação em Teatro: Licenciatura da Universidade Estadual do Rio Grande do Sul.

264 DESCREVER O INAPREENSÍVEL

CARMINDA MENDES ANDRÉ é docente do Instituto de Artes da Universidade Estadual Paulista Júlio de Mesquita Filho-Unesp, na cidade de São Paulo desde 1998. Entre os espaços de saberes, a atriz, a performadora urbana, a arte-educadora e a autora, apresenta formação distante daquela do especialista. Graduada em Teatro, mestre em Filosofia, doutora em Educação e pós-doutora em História, lidera o grupo de pesquisa Performatividades e Pedagogias como pesquisadora do Programa de Pós-Graduação em Artes do mesmo instituto citado, na área de Arte Educação, linha de pesquisa processos artísticos, experiências educacionais e mediação cultural.

CIBELE SASTRE é bailarina, coreógrafa, performer, pesquisadora das artes cênicas. Professora adjunta no curso de licenciatura em Dança da Universidade Federal do Rio Grande do Sul. Graduada e mestre em Artes Cênicas e doutora em Educação pela mesma universidade, especialista em Consciência Corporal – Dança, pela Faculdade de Artes do Paraná, atual Universidade Estadual do Paraná-Unespar, e analista de movimento Laban/Bartenieff, certificada pelo Laban/Bartenieff Institute of Movement Studies de Nova York (Bolsa Virtuose MinC). Vem desenvolvendo pesquisas performativas no campo da dança, da análise do movimento e da educação somática.

DANIEL REIS PLÁ é professor adjunto no Departamento de Artes Cênicas da Universidade federal de Santa Maria. Graduado em Artes Cênicas, é doutor em Artes pela Universidade Estadual de Campinas-Unicamp. Realizou pós-doutorado no Centre for Psychophysical Performance Research, na Universidade de Huddersfield (Reino Unido). É líder do Grupo de Investigação em Performance, Treinamento e Práticas de Atenção Plena, membro do grupo de pesquisa Cria (UFMG), e do grupo de trabalho Práticas Performativas, Modos de Percepção e Práticas de Si, da Abrace.

GABRIELA PÉREZ CUBAS é atriz, professora e pesquisadora teatral. É graduada em Teatro pela Faculdade de Artes da Universidade Nacional del Centro de la Provincia de Buenos Aires, na qual também leciona. Tem mestrado em Artes Cênicas pelo programa de Pós-Graduação em Artes da Universidade Federal da Bahia. Integra a Comissão Auxiliar de Pós-Graduação do Mestrado em Teatro da Faculdade de Artes dessa universidade. Dirige a revista *Cuerpo Del Drama*.

GILBERTO ICLE é ator, diretor e pesquisador. É graduado em Teatro, mestre e doutor em Educação pela UFRGS. Atualmente, é professor permanente no Programa de Pós-Graduação em Educação dessa universidade e no Programa de Pós-Graduação em Artes Cênicas

OS AUTORES

da Universidade de Brasília e bolsista de produtividade 1-D do CNPq. É editor-chefe da *Revista Brasileira de Estudos da Presença*.

GISELA REIS BIANCALANA é graduada em Dança pela Unicamp, mestre e doutora pela mesma instituição. Atuou como professora adjunta no Curso de Artes Cênicas da Universidade Federal de Santa Maria-UFSM desde 1996 e atualmente atua no Curso de Dança, sendo responsável pela sua criação e implantação, e no Programa de Pós-Graduação em Artes Visuais. É líder do grupo de pesquisa Performances: Arte e Cultura. Realizou pós-doutorado na Universidade De Montfort-DMU, em Leicester (Reino Unido).

HELOISA GRAVINA é bailarina, coreógrafa e pesquisadora em Dança e Antropologia da Performance. É bacharel em Interpretação Teatral, mestre e doutora em Antropologia Social pela UFRGS. É professora adjunta no Curso de Dança – bacharelado da Universidade Federal de Santa Maria, onde integrou o Grupo de Pesquisa Performances: Arte e Cultura, e atualmente coordena, em parceria com Andréa do Amparo Carotta de Angeli, o Laboratório EspaçoCorpo: Estudos Transdisciplinares em Dança e Terapia Ocupacional. Realizou pós-doutorado em Buenos Aires, Argentina, junto ao Grupo de Pesquisa Poscolonialidad, Pensamento Fronterizo y Transfronterizo en los Estudios Feministas, coordenado por Karina Bidaseca.

JEAN-FRANÇOIS DUSIGNE é professor em artes do espetáculo, teatro e etnocenologia, no Departamento Teatro da Universidade Paris 8. Ele é membro da equipe de pesquisas Scènes du monde, Création, Savoirs Critiques, da escola doutoral Edesta. Ator e diretor (fez parte do Théâtre du Soleil), ele é também diretor artístico da Associação de Pesquisa das Tradições do Ator (Arta), que tem apoio do Ministère de la Culture et de la Communication e da Ville de Paris.

JEAN-MARIE PRADIER é professor emérito da Universidade Paris 8, doutor em Psicologia e em Letras. Realizou pesquisas no Curdistão iraquiano, foi professor na Universidade de Istambul e trabalhou também no Uruguai e no Marrocos. Foi professor nas universidades Paris 7 e Paris 8 (onde foi codiretor do departamento de teatro). É membro da International School of Theatre Anthropology (Ista) e cofundador da Etnocenologia (1995). É pesquisador na Maison des Sciences de l'Homme Paris Nord. Autor de várias obras e de 170 artigos em todo o mundo.

LAURE GARRABÉ é antropóloga, professora adjunta no Departamento de Antropologia e Museologia e no Programa de Pós-Graduação em Antropologia da Universidade Federal de Pernambuco.

266 DESCREVER O INAPREENSÍVEL

Graduada e pós-graduada em Antropologia, tem doutorado em Estética, Ciências e Tecnologias das Artes (Universidade Paris 8). É pesquisadora colaboradora na Maison des Sciences de l'Homme Paris Nord e tem por interesses de pesquisa as relações entre *aisthesis* e política nas formas de expressão das ditas culturas populares das Américas afro-indígenas.

MARCELO ÁDAMS é ator, encenador e dramaturgo, fundador da Cia Teatro ao Quadrado, em Porto Alegre-RS. Doutor em Teatro pela Universidade do Estado de Santa Catarina, mestre em Letras (Teoria da Literatura) pela Pontifícia Universidade Católica do Rio Grande do Sul e graduado em Artes Cênicas pela UFRGS, com habilitações em Interpretação Teatral e Direção Teatral. Atualmente, é docente da graduação em Teatro: Licenciatura, da Universidade Estadual do Rio Grande do Sul.

MATTEO BONFITTO é ator-performer, diretor, pesquisador na área de Artes da Cena e professor livre-docente do Departamento de Artes Cênicas da Unicamp. Formado pela Escola de Arte Dramática (EAD-USP), pelo DAMS da Universidade de Bologna (Itália) e doutor pela Royal Holloway University de Londres (Inglaterra), atuou em vários espetáculos e performances apresentados no Brasil e no exterior. Autor de livros e artigos sobre o trabalho do ator e do performer, é também um dos fundadores do Performa Teatro (www.performateatro.org).

MICAEL CÔRTES é ator e docente-pesquisador. É graduado em Pedagogia pela Unesp, mestre e doutor em Educação pelo Centro Universitário Moura Lacerda-CUML e pela Unesp de Araraquara. Foi professor adjunto da Universidade Federal do Acre-UFAC. Atualmente, é professor no Programa de Pós-Graduação Interdisciplinar em Culturas Populares e do Curso de Licenciatura em Teatro na Universidade Federal de Sergipe-UFS.

RENATO FERRACINI é graduado em Artes Cênicas, mestre e doutor em Multimeios pela Unicamp; bolsista de produtividade do CNPq, ator-pesquisador do Lume desde 1993 e seu atual coordenador. É docente no Programa de Pós-Graduação em Artes da Cena no IA-Unicamp e possui quatro livros e inúmeros artigos publicados. Apresentou espetáculos, palestras, debates e cursos sobre suas pesquisas e o trabalho desenvolvido no Lume em muitas cidades do Brasil e em outros 22 diferentes países.

SOPHIE PROUST é mestre de conferências em teatro em Lille, responsável científica do projeto APC/Analyse des processus de création

OS AUTORES

(Conseil régional Nord-Pas de Calais, Lille 3/CEAC). Ela foi assistente de direção de Denis Marleau, Yves Beaunesne e Matthias Langhoff. Autora de *La Direction d'acteurs dans la mise en scène théâtrale contemporaine* (L'Entretemps, 2006), organizou o livro *Mise en scène et droits d'auteur. Liberté de création scénique et respect de l'œuvre dramatique* (L'Entretemps, 2012). Faz parte da equipe editorial da revista *Théâtre(s)*.

TATIANA CARDOSO é diretora, atriz e pesquisadora. Graduada e mestra em Artes Cênicas pela UFRGS. Atualmente, é professora do curso de graduação em Teatro – Licenciatura da Universidade Estadual do Rio Grande do Sul-UERGS. É coordenadora do Núcleo ProArte, da Rede de Estudos da Presença, e do grupo de pesquisa Gesta, da UERGS. É Atriz do grupo internacional Ponte dos Ventos, dirigido por Iben Nagel Rasmussen, do Odin Teatret (Dinamarca).

VÉRONIQUE MUSCIANISI é atriz e pesquisadora. Desde 2010, é professora no Département d'Études Théâtrales da Universidade Paris 8. Graduada em Sociologia e em Letras Modernas, com mestrado e doutorado em Estudos Teatrais na Universidade Paris 8. Atualmente, faz parte da equipe de pesquisa EA 1573, Scènes du monde, Création, Savoirs Critiques da mesma universidade, e do Axe 1 Thème 5 Création, Pratiques, Publics, na Maison des Sciences de l'Homme Paris Nord.

Este livro foi impresso na cidade de Cotia,
nas oficinas da Meta Brasil,
para a Editora Perspectiva.